道徳教育と中国思想

井ノ口哲也
Tetsuya Inokuchi

keiso shobo

はじめに

21世紀は「心の時代」である、とつくづく思います。筆者のこの思いは、大学教員として痛感させられてきたことと、筆者自身が日々目を通しスクラップしている新聞記事から知り得ること、この二つによるところが大きいです。

まず、大学という教育現場に身を置いてから、筆者は一〇代・二〇代の若者たちが「心の病」と闘っている諸事例を見聞し、時には当事者と深く関わることも経験してきました。これらの諸事例を通じて言えることは、現代日本の若者たちは総じて「ガラスの心」の持ち主である、ということです。ガラスは、ある程度の強度はありますが、とても繊細なものでもあり、丁寧に扱わないと、ちょっと何かにぶつかっただけで欠けたり傷つくことがあります。台風クラスの強風が小石や木の枝を吹き飛ばしてきたり、竜巻のような突風が襲いかかってくると、その衝撃を受けた窓ガラスはヒビが入り、あるいは割れてしまうでしょう。ガラスは割れてしまったら、元の形に復原することは容易ではありません。そして、割れたガラスの破片は尖《とが》っており、当事者のみならず周りの人たちをも傷つけてしまう危険性を帯びています。現代日本の若者たちの心は、まさにこのような譬《たと》えで表現されるべきものではないでしょうか。いいえ、若者に限らず、現代日本に生きている人々はみな「ガラスの心」の持ち主なのかもしれません。

次に、大学という限られた場所を超えて広く日本社会へ眼を向けますと（といっても新聞記事を通じて知り得る話の範囲でしかないですが）、筆者が初めて「心の病」で労災認定最多とのニュースに接したのは、前年度の情況を伝える二〇一三年六月二二日の『産経新聞』を読んだ時でした。それから七年が過ぎた二〇二〇年六月二七日の『産経新聞』も、前年度の「心の病」による労災認定申請件数が最多だったことを報じています。つまり、日本の労働者が精神疾患にかかる割合は、年々ひどくなっているのです。学校の教員についても、二〇二〇年一二月二三日の『産経新聞』は、前年の令和元年に「心の病」で休職した公立学校の教員が五四七八人に上り、過去最多になったことを報じました。

本書は、こうした現今の諸問題に対する処方箋たり得るものではありませんが、どうすれば私たちはこの時代に一人の人間としてよりよく生きていくことができるのか、このことの手がかりを筆者が専攻する中国思想や勤務先の社会科教室での学び等から得られないだろうか、と一八年間模索してきた筆者の答案です。本書は、中国の儒教道徳をメインに話を進めています。構成としては、古代中国の儒教を説くことから始まり、時を経て朱子学として東アジア世界に根付くものの、近代日本では欧米化と戦争の波に翻弄され、私たちが生きる現代日本では教育において中国思想の影は皆無にひとしくなったことを述べています。そのうえで、21世紀をどう生きていけばよいのかを、それでもやはり中国思想から考えてみました。本書の題名を『道徳教育と中国思想』と定めたゆえんです。

核家族や一人世帯が激増し、個人情報は過度に保護され、他者に対するハラスメントにならないように自らの言動に細心の注意を払い、小型情報機器が普及して「目はスマホ　耳にイヤホン　口にパン」と自作の川柳ができてしまうほど外界に対して感覚器官が閉鎖されているこの時代に、生身の人間同士の心を通わす付き合いや、フェイス・トゥー・フェイスでの意思疎通の機会は、確実に減少しています。実は、その根源は昭和三〇年代・四〇年代の高度経済成長期にまで遡《さかのぼ》ることができるのですが、一定の経済発展を遂げた後にその恩恵を受けて生きている今の私たちは、本当の豊かさとは何なのか、よりよく生きることとはどういうことなのか、こうしたことを今一度じっくりと考察する機会を持つ必要があるのではないでしょうか。

本書の一部の章にはもとになった論考がありますが、発表当時の旧稿を書き換えることはあまりしませんでした。その時その時の問題意識を大切にしたかったからです。従いまして、もしかすると、情報自体は古くなってしまったものもあるかもしれません。しかし問題はそこにあるのではなく、本書の力点は、私たちはこの時代にどう生きていけばよいのか、そのヒントを汲み取っていただきたいということ、この一点に置かれています。本書を読まれたかたが役に立つ何かを得ていただけるのであれば、それは筆者のこのうえない喜びです。ちなみに、筆者自身は本書の執筆を通じて、「私は何のために中国思想を研究し続けているのだろうか」という問いをあらためて自らに突き付けることができました。

目次

第三部　近代日本の儒教道徳

第四部　戦後の日本は本当に豊かになったのか

第五部　21世紀をどう生きていくのか

第一部　教科書の中の儒教

第一章　巫祝の子　孔子

第一節　はじめに

儒教は宗教か。こういう問いかけは従来から数多くなされてきたが、筆者にとっては愚問である。本章で紹介する資料の記述のように、孔子の教えを儒教とみなすのであれば、儒教の祖とされる孔子の出生や家系、青少年期の孔子の置かれた環境などを考察すると、孔子の教えにもともと宗教的要素が多分に含まれていることは明白だからである。

本章では、できるだけ平易に儒教の宗教的要素を説明するべく、まず最初に儒教が日本の若年層にどのように理解されているのか、このことから書き始めたいと思う。

第二節　儒教への初歩的理解

儒教とは何か。この問いに対する答えを出そうとする取り組みは、古くから今日に至るまで脈脈と続けられており、研究論著もあまた出されている。いま、その一つ一つに言及する暇を見出だせないが、儒教の定義に成功した例を筆者は知らない。

この難問に対し、日本において、一定程度のレヴェルで回答することが可能ないちばん若い年齢層の人たちは、どういった人たちであろうか。それはおそらく、高等学校の教科「倫理」を選択履修している高校生であろう。なぜなら、日本の教育課程では、「倫理」の教科書において、儒教もしくは孔子の教えについて、はじめて詳しく学習する機会があるからである。

本章の記述は、平成二八（二〇一六）年度の検定済の「倫理」の教科書七種に基づいている。ここではまず、この七つの教科書において、儒教もしくは孔子の教えについて、どのように記されているのかを必要に応じて列挙してみよう。このことによって、人生の青少年期における儒教への初歩的理解をうかがい知ることができるからである。

実教出版『高校倫理』（教科書A）六五頁

孔子は、政治について多くを語ったが、現実をこえた神秘的現象については「怪力乱神《かいりきらんしん》を語らず」とした。また、「いまだ生を知らず、いずくんぞ死を知らんや」と述べ、理知の力ではわからない死後の問題を考えるよりも、眼前の人生をよりよく生きることにつとめることがたいせつである、と説いている。(1) 孔子の関心は、あくまで現実の人生の問題、人としていかに生きるべきかの課題に向けられていたのである。ここに彼の現実的、合理的な考え方をみることができよう。『論語』は、孔子とその弟子たちの言行録である。

清水書院『高等学校　新倫理　最新版』（教科書B）六〇頁

仁の思想　中国古来の血縁的秩序のなかに、他者への愛につらぬかれた円滑《えんかつ》な共同社会を見いだし、それを普遍《ふへん》的な人間関係の理法へと高めたのが、孔子の教え、すなわち儒教である。

孔子は、春秋時代の末期に魯《ろ》の国に生まれた。孔子の母は、葬礼《そうれい》や招魂儀礼《しょうこんぎれい》にたずさわった、「儒《じゅ》」とよばれる宗教者階層《かいそう》の一員だったともいわれる。彼は、礼にもとづく統治《とうち》を完成させたといわれる聖人周公旦《しゅうこうたん》にあこがれて学問にはげみ、周の衰退《すいたい》とともに失われた礼の復興《ふっこう》につとめた。

孔子の教えは、彼と門人たちの言行を集録《しゅうろく》した『論語《ろんご》』に伝えられている。孔子は、祭祀儀礼に深く通じていたと伝えられるが、しかし、彼の関心は自然の神秘《しんぴ》を探究《たんきゅう》することにはなかった（「怪力乱神《かいりきらんしん》を語らず」）。また、死後の安心を直接に問うこともなかった（「未《いま》だ生を知らず、焉《いずく》んぞ死を知らん」）。彼の探究はもっぱら、現実社会のなかにおける礼の意義と、礼にもとづいて実現すべき人間の正しいあり方に向けられていた。この人間としてもっとも望ましいあり方を、孔子は、「仁」ということばであらわした。

山川出版社『現代の倫理』（教科書C）四〇頁と四二頁

孔子と儒教　魯《ろ》の国（現在の山東省《さんとうしょう》）に生まれた孔子《こうし》は、他者とともに支えあって生きるところに、人として歩むべき道である道徳があると説いた。孔子の教えとその伝統は、儒教《じゅきょう》（儒学）と呼ばれる。孔子は、道徳を学んで徳を身につけた高い人格を完成させることが、人生の目的であると説いた。

………（中　略）………

神秘的なものと死に対する態度　孔子《こうし》は、「不思議な力や神秘的な現象については語らなかった（怪力乱神《かいりきらんしん》を語らず）」とされるように、理性の理解をこえた、神秘的な力や死後の世界については、あえて語らなかった。むしろ、そのような不思議なことに安易《あんい》にたよることをいましめ、現実の人生においてみずからの人間性を磨くことの大切さを説いた。儒教《じゅきょう》は、日常生活の中でいかに行動するべきかを問い、みずからの人格の向上をめざす人間形成のための道徳なのである。

数研出版『倫理』（教科書D）五八―五九頁

仁と礼　孔子《こうし》の生きた春秋時代末期は、周王の支配が名目化し、列国が互いに覇《は》を競い、また各国も内部的に争いの絶えない争乱の時代であった。儒《じゅ》と呼ばれる巫祝《ふしゅく》(2)層に連なるのではないかと推測される孔子は、この乱世にあって若いころからさまざまな儀礼を実地に習い、さらにその本来の意味を求めて『詩《し》』や『書《しょ》』の古典を学んだと思われる。それは、孔子自身「朝《あした》に道を聞かば、夕《ゆうべ》に死すとも可なり」とまで語ったように、道すなわち人間の真実の生き方を求めてのことにほかならなかった。

清水書院『高等学校　現代倫理　最新版』（教科書E）六三頁

孔子はあくまでも現実の社会で、人々が安全に幸福にくらすことができるために何が必要かを問うた。その意味では彼は現実主義者であり、儒教は宗教ではない。神や人間を超えたものには頼《たよ》らない（「子、怪力乱神《かいりきらんしん》を語らず」）。また死後の世界など、現実世界を超えたものを議論することも重視しなかった（「いまだ生を知らず、いずくんぞ死を知らん」）。その意味では彼は合理主義者であった。

東京書籍『倫理』（教科書F）五八頁

孔子《こうし》の道　諸子百家《しょしひゃっか》の中でも、後世に最も大きな影響を与えたのは、孔子を祖とする儒家の思想であった。

………（中　略）………

また『論語《ろんご》』に「怪力乱神《かいりきらんしん》（怪しげな力や神秘）を語らず」とあるように、孔子は神秘的なものに積極的な関心をもたなかった。また「いまだ生を知らず、いずくんぞ死を知らんや」と、あえて死の問題を語ろうとしなかった。もっぱら孔子の関心は「朝《あした》に道を聞かば、夕《ゆうべ》に死すとも可なり」とまでいった道にあった。

第一学習社『高等学校　倫理』（教科書G）六三―六四頁

『論語』にみえる孔子の教え

孔子《こうし》は、諸子百家のなかでも、もっとも早い春秋《しゅんじゅう》時代の末期に活躍した。彼は最盛期の周王の事業と制度を復興すれば、平和な世界が実現すると考えた。そのために、子が親に対して尽《つ》くす孝と、弟が兄に対して尽くす悌《てい》という家族道徳を人間関係の基礎にすえ、これにもとづいた政治がおこなわれることを理想とした。

孔子は周の礼楽を尊重することによって、当時の社会の乱れを正そうと考え、多くの弟子を教育した。

孔子と弟子たちの問答は、のちに多くの書物に収録された。代表的なものが『論語《ろんご》』である。漢の時代に儒教が確立すると、孔子は聖人としてあがめられ、『論語』は経典として尊重されるようになる。

これら七つの教科書は、当然、教科書ごとに執筆陣が異なる。したがって、各教科書間で、儒教もしくは孔子の教えに関する記述に差異が生じており、ピタリと一致するものはない。それでも、各教科書の記述を通覧して得ることのできる共通点はある。この共通点を手がかりに、儒教の捉え方について、三つの点を述べておく必要があると思う。

一つは、宗教的要素を含む儒教の捉え方である。

教科書Aには「孔子は、両親や祖先への祭祀儀礼を重んじている。」（六三頁の注①）や「祖先祭祀の宗教にもとづき、孔子が説いた人倫の教説（礼教）を儒教という。」（六八頁の注①）とあり、教科書Bには「孔子の母は、葬礼や招魂儀礼にたずさわった、「儒」とよばれる宗教者階層の一員だったともいわれる。」（上掲引用部分）や「孔子は、祭祀儀礼に深く通じていたと伝えられる」（上掲引用部分）や「宗教者階層の出身で、少年のころから葬祭の礼や呪術的な儀礼に親しみ、また古典を中心とする学問にはげんだと伝えられる」（六一頁の孔子の人物説明の文章）とあり、教科書Dには「儒と呼ばれる巫祝層に連なるのではないかと推測される孔子は、この乱世にあって若いころからさまざまな儀礼を実地に習い、さらにその本来の意味を求めて『詩』や『書』の古典を学んだと思われる。」（上掲引用部分）や「儒に見られた呪術的要素」』（五九頁の注②）とあって、これらは儒教の宗教的要素を示す記述である。

二つは、儒教と儒学の違いについてである。

教科書Aは、「「孔子を祖とする儒家の教学を儒学という。」（六八頁）とあり、「祖先祭祀の宗教にもとづき、孔子が説いた人倫の教説（礼教）を儒教という。儒教は前漢時代に漢王朝の国教となり、20世紀にいたる中国漢民族文化を代表する思想となった。」（六八頁の注①の文章）とあり、「儒学（儒教の学問）」（九二頁）とあり、祖先祭祀に基づく孔子の教えを儒教とし、儒教の学問を儒学としている。教科書Bは、「儒学の成立」という項目に「春秋時代から漢の時代にかけて、儒教の経典が数多く作成された。そのおもなものは、のちに四書（『論語』『孟子』『大学』『中庸』）・五経（『詩経』『書経』『易経』『春秋』『礼記』）として重視された。漢代以降は、五経を主としてこれらの経典を研究する儒学が成立し、経典の理論的統一と体系的な解釈に力が注がれた。」（六四頁）とあって、儒教の経典を研究する学問が儒学であるとしている。教科書Cは、「孔子の教えとその伝統は、儒教（儒学）と呼ばれる。」（上掲引用部分）とあるのは、儒教と儒学の弁別ができていない感じがするが、儒教については「儒教は、日常生活の中でいかに行動するべきかを問い、みずからの人格の向上をめざす人間形成のための道徳なのである。」（上掲引用部分）と説明され、また「儒教の広がり」という項目に「儒教は漢の時代から中国の中心的な思想になり、四書五経（『論語』『孟子』『大学』『中庸』の四書、『詩経』『書経』『易経』『春秋』『礼記』の五経）を中心に、儒学として広く学ばれ、やがて、朝鮮や日本などの東アジアにも伝えられて、人びとの道徳の基礎になった。」（四四頁）と記されており、テキストを通じて学ぶ対象となった儒教を儒学であるとしている。教科書Dは、「儒家の思想（儒教・儒学）」（五八頁）と記されていて、儒教と儒学の明確な線引きが不明である。教科書Eは、「儒家の思想は、漢の前三世紀末から後三世紀初めの時代までに、理論的にまとめられた。これらは五経（『詩経』『書経』『易経』『春秋』『礼記』）とよばれ、これらを研究して儒教の理論を統一しようとする儒学が成立した。」（六八頁）という文章に「儒教と儒学」という注がついていて「儒教は個人の修養や社会道徳を主張する立場を指す。その後、儒教が漢以降に国家の道徳となっていくと、儒教の文献を整理することが必要になり、儒教研究としての儒学が始まる。儒学は董仲舒の訓詁学から朱子学、陽明学さらには清の時代まで受け継がれた。」（六八頁の注1）と記されていて、儒教と儒学が明確に区別されている。教科書Fは、「春秋時代から漢代のはじめにかけて、のちに四書および五経として重視されることになった儒教の多くの教典が成立した。……。漢代以降の儒家の思想をそれ以前と区別して儒学というが、……。」（六二頁）と記され、漢代以降の儒家の思想を儒学としている。教科書Gは、儒教について「孔子に始まるとされる儒教」（六一頁）と記される程度であるが、「漢の時代に儒教が確立すると、孔子は聖人としてあがめられ、『論語』は経典として尊重されるようになる。」（上掲引用部分）と漢代を画期として儒教が確立することが述べられている。以上の七つの教科書からは、儒教と儒学の分水嶺は、漢代にあることが分かる。(3) このように、高等学校の「倫理」では、漢代を境に儒教と儒学を区別して説明する傾向があるのである。(4)

三つは、上掲引用部分で示したとおり、孔子が神秘的なものや死について重視せず、むしろ現実社会での人間のあり方に関心が向いていた、とする論調である。これは、実は「儒」の意味を考える際に関連することなので、特に死に対する孔子の姿勢について後述する。

以上、高等学校「倫理」の記述に基づく儒教への初歩的理解からは、漢代より以前の儒教、特に孔子の時代の「儒」とは何か、ということを理解しなければならないことを教えられる。高校生が学習する「倫理」の教科書の内容は、今日までの研究成果の反映であり、そのエッセンスが記されたものであるが、では、研究者たちは、「儒」について、どのように解釈してきたのであろうか。

儒の意味を真に追究するには、清末までの儒教一尊体制下では、儒を突き放して検討することに支障がないとは言えない。そこで以下では、中華民国期以降の研究を見ていくことにしたい。併せて、日本の近現代の研究も見ていきたい。

第三節　儒とは何か

清朝が崩壊し中華民国が成立した頃の白河次郎の儒に関する論文がある。白河は、

儒教及び儒学の名は、無論原始的ではないけれども、孔子の教徒又は学派を称して、偶ま之れと対立しつゝあった他の学派からして、之れを『儒』と呼んだことは甚だ古いことであります。(5)

と述べ、「儒」は他学派からの呼称であることを指摘した。さらに、白河は、「儒」とは道に通じ、政治上の実績を挙げる能力をもち、学芸道徳に秀でている高潔な人格の教育者である旨を述べ、「其の表準的人格」を周公と孔子とした。(6)ただ、この白河の説明では「儒」の原義が分からないし、実は『論語』において「子、子夏に謂いて曰わく、女《なんじ》、君子の儒と為れ、小人の儒と為る無れ、と。」（雍也篇）とあるように、孔子自身が「儒」という語を使用しているのを確認できるので、孔子とその弟子たちには自分たちが「儒」であるという自覚があったはずである。

中華民国期に儒の原義を問い、その後の議論の導火線的役割を果たしたのは、一九三四年に発表された胡適の「説儒」という論文である。胡適は、儒とは、もと殷《いん》代の宗教集団を指すとした。この胡適の見解に対して、馮友蘭は翌一九三五年に「原儒墨」という論文を著し、儒とは、知識と学問を身につけ民間で教授する専門家であ

るとした。(7)

そして日本では、白川静が、儒を下層のシャーマンであると解釈した。(8)白川の見解は、基本的な部分を維持しつつ、その後も少しずつ肉付けされていくが、最終的には、『新訂　字統』に記された、以下のとおりの見解になった。

儒　声符は需。需は下級の巫祝が雨乞いをすることをいう。儒はその階層から起こったものであるから、儒という。〔説文〕八上に「柔なり。術士の偁なり」とあり、〔礼記、儒行〕の〔鄭目録〕に「儒の言たる、優なり、柔なり。能く人を安んじ、能く人を服す。又、儒なる者は濡なり。先王の道を以て、能く其の身を濡す」とするが、これらの義は儒学が国家の正教となるほどの勢力をえたのちの考え方で、墨子学派からみた当時の儒者は、その〔墨子、節葬〕に指摘するように、富家の喪をあてにする葬儀屋であった。儒家の経典に喪葬儀礼に関するものが多いのも、そのゆえである。孔子はそのような巫祝の伝統のなかから、普遍的な人間の道を求めた。巫祝は神明の道にかかわるものであるが、高い司祭階級からは、極めて思弁的な荘子学派が出た。思想の成立には、何らかの意味での、宗教的な体験を必要とするのであろう。(9)

これによると、儒はもともと雨乞いをする下級の巫祝である。これに関連して、先に引用した「子、子夏に謂いて曰わく、女《なんじ》、君子の儒と為れ、小人の儒と為る無れ、と。」（『論語』雍也篇）について、木村英一は、白川のかねてからの見解を踏まえたうえで、「儒は孔子以前からあり、それは古代以来の巫史や巫祝等の諸職の行った古い儀礼を伝承する人々から出た知識人で（白川静氏「説文新義」巻八上儒の条を参照）、孔子から見て君子の学の研究対象とすべき礼教文化の伝承者もあれば、巷間の喪儀屋のような儀礼の職人もあったのであろう。(10)」と述べ、『論語』雍也篇の「君子の儒」「小人の儒」をそれぞれ「君子（の教養）としての詩書礼楽の研究者」「巷間の（喪儀屋のような）儀礼の職人」と訳し分けている。[11] 孔子は、墨家が揶揄した「小人の儒」ではなく、あくまで「君子の儒」を目指していたのである。

加地伸行は、白川静『孔子伝』の影響を大きく受けた一人である。[12] 加地は、儒を「死者と交わる者たち」と表現したうえで、儒について次のように説明している。

孔子と言えば儒教、儒教と言えば孔子、この結びつきは、もはや人々の常識となっている。それはそれでまちがいのないことであるが、儒教のすべてが孔子から始まったわけではない。孔子が生まれるころ、すでに古くから〈儒〉といわれる階層が存在していたのである。彼らはある職業に従事しており、その職業上必要な知識や教義を持っていたが、孔子は、それらを再編成し、実践した人物である。だから、大きく分けると、孔子以前の儒、孔子以後の儒ということになる。この孔子以前の儒のことを、一括して仮に「原儒」と言っておこう。原儒とは、神と人を結ぶ、あるいは死者の魂と交流する役目をするシャーマン、葬礼担当者、祈禱師といった、大ざっぱに言って〈土俗宗教〉者のことである[13]（胡適『説儒』など）。

さらに、陳舜臣も、白川静の見解を踏まえて、

「儒」の淵源をたどれば、雨乞いのまじない師に代表される巫祝らしいのです。そして殷の初代の湯に雨乞いの伝説があることでもわかるように、巫祝は殷代に栄えたにちがいありません。祭祀国家の殷を象徴するのが、雨乞いの「儒」であったとすれば、雨乞いから出発し、発展した体系である、その後の「儒」が、祭祀を重んじるのは当然であるといえましょう。[14]

と述べている。

このように、白川の見解は、今日まで着実に受け継がれてきている。[15] 実は、前節で見た各教科書の記述の、宗教的要素を含む儒教の捉え方は、白川の見解が教科書に浸透してきたものと見受けられる。

そこで、次節では、白川静『孔子伝』の記述を中心にして、孔子その人を手掛かりに、死者との媒介者としての儒（加地の言葉では「原儒」）の特徴を明らかにしたい。

第四節　巫祝の子　孔子―白川静『孔子伝』を中心に―

孔子の事蹟について調べる際の一次資料として、まず目を通すのは『論語』と『史記』である。『論語』には孔子と弟子たちのやりとりや孔子による弟子に対する評価などが載せられ、『史記』には孔子の伝記である孔子世家と弟子たちの伝記の集成である仲尼弟子列伝が立てられている。ふつうは、これらの資料に基づくことで、今日までの後世の様々な評価を経由しない、オリジナルに近い孔子や弟子たちの姿に肉薄できると思われる。

本節では、白川静『孔子伝』の記述を主に取り上げて孔子の家系や出生から巫祝の子としての立場を理解することに努めるが、実は、『孔子伝』より少し早く、『論語』と『史記』を検討して、孔子の家系や出生について考証したものがあった。木村英一の『孔子と論語』である。[16] 白川は、清代の崔述や木村英一ら先行研究の指摘を踏まえたうえで、『史記』孔子世家の記述を疑問視した。[17] そのうえで、白川は（儒の意味を念頭に）、孔子の出生についてて次のように述べている。

孔子はとくに卑賤の出身であった。父のことも明らかでなく、私は巫児の庶生子ではないかと思う。（一五頁）

孔子は孤児であった。父母の名も知られず、母はおそらく巫女であろう。『史記』以前に、その父母の名についてふれたものはない。しかし『史記』としては、いやしくも諸侯の礼をもって孔子を世家に列する以上、その世系のことにふれぬわけにはいかない。父は叔梁紇、母は顔氏の女で名は徴在、野合して孔子を生んだという。（一九―二〇頁）

これらによると、孔子は下層の巫女の子で、父と母の「野合」によって生まれたという。孔子の父については、木村英一が「魯の小邑である郰の代官で、戦時にはその地の一隊を率いて出陣した足軽大将程度の勇敢な武士であったであろう」と推測している。(18) 母は巫女であろうと言ったのは白川であるが、いま木村・白川の両説を、どちらも推測ながらも、いちおう穏当なものとして認めたばあい、一定の家柄の武人と神霊に事える巫女の結婚というのが社会的に許されるのかどうかが問題となる。そこで、『史記』孔子世家に記されている「野合」という語について考えてみないといけない。

「野合」とは、何か。これについては諸説あるが、今日まではっきりした結論は出ていない。白川は、「孔子を巫女の庶生子であろうとする理由は、他にもある。それはこの野合の夫婦が、尼山に禱って孔子を生んだということである。野合とは何か。」（二一頁）と問いかけたうえで、「尼山に禱って孔子を生んだ」ことに着目し、次のように述べている。

それに尼山に禱って孔子を生んだというところにも、疑問はある。魯では、請子の祈りは郊禖で行なわれた。尼山に祈ったというのは、おそらく尼山に巫祠があり、徴在といわれる女性はその巫女であろう。あるいは、それは顔氏の巫児であったかも知れない。巫児というのは、一家の姉娘あるいは末娘が、家祀に奉仕するため、一生家に残るのである。斉では姉娘を巫児としたことが『漢書』「地理志」にみえるが、『詩経』には末娘が巫児となっている例が多い。……。神につかえる女には、男女のことは禁制とされていた。「召南」の「野有死麕」という詩には、巫女と祝との道ならぬ恋慕が戯画的にあつかわれている。徴在もおそらくそのような女であろう。しのび通う人の名は知られぬのが普通である。

（二一頁）

これによると、母は巫女として家に残ることを余儀なくされたのであれば、父が母の家に「しのび通」ってきた、ということであろうか。また、加地伸行は、母が孔家に住むことを許されなかったことで「野合」とされたのではないか、と推測している。[19] 武人と巫女の結婚が社会的に認められなかったということもあろうが、白川の言う通り母が巫女として死ぬまで家に残るとなると、加地の推測通り母は孔家に住むことができない。いずれにせよ、社会的に容認されない結婚ゆえに『史記』に「野合」と記されたのであり、その二人の間に孔子は生まれた、とされているのである。

さて、孔子は、どのような環境で育っていったのであろうか。白川の説を見てみよう。

孔子はおそらく、名もない巫女の子として、早く孤児となり、卑賤のうちに成長したのであろう。そしてそのことが、人間についてはじめて深い凝視を寄せたこの偉大な哲人を生みだしたのであろう。思想は富貴の身分から生まれるものではない。……。貧賤こそ、偉大な精神を生む土壌であった。孔子はおそらく巫祝者の中に身をおいて、お供えごとの「俎豆」の遊びなどをして育ったのであろう。そして長じては、諸処の喪礼などに傭われて、葬祝のことなどを覚えていったことと思われる。葬儀に関する孔子の知識の該博さは、驚歎すべきものがある。それは『論語』をはじめ、礼関係の文献によって知られよう。

（二六頁）

事実、孔子は、「生けるときには之に事《つか》うるに礼を以てし、死せるときには之に葬むるに礼を以てし、之を祭るに礼を以てす」（『論語』為政篇、後出）と述べていて、自分の親が他界した時には礼にしたがって葬送すべきことを説いている。巫祝の生業としての葬送（職業）から死の直後に拠るべき礼としての葬送（葬送儀礼）への昇華は、巫祝の子であるがゆえに、孔子その人がなし得たことであった。それは、大きく言えば、シャーマニズム（巫術）の儒教への昇華を意味した。そのことは、白川によって、以下のように記されている。

私はさきに、孔子が巫祝の子であり、おそらく巫祝社会に成長した人であろうと述べた。それはその伝記的事実の解釈から自然に導かれたものであるが、儒教の組織者としての孔子を考えるとき、このことはまた、必要にして不可欠の条件であったと思われる。……儒教は、きわめて実践性の強い思想として成立した。それはおそらく孔子が、巫祝たちの聖職者によって伝えられる古伝承の実修を通じて、その精神的様式の意味を確かめようとしたからであろう。（六九頁）

巫祝の世界の伝統的な実修を身につけ、それを礼という仕様に編成し直して実践に移していったのが、孔子であった。

以上、本節では白川静『孔子伝』に基づいて、孔子の家系や出生、巫祝の子としての立場を理解することに努めた。次節では、死者の霊と交流する巫祝の生業について、孔子がどのように考えていたのかについて、『論語』に即して考察を加えたい。

第五節　鬼神に事えるということ

巫祝は、鬼神に事《つか》えることを生業とする。孔子は、巫祝の子であった。ここでは、『論語』から「鬼神」ある

いは「鬼」の見えるくだり四か所を取り上げ、孔子が鬼神に事えることをどのように考えていたのかをさぐってみよう。(20)

まず、『論語』為政篇から。

子曰わく、其の鬼に非ずして之を祭るは、諂《へつら》うなり、義を見て為さざるは、勇無きなり、と。(21)

人は死ぬと「鬼」になる。すなわち、「鬼」は死者の霊を指す語であるが、ここでの「其の鬼」は自らの祖先の霊という意味である。祖先の霊でなく他者の霊を祭る行為は、他者の霊に福をもたらしてもらうべくそれに取り入ることである（そうすることで、かえって福などない）、と孔子は忠告しているのである。逆に言えば、自らの祖先を祀ることを大切にせよ、という教えである。なぜなら、自らの祖先と自分自身とは血縁という排他的な紐帯（血族意識）によって結びついているからである。

次に、『論語』雍也篇から。

樊遅《はんち》知を問う。子曰わく、民の義を務め、鬼神を敬して之を遠ざく、知と謂う可し、と。仁を問う。曰わく、仁者は、難きを先にして獲るを後にす、仁と謂う可し、と。(22)

これについて、木村英一は「鬼は死者の霊魂、神はその他の神々。私見によれば、為政者が何等かの鬼神を信じていると否とに関らず、どんな鬼神でも粗末に取り扱うと、それを信じている人々からは冒瀆したとして怒りを買い、また祟りを恐れる人々もあって、治安が乱れて政治の障害になりかねない。そこで鬼神を尊敬して大切に取り扱いながら、政治問題に宗教を介入させないようにするのが「鬼神を敬して遠く」である。」と解釈している[23]。また、加地伸行は、「鬼神を敬して之を遠ざく」を「神霊を尊び俗化しない」と訳し、「「敬遠」の「遠」は、日常生活から離すの意。」と注している[24]。木村の解釈は、為政者の心得としてのものである。ただ、鬼神は祭祀の対象であり、祭祀は時期が決められて行われるものであるから、祭らない時はふだんの日常生活の場からは遠ざけておく、と加地のように解するのが自然であろう。

さて、ここに登場した、孔子より三十六歳若い樊遅は、『論語』為政篇において、孝について孔子に次のように問うている。

孟懿子《もういし》孝を問う。子曰わく、違うこと無かれ、と。樊遅御す。子之に告げて曰わく、孟孫孝を我に問う、我対えて曰わく、違うこと無かれ、と。樊遅曰わく、何の謂いぞや、と。子曰わく、生けるときには之に事うるに礼を以てし、死せるときには之に葬むるに礼を以てし、之を祭るに礼を以てす、と[25]。

「孝行をしたい時には親はなし　石に布団は着せられず」という現代の慣用句があるとおり、孝といえば、我々は親への孝行を想起しがちであるが、孝は親孝行だけを指す語ではない。孔子の返答部分の解釈は、「親が生きている時は礼にしたがっておつかえし、親が他界した時は礼にしたがって葬むり、祖先となった時は礼にしたがって祭祀を行なう」であり、この文章は、直接の親に対してだけでなく、時間が経って遠く遙かかなたの祖先になってからも子孫が祭祀を行なうべきことを説いているのである。祖先祭祀は子孫がいなくなると成り立たなくなるわけであるから、一族の長期繁栄（子孫を絶やさないこと）を願う、という意味が込められている[25]。祖先祭祀にこそ、孝の真の意義を見出だせるのである[26]。

では、三つ目に、『論語』泰伯篇から。

子曰わく、禹《う》は吾れ間然すること無し。飲食を菲《うす》くして孝を鬼神に致し、衣服を悪しくして美を黻冕《ふつべん》に致し、宮室を卑くして力を溝洫に尽くす。禹は吾れ間然とすること無し(27)。

すでに鬼神と孝について検討したので、傍線部は祖先祭祀に関する文言であると理解できる。「致す」とは、最高の状態できわめること。傍線部は、ふだんの飲食を質素にして祖先祭祀（の際にお供えする食べ物）は立派なものにする、という意味であり、全体の意味としては、禹《う》は、日常の衣食住を質素にして、祖先祭祀をし礼服を準備し治水灌漑事業を行なったので、非の打ちどころがない、と孔子が感嘆した内容になっている。公私で言えば私を質素にして公を充実させること、国家予算で言えばふだんは費用を節約し、大事な時に貯めておいた費用を使ってその事業を充実したものにすること、と言い換えられようか。

最後に、『論語』先進篇から。

季路、鬼神に事うるを問う。子曰わく、未だ人に事うること能わず、焉んぞ能く鬼に事えん。敢えて死を問う。曰わく、未だ生を知らず、焉んぞ死を知らん(28)。

ここの解釈は、以下の加地伸行の注釈に従うべきである。

この章の場合、後半の句「未知生、焉知死」だけを取り出し、〈生のことが分からないのに、死のことが分かるはずがない〉と解し、〈死については考えない〉、さらに〈死について考えるのは無意味〉とし、孔子は死について語らず無関心であったという解釈が、古来、一般的であった。それは誤解である。この章の前半が示すように、鬼神とりわけ鬼という霊魂問題を取りあげているように、後半も具体的な死の問題についての議論と解する。〈もし〉あるいは〈まだ〉、在世の親に対して十分に事えることができなかったり、親の意味が分からないのであるならば、親の霊魂や死の問題についてとても事えたり理解したりすることはできないと孔子は言っているだけである。『論語』全編を読めば分かるように、孔子は霊魂や死について強烈な関心を有している。従来の〈孔子は死について無関心〉という観点では、『論語』のみならず、儒教について理解することはできない(29)。

「二　儒教への初歩的理解」で引用した各教科書の論調は、孔子が神秘的なものや死について重視せず、むしろ現実社会での人間のあり方に関心が向いていた、というものであった。しかし、これまでの考察を踏まえると、むしろ逆に理解しなければならない。孔子は神秘的なものや死について大いに関心を寄せていたのだ、と。孔子の死生観に関する高校「倫理」の教科書の論調は間違っている、と言わざるを得ないのである(30)。

第六節　おわりに

以上をまとめると、孔子は、「鬼神に事えること」を次のように理解していた。

まず、生きている親に対して礼にしたがって充分に事えることが、最も基本である。そして、親が他界して鬼になってからも、非日常の祖先祭祀の場において、礼にしたがって充分に（費用をかけて）祭ることが肝要である。祖先と自分自身、そして子孫は、血縁という排他的な紐帯（血族意識）によって結びついており、祖先祭祀は子孫が執り行うので、子孫が絶えることのないよう一族の長期繁栄を祖先祭祀の場で祈るのである。これこそが、孝の真の意味である。

巫祝の子　孔子にとって、「鬼神に事えること」は、まさしく礼に基づく孝の実践にほかならなかったのである(31)。

注

（1）この点について、教科書A六五頁の注で、「孔子は、「人に仕《つか》えることもできないのに、どうして鬼神《きしん》に仕えられようか」とも述べている。人間の生き方を神との関係でとらえる『聖書』の世界観とは大きく異《こと》なっている。」と説明される。

（2）「巫祝」の語には、以下の注が附されている。「**巫祝**　神と人との媒介者で、招魂《しょうこん》儀礼や喪礼《そうれい》などに従事していた。こうした儒の伝統を受け継ぐ儒教の倫理道徳説の底には祖先崇拝などの宗教性が流れている。」（五八頁）

（3）教科書Dの六四頁に「前漢の後半ごろから儒教は国家の官学となり、以後清朝の崩壊にいたるまでこの地位を保ち続けた。」とあるのも参照。

（4）これは、いわゆる「儒教の国教化（儒学の官学化）」の議論が、教科書に反映された結果である。この議論については、第二章を参照。

（5）白河次郎「儒、儒教及儒学（上）」（『東亜研究』第一巻第一号、一九一二年）の三一頁。

（6）白河次郎「儒、儒教及儒学（上）」（前掲）の三六頁には、「儒」について「一の人格に名づける称であること」「教育者であること」「学芸道徳に秀で、居ること」「『道』即ち政治や道徳やの大則に通じて居ること」「之れを政治に当らしめても、遺憾なく実績を挙げうるものであること」「始めに於いては周公、終りには孔子、此の二人が其の表準的人格であること」の六点が挙げられている。

（7）このほか、胡適の説を批評するものとして、一九三七年の郭沫若の「駁「説儒」」、一九五四年の銭穆の「駁胡適之説儒」などがあるが、ここでは省略する。胡適「説儒」に端を発した「儒」の意味をめぐる知識人の考察については、陳来「説説儒―古今原儒説及研究之反省」（『原道』第二輯、団結出版社、一九九五年四月）、齋木哲郎『秦漢儒教の研究』（汲古書院、二〇〇四年一月）の序論第一節「儒教の起源」に詳しい。

（8）白川静『孔子伝』（中央公論社、一九七二年一一月／文庫本化、中央公論社、一九九一年二月／『白川静著作集第六巻　神話と思想』〔平凡社、一九九九年一一月〕に所収、本稿では文庫本に拠る）の八一頁に「儒はおそらく、もと雨請いに犠牲とされる巫祝をいう語であったと思われる。その語がのちには一般化されて、巫祝中の特定者を儒とよんだのであろう。それはもと、巫祝のうちでも下層者であったはずである。かれらはおそらく、儒家の成立する以前から儒とよばれ、儒家が成立してからもなお儒とよばれていたのであろう。詩礼をもって墓荒しをする大儒・小儒は、たぶんこの手合いであろうと思われる。正統の儒家ならば、ここまで落ちぶれることも考えられない。しかし儒は、この階層のものを底辺として成立したのである。儒の起源は、遠く焚巫の行なわれた古代にまで溯るものであろう。」とあり、一〇九―一一〇頁に「儒はもと巫祝を意味する語であった。かれらは古い呪的な儀礼や、喪葬などのことに従う下層の人たちであった。孔子はおそらくその階層に生まれた人であろう。」とあるのを参照。

（9）白川静『新訂　字統』（平凡社、二〇〇四年一二月）の四一九頁。
（10）木村英一訳・注『論語』（講談社、一九七五年八月）の「雍也第六」一三八頁。
（11）木村英一訳・注『論語』（前掲）の一三七頁。
（12）白川静『孔子伝』（前掲、一九九一年刊文庫本）の加地伸行「解説」を参照。
（13）加地伸行『孔子―時を越えて新しく』（集英社、一九八四年七月／文庫本化して『孔子』と改題、集英社、一九九一年七月／KADOKAWA、二〇一六年四月、本稿ではKADOKAWA版に拠る）の四六頁。引用した文章の小見出しが「儒―死者と交わる者たち」である。
（14）陳舜臣『儒教三千年』（朝日新聞社、一九九二年三月）の「第一章　儒のルーツ」の一四―一五頁。
（15）宮城谷昌光『孔丘』（文藝春秋、二〇二〇年一〇月）の「あとがき」五七六頁に、白川の『孔子伝』を「丹念に再読し、あらためて白川氏の見識の高さに感嘆した」ことが述べられている。
（16）木村英一『孔子と論語』（創文社、一九七一年二月）の第一篇第一章「孔子の家系・出生・幼少年時代」。
（17）白川が『史記』孔子世家や孔子の家系に関する記事を疑っているくだりを『孔子伝』（前掲）から示すと、以下のとおりである。「司馬遷は『史記』に「孔子世家」をかいている。孔子の最も古く、また詳しい伝記であり、『史記』中の最大傑作と推賞してやまない人もあるが、この一篇は『史記』のうちで最も杜撰なもので、他の世家や列伝・年表などとも、年代記的なことや事実関係で一致しないところが非常に多い。それらのことは、清末の崔東壁の『洙泗考信録』などにすでに指摘されており、近ごろ木村英一博士『孔子と論語』には、詳細にわたる考説がある。」（一五頁）、「孔子の伝記資料は、いちおう『史記』の「孔子世家」に集成されている。しかしそれは、遷の史筆にふさわしくないほど一貫性を欠き、また選択と排次を失したものである。はじめに祖系を述べ、また老子に礼を問うたという問礼説話を加えているのは、時流の要求にこたえたものであろうが、経歴の間に加えられている多くの『論語』の文には、適当でないものが多い。」（一七頁）、「『史記』にしるす孔子の家系は、美しい夫人をもつゆえに、実力者の華督に殺された宋の孔父嘉の話、『詩経』の「商頌」を校訂したという正考父などの話をつづり合わせて作った、ふしぎな系図である。」（二三頁）、「孔子の世系についての『史記』などにしるす物語は、すべて虚構である。」（二六頁）、「ながながと『史記』によって亡命記をつづってきたのは、『史記』の文が全く小説であって、ほとんど史実性に乏しいことを明らかにするためであった。矛盾は随処にある。一々考証する余裕はないが、崔東壁の『考信録』をよまれるだけで十分であろう。『史記』によるとその全行程は数千キロ、東西南北の人とみずから称する孔子にとっても、とても消化し切れる旅程ではない。『史記』はこの十数年の空白を、どのようにうめるかに苦慮しているだけである。」（四七―四八頁）
（18）木村英一『孔子と論語』（前掲）の第一篇第一章「孔子の家系・出生・幼少年時代」の二一頁。白川も「孔子の父を『左伝』の郰叔紇と結びつけたのは、クリール〔孔子、七三頁注三〕の推測するように、紇が孔子の生まれたと伝えられる郰の人であるからというのが、唯一のゆかりである。この郰叔紇は、味方を救うために城門の扉を一人でささえたという勇士であった。」（『孔子伝』二二頁）と述べている。

(19) 加地伸行『孔子』（前掲）の「出生」四一頁にこうある。「推測でしかないが、私は、母の徴在は、要するに、孔家に住むことができなかったのではないかと考える。孔子を生んだが、孔家に入ることを許されなかったがゆえに、野合とされたのではないであろうか。孔子を生む原因が野合であったのではなくて、孔子を生んだのちの状況という結果から言って野合であったのではないかと考える。」

(20) 『論語』中の鬼神について検討したものに、牧角悦子「『論語』の中の鬼神―呪術から儒術へ―」（『二松学舎大学論集』第四六号、二松学舎大学、二〇〇三年三月）がある。この論文は、鬼神以外にも、『論語』に見える祭祀や予祝儀礼などについても検討されていて、本章を執筆するのに非常に有益な参考文献であったが、筆者と意見が異なる部分も少なからずある。

(21) 原文（十三経注疏本『論語注疏』に拠る、以下も同じ）は「子曰、非其鬼而祭之、諂也。見義不爲、無勇也。」である。

(22) 原文は「樊遲問知。子曰、務民之義、敬鬼神而遠之、可謂知矣。問仁。曰、仁者、先難而後獲、可謂仁。」である。参考までに、現存最古の『論語』である定州漢墓竹簡『論語』の当該部分の釈文を示すと、「樊遲問智。子曰、務民之義、敬鬼而遠之、可謂智矣。」（第一二九簡）である（釈文は河北省文物研究所定州漢墓竹簡整理小組『定州漢墓竹簡　論語』〔文物出版社、一九九七年七月〕に拠る）。特に「鬼神」ではなく「鬼」と表記されているのは、本来は「鬼」つまり死者の魂だけを敬して遠ざけていたということを意味しているのであろうか。

(23) 木村英一訳・注『論語』（前掲）の一四六頁。

(24) 加地伸行『論語』（講談社、二〇〇四年三月）の一三七頁。ちなみに、加地伸行『論語のこころ』（講談社、二〇一五年九月）は、「鬼神を敬して之を遠ざく」を「神霊（鬼神）を尊び俗化しない」と訳し、「孔子の宗教意識（本書第十一章を必ず参照）がどのようなものであったかを論ずるとき、欠かせない資料となるのが、この文の「敬遠」の意味である。私は後漢時代の包咸の「鬼神を敬して黷さず」とする解釈が最も自然であり穏当であると考える。」（一一七頁）と述べている。

(25) 原文は「孟懿子問孝。子曰、無違。樊遲御。子告之曰、孟孫問孝於我。我對曰、無違。樊遲曰、何謂也。子曰、生事之以禮、死葬之以禮、祭之以禮。」である。

加地伸行『論語のこころ』（前掲）は、『論語』のこの文章について、「孔子学団では、生前の親に対するだけではなくて、死のとき、さらにはその後の祭りを子孫がきちんと行なうことも同じく孝であることを言う。もちろん、この考えは古くからのものであるが、孔子らがそれを生命の連続として意識的に取り上げ、生命論にまで高めていったところに思想史的に大きな意義がある。この文の主張はその典型である。」（二四五頁）と述べている。「生命の連続」については、次の注(26)の文献を参照。

(26) このことについては、本書第八章の一七一頁に引用した加地伸行の文章を参照。

(27) 原文は「子曰、禹吾無間然矣。菲飲食而致孝乎鬼神、悪衣服而致美乎黻冕、卑宮室而盡力乎溝洫。禹吾無間然矣。」である。
(28) 原文は「季路問事鬼神。子曰、未能事人、焉能事鬼。敢問死。曰。未知生、焉知死。」である。
(29) 加地伸行『論語』（前掲）の二五〇頁の注(3)から。また、加地伸行『論語のこころ』（前掲）も「死の問題を避け、死の問題を論じないどころか、鬼神・死に対して積極的に接していこうという態度なのである」（二四〇頁）と述べ、『論語』為政篇の「生けるときには之に事うるに礼を以てし、死せるときには之に葬むるに礼を以てし、之を祭るに礼を以てす」との共通性を指摘する。
(30) 筆者の高校「倫理」の教科書に対する疑念は、かつて平成一八（二〇〇六）年度使用の「倫理」の教科書計十種の内容を分析して、井ノ口哲也「高校「倫理」と中国思想」（『現代日本の高校教科書における中国認識形成に関する研究』、東京学芸大学平成一八年度重点研究費報告書、二〇〇七年三月）をものしたことに始まっている。そして、現在もなお、この疑念は、高校「倫理」の教科書における宗教に関する記述について疑念を抱いた藤原聖子『教科書の中の宗教―その奇妙な実態』（岩波書店、二〇一一年六月）と、問題意識として同じ方向を向いていると思われる。疑念を抱いてから十年経った時に計七種の高校「倫理」の教科書の中国思想の知識を再点検してものした、井ノ口哲也「中国思想は高校生にどのように教えられているのか―平成二八年度使用 高校「倫理」の教科書を分析して―」（中央大学文学部『紀要　哲学』第五九号、二〇一七年二月）は、本章で述べたことの一部と重なるものである。
(31) 巫祝の子 孔子の、媒介者（＝巫祝）としての一面は、一次資料に制約があって明確にしがたいが、いま、張紫晨『中国巫術』（三聯書店、一九九〇年七月／伊藤清司・堀田洋子訳『中国の巫術』、学生社、一九九五年一二月）の考察を手がかりにすれば、孔子が礼を通じた巫術の実践を行なったと想像してもよいのであろう。

中国の祭祀はもっとも発達した祭祀である。商、周時代からはじまり、葬儀と祭祀は儀礼の重要な体系を形づくった。最初の礼俗は葬儀と祭祀がおもな二大事であった。葬儀を重んじるのは、哀悼を尽くすためであり、祭祀を重んじるのは、敬愛を尽くすためである。『礼記』に誌されている内容も、おもに祭祀、葬儀、婚儀、聖人儀礼などで、それらは古代の礼儀の規範となった。

『周礼』のなかの「春官」、「夏官」、「秋官」などの篇では、四季の祭礼が概括的に記述されている。それによれば、中国では祭祀の礼法が比較的早い時代に成熟していたことが知られる。なかでも、巫術との結びつきは伝統が長く、数千年以前にすでに形成されていた。儒家史家たちはこれらの祭祀儀礼を人倫の正統な礼法であるとして、その教育によって民衆を教化したが、そのなかに原始時代の名残である蒙昧なやり方が存在していたことは否定できない。そこに貫かれている原始的な巫術の祭法は、礼がよく備わっているともみられるが、反面、その礼が因習に従っているともみられる。

巫術はそれ自体どのような蒙昧性を含むか否かにかかわらず、祭祀に利用され、祭祀に融合して、すでに根深い伝統となった。中国の各民族は、それぞれの発展のなかで、開化の程度の違いにより、それぞれちがった程度に、その原始的姿をとどめ伝承している。巫術はさまざまな職分の巫師のたゆまぬ創造と発展をへてきており、それぞれの民族の礼俗文化をもっともよくあらわしている。

（邦訳書「第三章　祭りと巫術」九三頁から。原書九一頁の原文は省略する）

第二章　「儒教」か「儒学」か

第一節　はじめに

前章で、高校「倫理」の七種の教科書の記述を検討した結果、高等学校の「倫理」では、漢代を境に「儒教」と「儒学」を区別して説明する傾向があることが判った。これは、いわゆる「儒教の国教化（儒学の官学化）」の議論が教科書に反映された結果である。

本章は、従来の「儒教の国教化」説に見られる[1]、「儒教」と「儒学」、あるいは「国教」と「官学」の混用についての現状を確認し、それを踏まえたうえで、「儒教の国教化」説の意義と限界について述べるものである。

第二節　「儒教の国教化」説における用語の混用

「儒教の国教化」と一口に言うけれど、「儒教」も「国教」も漢代のことばでなく[2]、とりわけ「儒教」という語に至っては、定義に成功した例を筆者は知らない。つまるところ、「儒教の国教化」という呼称や概念それ自体が、実は曖昧模糊としているのである。このことの最大の要因は、研究者間の用語の混用という問題にあるのではないか、と筆者は考えている。

用語が混用されている、言い換えれば、用語が不統一であるということは、各語の指す内容も統一されていないことを示している。「儒教の国教化」説において、「儒教」と「儒学」、あるいは「国教」と「官学」はどう区別されてきたのであろうか。以下、それぞれの用語に対して各研究者がどのように意を注いできたか（注いでいないか）をうかがい、各語の使用状況を確認し、私見を述べることにしたい。

まず、「儒教」と「儒学」の両者の区別がなされていなかったり明確でない例から見ていきたい。その最初の例として、長年にわたり「儒教の国教化」の研究を続けてきた福井重雅の用語を見てみると、二〇〇〇年の福井の研究成果報告書には、次のように記されてある（傍点は筆者による）。

以下、儒教と儒学については、両者に区別を設けない。また国教・官学とは国家や官府が唯一正統と公認した教学を指称し、その用語についても、両者に区別を設けない。(3)

福井が「儒教」と「儒学」を、また「官学」と「国教」を区別していないのは、「儒教の国教化」に初めて言及した時点（一九六七年発表の論文(4)）からのことであり、同論文中で「……、以後儒教は漢朝の官学としての地位を確立したものとされる。換言すれば漢武における儒学の国教化という事実は、……。(5)」、「……、第二にそれを含めて彼と儒教の国教化との関係を分析し、……。(6)」、「以上本稿はこれまで漢武時代における儒教の官学化をめぐって、種々の考察を試みてきた。(7)」と、各語を自由に組み合わせて使用している（傍線は筆者による(8)）。ちなみに、ここの「教学」という語は、傍点を付した「教」と「学」を併せたものであり、それによって、どの語を自由に組み合わせても不都合のないようになっているのではないか、と筆者は考えている。

平井正士も、

「儒学」と「儒教」は漢代では同じである。而も「儒教」の用例がない。本稿は特別の場合の外は「儒教」は儒学に含ませる。(9)

と、「儒教」と「儒学」の内容は同じであるとし、「儒学が国教化した」(10)との表現を用いている。平井が「儒教」と「儒学」の内容を同一視したことの背景には、後にとりあげる冨谷至の所論が関係する。

最後に、冨谷氏が提起された「儒教の国教化」と「儒学の官学化」とは観点を異にして論じなければならないとされる考え方に対して私見を述べたい。「学としての儒学（経学）」と「教理としての儒教」の関係は、これを別々なる二者としてその「密接不離」の関係を考えるよりも、同一者の異なる二面と考えて臨んだ方が当時の実態に適合する。(11)

これが、平井が「儒教」と「儒学」の内容を同一視する根拠である。むしろ、平井は、「現在おこなわれている漢代儒学国教化の諸説には、「国教」の概念規定がまちまちのため一種の混乱がある。」（注10参照）と述べ、「国教」概念についてしっかり定義するべきことを訴え、「国教化は爲政者がその政治理念を儒学に仰ぎ、その施政をこれに鑑み、官僚も社会もそれを当然として認める礼教的体制のことでありその原型は王莽によって一応でき上ったと見てよい(12)」と結論づけた。

その王莽によって「儒教の国教化」が完成したとする西嶋定生は、その著書で「儒教の国教化と王莽政権の出現」という一章を設けている。しかし、「国教化」するのは「儒教」のみではないようである。以下、長くなるが、関連箇所を引用する（傍線・傍点は筆者による）。

……、たしかに宣帝時代の政治には、王道・覇道の両面が採用されており、その運用は、循吏を尊重するとともに法術の士を重用することとしていた。その点で、儒教はまだ国家の政治理念として絶対的地位を得るにいたっていなかったといえよう。しかし、塩鉄会議における賢良・文学という官僚予備軍の議論に示されるように、儒家思想は地方豪族層を背景としながら、着々と官僚層に浸透し、国家もそれを無視することができなくなっていった。……。

このように、丞相の職務が神秘に仕えるものとなっていたからこそ、後段に述べるように、丞相韋玄成らによる祭祀を中心とする礼制改革が、当時の大問題として提議されることになったのであった。そして、その結果、儒教は国教化されていく。儒教の国教化が進むと、その思想、とくにその中にふくまれている禅譲思想（賢者が現れるとこれに帝位を譲るという思想）の具体化として、王莽が皇帝となる道が開かれていく。……。

このように、国家の祭祀制度が儒家思想を規準として改廃されたということ自体、儒家思想が国教化されつつあったことを示すものと言えよう。……。

とすれば、儒教の国教化ということを考えるばあいに、王莽という人物の登場が注目されることを否定することはできないであろう。……。

……。皇帝権威の基本となる天地の祭祀や祖宗の祭祀が、儒家の説く礼法によって改革されたことは、儒教が国教化されたことを示すものである。しかし、儒教が国教化されるためには、なおいまひとつ重要な問題があった。それは、もともと王道思想を政治の理想とする儒家思想には、……、「皇帝」という君主概念を理解する論理が欠落していたことである。それゆえ、儒教が国教化されるためには、儒家の説く礼説によって国家の祭祀を改革するだけでなく、さらにそれと並んで、現実に漢帝国の支配者である「皇帝」の存在を、その教義体系の中に組みいれることが必要であった。つまり、儒教が国教化されるためには、儒家思想が皇帝の存在を是認するものとなっていることが前提条件であった。……。

儒家官僚が進出し、儒家の教説が国教化されてくると、これに並行して必要となることは、儒家思想の整備、とくにその典拠とされる古典の整備であった。……。

儒家官僚が進出し儒家思想が整備されたことによって、国家の祭祀儀礼は改革され、さらに儒家思想が讖緯説という神秘主義と結合することによって、皇帝観をその教説にとり入れることとなり、ついに儒教の国教化を成就した。……。この儒教の国教化を背景として政権を掌握し、前漢王朝を滅亡させた王莽は、いかにして登場するのであろうか。……。

国教化された儒教はこれ（礼制・学制の改革―井ノ口注）によって地方にまで浸透することになる。……。

儒教の国教化を完成したのは、まことに王莽にほかならなかったのである。……。

しかし、かれに対する悪評にもかかわらず、これまでに述べたように、国家の祭祀儀礼の改革や儒教国教化の完成など、後世に及ぼした影響は大きい。……。[13]

西嶋によれば、「国教化」されたのは「儒教」「儒家思想」「儒家の教説」である。「儒家の教説」を約《つづ》めた語が「儒教」であろうか。また、「儒教」と「儒家思想」とを同義の語として用いているのであろうか。しかし、右に引用した文章からは、「儒教」と「儒家思想」、「儒家の教説」と「儒家思想」は、いずれも次元の異なる別の内容の語のように読みとれる。そうなると、次元の異なる別の内容のものが次々と「国教化」されたのであろうか、それとも言いたいことは「儒教の国教化」一つであるものの、これらの語を西嶋が無意識に用いたのであろうか。また、「儒教の国教化を成就した」と「儒教の国教化を完成した」とは、どう違うのか。前後の文脈からは、王莽の登場前に「成就」し、のちに王莽によって「完成」した、と読みとれる。さらに、「儒教」が「国家の政治理念として絶対的地位を得る」とは、「成就」と「完成」のどちらを指すのか。このように、細かく読んでいくとよくわからないことが多いが、西嶋は特に用語には留意せず、とにかく儒家の考え方（「教」「思想」「教説」）が「国教化」されたことを説明したかったのであろう。

次に、「儒教」と「儒学」、「国教」と「官学」の両者が区別されている例や区別されたうえで用語を統一している例を見ていこう。まず、板野長八の所論である。

ここに言うところの儒教とは国教としての孔子教のことである。孔子教は漢の武帝が六藝の科、孔子の術に在らざるものは皆その道を絶って統紀を一つにすべしと言う董仲舒の対策を容れ、五経博士を置いたことによって、君主以下人民を教化するところの国教、すなわちいわゆる儒教になったと言われる。そして、それは常識化しているようである。しかし、私見によれば、孔子教は光武帝が経としての図讖、孔子の作れる図讖によって、命の己にあることを自負して兵を挙げ天下を平らげ、図讖に依拠して皇帝となり、図讖に基づいて制度を定め政治を行ない封禅を挙行し、図讖を非経なりとする者を非聖無法のものとしてこれを抑圧し、かつ図讖を天下に宣布したことによって国教となった。いわゆる儒教はかくして成立したのである(14)。

板野は、「儒教」「国教」で統一して「儒教の国教化」を説明している。渡邉義浩は、板野に「「儒学」の変質を「儒教」と捉える見方」が「見られる」、と考えた(15)。これを板野の文脈に即してみると、「六藝の科、孔子の術」が「儒学」で、それが変質して「儒教」になった、ということになろうか。しかし、板野の言葉遣いに即する限り、それを「儒学」と称してはいない(16)。

「儒教」と「儒学」、「国教」と「官学」、これらを明確に区別している代表的言説は冨谷至のものであるが、その前に、冨谷が依った白河次郎の説を見ておきたい。

孔子教を指して儒教と称し、儒教に対する儒学だとすれば、孔子教の義理を闡明し、其の経典を講究するものが即ち儒学であって、恐らくは支那及び日本に於いて、儒学と称する学問は、古来此の意味に用ゐられて居ったであらう。[17]

冨谷は、「私もこの説に従い、儒教と儒学を区別し、儒学史の流れと、儒教史のそれの二流をいま一度、確認すべきだと思う。[18]」と述べている。同論文中で、冨谷自身は「儒教」と「儒学」を「儒教の国教化」と「儒学の官学化」という形で、次のように区別する。

今日、我々が使用する「儒教」なる言葉は、「孔子によって立てられた教え」（武内義雄「儒教の倫理」）という意味が一般的で、「儒教」の「教」は「教理」を示し、それはいわゆる「宗教」の「教」ではないことは、しばしば確認されてきた。しかし、「教理」というものの持つ性格が、多分に宗教性へと傾斜するからであろうか、儒教が宗教的な傾向をもつものであることは、否めない。……。

一方、ここに「儒学」という用語を使うなら、その意味するところは、「儒教」のそれと自ら相違を呈するであろう。儒学とは、易・詩・書・礼・春秋の五経、所謂経書を講究する学と定義し、儒学＝経学としてもよいであろう。そして、西漢武帝期に董仲舒によって打ち出されたのは、直接的にはこの経学の地位の確立であり、それ以上のものではなかったと私は考えたい。

董仲舒対策では、孔子の学以外の諸子の学を認めないこと、太学を復興し博士弟子出身者を官吏とすることが主張され、それに基づき、五経博士が置かれ、学校制度が確立する。特にこの五経博士が設置されたということは、それ以前の詩博士、伝記博士などの諸博士を五経に関するものに限定したのであり、学問は、五経に限られたことを意味する。又学校制度が確立され、経学を学んだ者が官吏となるシステムが設けられた。経学が国家によりその地位を保証されたのである。皮錫瑞は『経学歴史』の中で、この時期を「経学昌明時代」としているが、かかる経学の地位の確立を、所謂、「儒学の官学化」とすべきではないだろうか。

儒学は、その学問対象を経書に置くものであるが、同時にその目的は、政治への援用であり、人民の教化を目ざす。そこに学としての儒学と教理としての儒教の密接不離なる関係が生じる。

教理としての儒教が、君主及び人民を規制し、一種の「国家宗教的なもの」になること、それを所謂「儒教の国教化」とするならば、経学の確立である「儒学の官学化」とは、視点を異にして論じなければならない。西嶋、板野両氏が問題とされたのは、この「儒教の国教化」であった。そして両氏の論考に対して覚えた違和感は、「儒学の官学化」を念頭に、「儒教の国教化」をとり扱った論文に接したことから生じたものかも知れない。[19]

この冨谷の言説の意義は、「儒教の国教化」という言い方に対し、「儒学の官学化」という言い方を設定することで、「儒教」と「儒学」を明確に区別した点にある。冨谷は、「儒学＝経学としてもよいであろう」と述べ、「経学の（地位の）確立」を「儒学の官学化」とみなしているにもかかわらず、「経学の官学化」と表現しないのは、「西漢武帝期に董仲舒によって打ち出されたの」が「儒教」でなく「儒学」だと言いたいがためであろう。西川利文は、冨谷の考え方を一部踏襲している。

儒学と儒教の用法は、明確に区別されていない。そこで本稿では、漢代に「儒教」という用法は見られないとする冨谷至氏の指摘（冨谷一九七九）に従って、儒学に統一する。特に「儒教」の語を用いる場合は、括弧を付すことにする。[20]

冨谷が「儒教」と「儒学」を「国教化」と「官学化」によって区別したのに対し、西川は「儒教」と「儒学」

を同一視（「統一」視）している。その一方で、「国教化」と「官学化」という考え方については、冨谷の所論を踏襲している。同じ論文でこう述べる（傍線は筆者による）。

本稿は「官学化」という考え方を中心に、漢代における儒学の国家との関係を検討した。その結果、儒学が「官学化」するのは、董仲舒対策や五経博士設置によってではなく、教育体制とそれに基づく官吏養成体制を国家が整備して「禄利之路」を保証した、博士弟子制度の創始によるものであることを明らかにした。それが契機となって、朝廷では官僚の思想傾向にかかわりなく儒学を意識せざるを得なくなり、一方社会では文学掌故から郡国の属吏となった者たちによって儒家的教化政策が展開されて儒学が普及していく。その結果として儒家官僚の朝廷への進出がもたらされる一方、儒学の多様化とともにその国家学説も教化され、白虎観会議で専制国家を支える政治思想として一応の総括が行われて、儒学は「国教化」したといえよう。[21]

冨谷が「儒教」と「儒学」を次元の違う別箇の概念と認め、「儒教」に「国教化」という語を、「儒学」に「官学化」という語をあてて区別し「儒学の官学化」を説くのに対し、西川は「儒教」と「儒学」を一緒くたにし、それがまず「官学化」し、その延長線上に「国教化」が実現される、と考えている（白虎観会議を「国教化」実現の時点とする点では、冨谷の見解[22]と西川の見解は一致している）。

この冨谷→西川の流れとは別に、山田勝芳・浅野裕一も、「儒学」と「儒教」を区別して使い分けている。山田は、次のように述べる（傍線は筆者による）。

儒教については、それを宗教と規定できるのか、儒学と儒教をどう区別するか、という容易に解決し難い問題があるが、国家的天地祭祀から一般的冠婚葬祭の儀礼に至るまでをその内に含む以上、学問だけに限定できない、濃厚な宗教性を認めるべきであると考えるし、孔子を祖とする儒家の学問、即ち儒学が国家公認の学とされ、右の祭祀のみならず、国家的諸制度を基礎づけるものとなったとき、儒学は学問であり続けながらも宗教的・国家教学的存在、即ち儒教に発展したと考える。もとよりこの儒学の儒教化については様々な考え方があるのであるが、前漢武帝代のいわゆる儒家一尊が儒学の優位を決定づけたという点で最も重視すべき第一段階をなし、その後、特に王莽と光武帝の時代を経て、後漢の明帝代には完全に儒教となったのであり、首都洛陽は正に巨大な礼の装置となった、と考える。(23)

山田は、「儒学が国家公認の学」となり、やがて「儒教に発展した」という「儒学の儒教化」を説いている。そして、浅野の見方も、これに類する。

本節では、儒学の国教化に果たした董仲舒の役割を再考する。……。……、それでもなお董仲舒は、本来は異端の論に過ぎぬ孔子素王説を国家に公認させ、儒学を儒教へと押し上げるべく活動した、無数の儒者たちの先駆者となったのである。(24)

浅野の言う「儒学の国教化」は、「儒学を儒教へと押し上げる」ことを意味する。この「儒学の国教化」という言い方は、福井や西川も用いたが、浅野は「儒学」と「儒教」を区別している点で、区別していない福井・西川とは、指す内容が自ずから異なる。山田と浅野に共通するのは、「儒教」は最初から存せず、その前段階として「儒学」が存し、「儒学」が昇華して「儒教」となる、換言すれば、「儒教」は「儒学」の発展形態である、という理解である。

山川出版社から出版された『儒教史』の著者の一人である戸川芳郎にも、「儒学」と「儒教」は別次元のものとの認識があるようである。同書から当該箇所を引用してみよう（傍線は筆者による）。

孔子は、戦国期すでに儒家の徒から、聖人として崇められた。前漢の武帝が、儒学を国教と定めて対抗する学術を排除し（前一三六）、儒教が王朝国家の政治原理となると、政教上、孔子はその祖師として神格化された。……。

……。この裁天説、つまりヒトの努力を強調して人事を尽くして天をも恐れぬ立場を誇示したことに原因して、漢代におこってくる国家教学としての儒学、それは神秘主義をはらむ天人相関説を採用してその教義を粉飾した経学であるが、その儒家の側から荀子はしだいに敬遠され異端視されるようになるのである。……。

漢代の儒学が国教として保護されるようになると、師法を尊重する経典解釈の学問（経学）を中心とするようになり、当時の政術は、礼制と法律とを折衷する儒法協同の体制を採用した。……。

……。武帝は、領土の拡張にともなう中国世界のいっそうの遠大なひろがりに適応させるべく、董仲舒の「対策」（諮問答申）を採用して儒学をもって国教と定め（前一三六）、対抗する諸学術の存在を排除し、思想面でも強力な統一世界観を求めた。……。

政治と学術の世界に儒教が浸透し、儒学がくまなく陰陽災異説におおわれるのは、前漢、元帝（在位前四八―前三三）の世からである。……。

儒教の国教化につれて、儒家の唱える災異説に顕著な変化があらわれる。(25)

これによれば、まず学術としての「儒学」があり、その「儒学」が「国家教学」（「国教」）となり、「儒教」は「政治と学術の世界に」「浸透」するものとされるから、「儒教」は本来「学術」でなく、「学術」の一つである「儒学」とは違う、との認識であろう。しかし、「儒学」が「国教」となること（言わば、「儒学」の「国教」化か）と、「儒教が王朝国家の政治原理となる」ことと、「儒教の国教化」との三者間には、どのような差異があるのかが、よくわからない。

さて、一九九五年の渡邉義浩の著書『後漢国家の支配と儒教』では、「儒教」か「儒学」かを問題にしている。

孔子を祖とする教説が、「儒教」であるのか「儒学」であるのかという問題は、単に言葉の問題として、片づけることはできない。それは、孔子を祖とする教説を、宗教と捉えて「儒教」という概念で表現するのか、いわゆる「礼教」、すなわち「教え」と捉えて「儒学」という概念で表現するのかという、教説への本質的な理解と直結してくる問題であるためである。(26)

渡邉はこう述べて、従来の諸説を検討した結果、次のように述べている。

それでは、儒教をいかに捉えればよいのであろうか。多様な要素を持つ儒教は、歴史的な変遷を見せる。それにも拘らず、中国のすべての時代に共通する儒教像を把握するという方法論を取れば、それは、「儒教」と「儒学」の諸説の検討に明らかなように、整合的な解釈を提出し得ないまま終わることも多い。したがって、こうした試みはしばらく放棄し、それぞれの時代における儒教の「在り方」を解明することから始めるべきではないであろうか。つまり、儒教の「歴史的存在形態」を、それぞれの時代ごとに解明することが必要なのである。(27)

渡邉は、「儒教」か「儒学」か、の議論では整合的な解釈を提出し得ないことを確認し、漢代の「儒教」の「在り方」（「歴史的存在形態」）を検討して、次のように述べている。

……、武帝期の儒教が必要としたものは、董仲舒の「儒学」ではなく、公孫弘の官僚としての力量なのであった。そして、公孫弘は、「儒学」を、「文法・吏事」を「縁飾」する「儒術」として利用することにより、官僚としての力量を発揮したのであった。つまり、武帝期において、儒教に必要とされたものは、純粋な学問としての「儒学」ではなく、公孫弘の「儒術」の如く、国家の現実的な政治に適応し得る政治理論、換言すれば、武帝の絶対的な支配を粉飾する正当性を提供し得る変質した「儒教」なのであった[28]。

ここで、渡邉における「儒学」と「儒教」の別が明確になったが、孔子を祖とする教説を「儒教」と捉えるのか、「儒学」と捉えるのかということについて、この本における渡邉の結論はこうである。

……、漢代の儒教を、学問あるいは教えとしての「儒学」と捉えることはできまい。孔子を始祖として、周代の封建社会を正当化する思想として誕生した原始儒学は、漢代には、政治状況の変容に適応するため、その本来的な姿態から大きく変質を遂げていたのである。つまり、漢代の儒教は、他の思想を取り込み、自説の変質を繰り返してまでも、国家権力の正当性を理論づけようとするものなのであった。こうした、倫理性や自然観や哲学思想などを二の次にして、鋭意国家権力に迎合する政治思想を本書では「儒教」と捉えよう。以下、本書において、儒教という用語は、「国家の支配を正当化するための政治思想であり、国家の支配の正当化のためには変質・追従も辞さない国家の支配理念である」という定義に基づいて使用することにしたい[29]。

渡邉の理解では、学問あるいは教えとしての「儒学」が変質して（時の政権に都合よく）政治思想化したものが「儒教」である、ということになる。なお、渡邉は、その後、『後漢における「儒教国家」の成立』（汲古書院、二〇〇九年三月）、『西晋「儒教国家」と貴族制』（汲古書院、二〇一〇年一〇月）、『儒教と中国──「二千年の正統思想」の起源』（講談社、二〇一〇年一〇月）と、立て続けに「儒教」「儒教国家」を扱った書籍を上梓しているが、「儒教」や「儒教国家」の定義に関しては、『後漢国家の支配と儒教』の時と、基本的に変わっていない。[30]

最後に、再び、福井重雅の見解を挙げることにする。二〇〇〇年に出された福井の科研報告書の中で、過去の「儒教の国教化」説を総括して、次のように述べている。

……、国教化・官学化という用語・概念のもつ曖昧さとともに、その時期を特定するさいに使用される用語・概念のもつ不明瞭性である。一概に儒教の成立を表現するばあい、その初期段階では、萌芽・出現・誕生・発生等々、またその中間の段階では、展開・定着・成長・醸成等々、さらに最後の段階では、完成・確立・達成・成就等々の用語が、意識的に区別することなく使用されているようである。しかしこれら個々の用語がある成立段階の中のどの時点を指すかということは、厳密には規定しがたい問題であり、結局は個人差による用法いかんの問題に帰せられるところが少なくない。したがって儒教の国教化の時期を設定するさいに、どの時代にもっとも大きな比重を置くかという問題は、多分に観点や解釈の差違によって左右されることになる。[31]

福井は、二〇〇五年の研究書を著わすまでの間、「用語・概念の曖昧さ」を認識しながら、「曖昧さ」を解消する方向へは進まずに各語を自由に用いてきたことになる。「結局は個人差による用法いかんの問題」と述べているが、何よりも重要なのは書き手の随意な書き方ではなく読み手がわかる書き方、さらに言えば、多くの研究者が共有できる用語の使用基準の確立ではなかろうか。

以上、「儒教」と「儒学」、「国教」と「官学」に絞って、各研究者の言説を見てきた。筆者自身は、やむを得ずこうした用語に拘らざるを得ないばあい、冨谷のきっぱりとした分け方に賛成である。なぜなら、「儒教」「国教」といった半ば形而上的な概念に捉われることなく、「儒学」あるいは「経学」そして「官学」という学問の次元を軸にした、地に足の着いた議論を展開したいと思うからである。

第三節　「儒教の国教化」説立説の意義と限界

次に、「儒教国教化」説立説の意義と限界について考察する。

福井重雅の論文「儒教成立史上の二三の問題―五経博士の設置と董仲舒の事蹟に関する疑義―」の意義については、岩本憲司の次のコメントが的を射ていよう。

福井氏の論文の結論は「五経博士の設置や儒教の確立は董仲舒の献策によるとする定説が、実は史記の記載の中には存在しないという事実を媒介として漢書を検討した結果、それらはいずれも前漢末期に胚胎し徐々に醸成された儒家思潮の盛行によって、後から想像して付け加えられた理想的な伝承に過ぎない」ということに尽きる。……。福井氏は従来の哲学史的な研究にあきたらず、「主として武帝の施策という具体的な歴史事象を対象として、これを実証的に究明しようとする」方法をとったのであり、上述のような結論を導くことによって、従来の哲学史的な研究に対して、根本的な再検討の必要をつきつけたのである。したがって、福井氏を批判するには、まず従来の哲学史的研究について、福井氏の言う史実との関連から、一応反省してみなければなるまい。このような作業を抜きにした横着な批判は、実は批判ではなくして、単なる信仰告白であり、自己弁護であろう。(32)

これに付け足すことは何もないが、福井の論文が登場したことで、その後の今日に至るまで議論を巻き起こしたことこそが、「儒教の国教化」説立説の意義の最たるものであろう。これによって明らかとなった事実も少なくないからである。関口順は、「儒教の国教化」説の立説自体を疑問視したが、福井重雅・平井正士の説に関しては、次のように評価している。

このように、福井氏と平井氏は重なるところもあり、異なるところもある。だが、この両者が幾本もの専論をものし、事実関係の解明に大きな貢献をしたことは共通している。平井氏が、武帝のころは儒家官僚の存在が記録に乏しく、元帝のころに多くなってくることを数量的に明らかにしたこと。両者が董仲舒の対策にまつわる疑点を衝き、とくに福井氏が「董仲舒の対策の基礎的研究」で、『漢書』董仲舒伝の対策は『董仲舒書』と呼ばれたと推定される後成の董仲舒全集のごとき書を資料にして班固が書いたと考証しているのは、かなりの説得力を持つのではないだろうか。武帝の政策に董仲舒の献策が直接の影響を与えたとする主張は根拠を失ったと見るべきであろう。(33)

関口は、言説は言説として、言説の展開によって「事実関係の解明」に寄与したことを評価しているのである。言説と言説の応酬では、自説（のほう）が正しいことを裏付けようとして証拠を集めて明らかにするので、事実の解明には効果的である。「儒教の国教化」説立説の意義の一つとして、言説から事実が解明される効果を挙げておいてよいであろう。

一方で、そもそも「儒教の国教化」を説くことの意味は、当時の事実の解明という次元を越えて、どこにあるのだろうか。これについては、一部の研究者が次のように述べている。例えば平井正士は

「漢代儒学の国教化」を問題にする理由は、中国二千年の王朝政治が、儒学を教学として、理念をそれに仰

ぎ、それに鑑みつつ行われたその体制の秘密を漢代に求めるにある[34]。

と述べ、齋木哲郎は

……、儒教の国教化とは、畢竟武帝時における董仲舒らの活動がなぜ漢王室をして儒教立国の道を歩ませることになったのか、またその影響が一過性のものではなく、それが漢の王室に受け入れられて綿々と続くことになったのはなぜかを説明することでなければならないが、……[35]。

と述べている。平井・齋木に共通するのは、「儒教の国教化」以後「儒教」または「儒学」が約二千年にわたって政治の具とされ続けたことの理由をその原基が成った漢代にもとめることに「儒教の国教化」を説く意味がある、と考えている点である。しかし、そのこと自体がまた「儒教の国教化」説の限界にもなっている。「儒教の国教化」説の限界は、どのように「儒教の国教化」が実現したかという点に関心が集中し、「儒教の国教化」実現後の「儒教」にほとんど関心が注がれていない点にある。実は、このことについても、関口順は鋭く見ている。

それにしても、漢代に国教化されたはずの儒教—この認識は以上の論者のすべてが一致している—その儒教がその後の時代においては、思想史上であろうと歴史学上一般であろうと、「国教」として論じられ問題にされることの絶えて無いのは如何なる故か。いささかの奇観と言うべきではないだろうか[36]。

筆者自身は、この原因は、漢代の「儒教の国教化」について論じてしまえば、あとはそれが何らかの方法で維持継承されていき清朝末期まで至る、という見通しのもとに「儒教の国教化」説が展開されてきたからであろう、と考えている。言い換えれば、「儒教の国教化」を論じる研究者のまなざしが多く漢代（の「儒教」）に注がれており、他の時代（の「儒教」）まで注意が回らない（カヴァーできていない）のであろう。その点で、往往にして漢代研究ばかりに意を注ぐ研究者にとって、どのように「儒教の国教化」が実現したかという点に関心が集中し、「儒教の国教化」実現後の「儒教」にほとんど関心が注がれていないその理由を語っている以下の小島毅の見解は、傾聴するに値する。

……。しかし、一昔前の通説的理解によると、儒教は諸子百家との角逐の末、紀元前二世紀後半、漢の武帝の国教化政策で安定した地位を得る。その後、儒教に理論的な発展はほとんどなく、紀元後三世紀から八世紀までは老荘思想（道家）と仏教に思想の主流の座を譲り、九世紀初頭の韓愈の登場を待って再び息を吹き返したかのように語られていた。しかも、これ以降は新儒教前史として論じられるのである。

実は、こうした史観は、新儒教が描いた儒教発展史そのものにほかならない。孟子をもって絶えた道統は、韓愈によって部分的に掘り起こされ、北宋に至って復活したという、あれである。漢代の儒者の中で、宋代の学者たちにもっとも高く評価されたのは、武帝に仕えた董仲舒であった。私見によれば、これは前漢末の劉向・劉歆父子や揚雄、後漢末の鄭玄が確立した律暦的世界観を、朱熹率いる朱子学が、打倒すべき対象とみなしていたためである。彼ら以後を暗黒時代として捉えるために、漢代儒教の展開は董仲舒で頂点に達したという史観が造成された。清末、今文公羊学の中から、古文系統の経書・学問はすべて劉歆の捏造であるとする見解が出てくるが、これも新儒教的史観の一つのヴァリエーションと言えよう。こうして見ると、新儒教の影は、現代の研究にも色濃く残っているのがわかる。古い時代については、董仲舒をもって儒教の発展が止まったかの史観を形成し、以後数百年にわたる儒教—そこには注疏訓詁の学という精緻な学術、讖緯思想という政治哲学、礼教国家という体制イデオロギーがあったにもかかわらず—の歴史がほとんど研究対象になってこなかったという弊害を生み、新儒教については、ある限られたアスペクトのみ関心を偏らせるという傾向を与えた。……。[37]

この小島の論文発表後、研究の前進をみたものもある。漢代思想を研究対象とする研究者の共通理解として、小島の言う「漢代儒教の展開は董仲舒で頂点に達したという史観」「董仲舒をもって儒教の発展が止まったかの史観」からは、少なくとも、脱することができ、「儒教の歴史」についても、特に後漢時代のそれについては一定の前進を見た、と筆者は考えている。ただ、このことを踏まえたうえでも、一九九一年発表のこの小島の論文からは、漢代研究に従事する者にとって、新儒教の影響について、今日でも教えられることが多い。

以上、「儒教の国教化」という考え方には、福井の論文以来、様々な議論をよび、事実の解明に寄与したという意義が認められる一方で、「国教化」後の「儒教」に関する考察が不足している等限界（弱点）も明らかになった。意義は意義として認め、問題点をどう解決するべきであろうか。

筆者は、「儒教の国教化」という考え方に捉われない研究を進めていくことに、その鍵があるのではないか、と考えている。特に、後漢の経学や思想を研究対象とする者にとっては、「国教化」後の「儒教」が明確に記されず、「国教化」した「儒教」と後漢時代の経学の隆盛とがどう具体的に繋がるのかが、これまでよく把握できない嫌いがあった。それを解決する手がかりは、実は、「儒教の国教化」に関する自説を補強し続けてきた福井自身の研究成果の中にある、と筆者は考えている。

第四節　おわりに

その福井の研究成果とは、一九九四年に発表された「六経・六藝と五経―漢代における五経の成立―」[38]という論文である。この論文は、先秦から後漢初期までの一次資料に見える経書の総称「六経」「六藝」「五経」各語の用例をくまなく調査したものである。その結果、

このようにただ六藝・六経・五経という用語の存在の有無のみに限定して、これらの用語の出自や沿革を跡付けてみると、前二者は先秦から前漢末期にかけて、ひろく一般に共通して使用された名称であり、後者は前漢末期以降、とくに後漢以後に多用化され、幅広く定着するようになった表現であると結論付けることが可能である。その意味から、両漢時代を通して大まかにいうならば、六藝と六経は前漢、すなわちほぼ西紀以前の今文学の、また五経は後漢、すなわち西紀以後の古文学の、それぞれ経学上の趨勢や時代色を反映し、代表する称謂や概念であったと要約することができるであろう(39)。

と結論している。筆者は、この事実に、中国の経学の一つの時代の曲がり角を見ている。そのことの詳しい検討については、拙著『後漢経学研究序説(40)』で展開しているので、それを御覧いただければ幸いである。

注

(1)　ここに言う「「儒教の国教化」説」とは、従来、漢代に「儒教」もしくは「儒学」が「国教」化した、または「官学」化した、または「成立」した、などと各人各様に唱えられてきた諸言説を、いま引っ括めて便宜的に呼ぶものである。呼称の不統一の問題については、後述する。ちなみに、筆者自身は、「儒教の国教化」や「儒学の官学化」といった言い方は、行論の都合で用いることはあっても、個人的には用いず、「儒家思想の台頭」という言い方でよい、と考えている。井ノ口哲也「儒家思想が台頭するまで」（中国出土資料学会 編『地下からの贈り物　新出土資料が語るいにしえの中国』、東方書店、二〇一四年六月）を参照。

なお、紙幅の都合上、詳しい経緯や紹介は省略せざるを得ないが、中国では、これに近い言葉として、従来、「（罷黜百家、）

独尊儒術」という言い方が用いられてきた。しかし、用語が特に問題になった形跡はなく、「儒教の国教化」説の展開は、日本の中国学界特有の現象である、と言える。

（2）関口順「「儒教国教化」論への異議」（『中国哲学』第二九号、北海道中国哲学会、二〇〇〇年一二月）は、従来の「儒教の国教化」説を検討したうえで、

以上の「儒教の国教化」論全体を通していえる、大きな問題が二つある。それは、「儒教」とは何か、とくに前漢末から後漢にかけての時期の「儒教」とはどのようなものとして存在していたのか、という点が考慮されていないことである。もう一つは、「国教化」の「国」はいったい何を指しているのか、曖昧だということである。……。「儒教」も「国教」も当時の概念ではなく、現代の我々の歴史（思想史）に対する認識の枠組みに外ならない。それがあまりにも無造作に使われてしまっているのである。この二点は従来からの儒教国教化言説においても事情は同じなのだが、その弊害はより多く批判的「儒教の国教化」論の方に現れている。「儒教国教化」の時期も指標も定まらないのはそのためではないか。（一六頁）

と述べている。筆者は、関口のこの考えに基本的に賛同するものである。

（3）福井重雅『儒教の国教化（稿）—日本における学説史・研究史の整理—』（平成9・10・11年度文部省科学研究費補助金基盤研究（C）（2）「漢代儒教の史的研究」研究成果報告書、二〇〇〇年）の注（3）の文言。この研究成果報告書では、一頁の「儒教」という語に注(3)が設けられ、三三頁に注(3)が記されている。

（4）福井重雅「儒教成立史上の二三の問題—五経博士の設置と董仲舒の事蹟に関する疑義—」（『史学雑誌』第七六編第一号、史学会、一九六七年一月／大幅に改稿され、福井重雅『漢代儒教の史的研究—儒教の官学化をめぐる定説の再検討—』〔汲古書院、二〇〇五年三月〕に収録される）。

（5）注(4)所掲福井重雅論文、一頁。

（6）注(4)所掲福井重雅論文、一三頁。

（7）注(4)所掲福井重雅論文、三〇頁。

（8）渡邉義浩「儒教の「国教化」論と「儒教国家」の成立」（『中国—社会と文化』第二四号、中国社会文化学会、二〇〇九年七月）は、「福井著書の学説史整理の元となった二〇〇〇年に刊行された科学研究費の報告書では、福井は「儒教の国教化」という概念をそのまま用いており、著書における「官学化」への変更は、同じく二〇〇〇年に出された関口順の「儒教国教化」論への異議を踏まえたものと考えられる。」（三一五頁、原文中の注番号を省いて引用した）と述べるが、福井の過去の用語の使用状況から考えれば、そうとは言い切れないものがある。福井の著書には「儒教の公認化」（一六頁）という例もある。ただ、福井

の著書では、「〃国教〃」「〃国教化〃」と表記しており、「国教」「国教化」にはかなり注意を払っているように見える。

以前、渡邉は、福井の著書に対する書評「二千年の定説を覆す――福井重雅著『漢代儒教の史的研究―儒教の官学化をめぐる定説の再検討―』」（渡邉義浩編『両漢の儒教と政治権力』、汲古書院、二〇〇五年九月）を発表した。その書評では、福井が特に「国教化」という語を用いていないことについて、「儒教」と「国教化」に関する渡邉の見解が述べられている。渡邉は、「すでに本書は、分析概念として「儒教」を使用している。「国教化」という用語が欧米で使用されていることを理由に、同じく史料用語ではない「官学化」という分析概念を利用することは、それこそ議論を混乱させるだけである。」（一九五―一九六頁）、「……、古代ローマにおけるキリスト教の〃国教化〃を想起するためにこそ、国教化という用語を使用すべきである。……。西欧との安易な比較は、西欧近代が人文・社会科学の基本概念を形成しているだけに厳に慎むべきであろうが、中国を相対化するためには、西欧やイスラムとの比較の視座は必要である。」（一九六頁）、「……、あえて宗教としての「儒教」が漢で「国教化」されたとすれば、それがキリスト教やローマでの国教化と何が共通で何が異なるのか、という比較史の視座をつねに脳裏に持っておきたい。歴史学の分析概念は、当時の使用例に拘束される必要はない。むしろ、ローマにおけるキリスト教の国教化をイメージさせる用語を意識して使うべきである。そのうえで、キリスト教と儒教との比較、国教化の内容の違いを考察する比較史の視座を堅持すべきである。」（一九六―一九七頁）などと述べている。（なお、同様の趣旨の記述が、前掲の渡邉義浩「儒教の「国教化」論と「儒教国家」の成立」三二六頁に見える。）

最初に引用した一九五―一九六頁の渡邉の見解における、福井の語彙使用の曖昧さ・矛盾を指摘した点については、筆者も同意する。しかし、そのあとに引用した一九六頁・一九六―一九七頁の渡邉の見解については、「儒教の国教化」を考察する際に、その類型としてローマにおけるキリスト教の国教化を参照すべきことを主張するもの、と筆者は理解しているが、筆者は、渡邉のこの見解に強い違和感を覚えており、主に次の二点において同意できない。一つは、中国で生まれ育まれて成立したものの考え方と西欧で生まれ育まれて成立したものの考え方とでは、当然のことながら、その拠って立つ土壌が異なる。西欧との交流がない中で中国独自のものの考え方が発展したばあいは、（たとい我々の後智恵として「比較史の視座をつねに脳裏に持ってお」くとしてもそれを文言として表に出すべきではなく、あえて文言として表すばあいでも）やはり中国という限定された時空においてそれを分析することに終始するべきである。二つは、「歴史学の分析概念は、当時の使用例に拘束される必要はない。」との見解に対して、筆者は当時の使用例にある程度は拘束されるべきであろう、と考えている。そうでなければ、極端なばあい、分析概念の使用が無限定に可能となってしまい、研究対象の当時の史的文脈にどのくらいの迫力をもって肉薄できるのか、かなり疑問に感じるからである。以上の二点に共通しているのは、どちらも研究対象の時代よりも後に生きているわれわれの後智恵であり、後智恵に基づくかぎり、虚心坦懐に当時の史的文脈の中に分け入って考察することが十全にはできないであろう、という筆者の考えである。

（9）平井正士「漢代の儒学国教化について」（『多賀秋五郎博士古稀記念論文集　アジアの教育と社会』、不昧堂書店、一九八三年五月）、一二六頁の註（1）。

（10）注（9）所掲平井正士論文、一五頁。ちなみに、この語が使用されている文脈では、以下のとおり、「国教」の概念規定について述べられている。

現在おこなわれている漢代儒学国教化の諸説には、「国教」の概念規定がまちまちのため一種の混乱がある。「国教」の概念使用には評価上の場合と、実質的な場合とがある。これは分けて考えなければならない。武帝時代に儒学が国教化したという場合、それは評価上の場合にのみいわれ実質的な場合には成立し得ない。而るに定説のいう国教化にはそれが董仲舒の対策の結果となされることによりその中に実質的な意味が紛れこんでくる。定説はこの紛れこんだままに、実は評価上でしかいわれ得ないものを恰も実質的に成立している如き装いをもって主張される。そこに定説の誤りと許し難さがある。（一五頁）

（11）注（9）所掲平井正士論文、二五頁。

（12）注（9）所掲平井正士論文、二五頁。

（13）西嶋定生『中国の歴史　第2巻　秦漢帝国』（講談社、一九七四年七月／のち、『秦漢帝国　中国古代帝国の興亡』、講談社、一九九七年三月、いま一九九七年版を用いる）の「第六章　儒教の国教化と王莽政権の出現」、（引用の段落順に）三四二頁・三四五頁・三五六頁・三五八頁・三六一頁・三七一頁・三七四頁・三八四頁・三八四頁・三九二頁。

（14）板野長八「図讖と儒教の成立」（原載誌掲載は一九七五年二月・三月／板野長八『儒教成立史の研究』、岩波書店、一九九五年七月）、三二九頁。

（15）渡邉義浩『後漢国家の支配と儒教』（雄山閣出版、一九九五年二月）の「第一章　白虎観」、五六頁。

（16）板野は、「儒学」については、論文「儒教の成立」（原載誌掲載は一九七〇年五月／注（14）所掲板野長八著書）で、

ここにいう儒教とは孔子教のことである。中国では儒術・儒学といわれても、儒教といわれることはほとんどない。元来、教には権威があるが、儒はせいぜい知識人という意味であるから、儒の教えということはあり得ないのである。ただ我が国では孔子教のことを儒教という習慣があるので、ここでもそれに従った。（著書四九三頁）

と述べている程度で、一貫して「儒教」の語で執筆したようである。

（17）白河次郎「儒、儒教及び儒学（続）」（『東亜研究』第二巻第三号、一九一二年）、四五頁。

（18）冨谷至「「儒教の国教化」と「儒学の官学化」」（『東洋史研究』第三七巻第四号、東洋史研究会、一九七九年三月）、一四〇頁。

(19) 注(18)所掲冨谷至論文、一三九―一四〇頁。
(20) 西川利文「漢代の儒学と国家―武帝期「官学化」議論を中心に―」(仏教大学文学部史学科創設三十周年記念論集刊行会編集・発行『史学論集―仏教大学文学部史学科創設三十周年記念―』、一九九九年三月)、一六二頁の注(1)。
(21) 注(20)所掲西川利文論文、一六一頁。
(22) 冨谷至「白虎観会議前夜―後漢讖緯学の受容と展開―」(『史林』第六三巻第六号(史学・地理学・考古学)、史学研究会、一九八〇年一一月)を参照。
(23) 山田勝芳「儒学の国教化―中国的正統の形成―」(片野達郎編『正統と異端―天皇・天・神―』、角川書店、一九九一年二月)、二三三頁。
(24) 浅野裕一「董仲舒・天人三策の再検討―儒学の国教化をめぐって―」(原載誌掲載は一九九一年二月／浅野裕一『黄老道の成立と展開』、創文社、一九九二年一一月)、六七二頁、六七三―六七四頁。
(25) 戸川芳郎・蜂屋邦夫・溝口雄三『儒教史』(山川出版社、一九八七年七月)、(引用の段落順に)三二頁・四九頁・五三頁・七四頁(以上「第1章　儒教の成立」)、九八頁・九九頁(以上「第2章　礼教国家の学術と思想」)。
(26) 注(15)所掲渡邉義浩著書、五一頁。
(27) 注(15)所掲渡邉義浩著書、五九―六〇頁。
(28) 注(15)所掲渡邉義浩著書、六三―六四頁。
(29) 注(15)所掲渡邉義浩著書、八七頁。
(30) これについては、疑義が提出されている。『後漢国家の支配と儒教』で定義づけられた「儒教」と「儒教国家」に対する小嶋茂稔の批評が、現時点でも、そのまま当て嵌まる。当時の小嶋の批評は、以下のとおりである。

私の抱く最大の問題点は、序論で展開される氏の立論のそもそもの前提である、「儒教」なり「儒教国家」なりの定義の仕方である。それらの実態を史料に即して検討し、その結果を踏まえて「定義」づけをするのが歴史学の基本的方法ではなかったか。渡邉氏のこの「定義」の先取りは氏が読者の便宜のためにあらかじめ結論を叙述したもの、とも解せよう。しかし、そうした独特の定義が、渡邉氏の先行研究の批評という作業の中からだけで産み出されたものであることは一読すれば明瞭であり、そうした「定義」の前提となる何らかの検証作業は見い出せない。

(小嶋茂稔「後漢時代史研究の近年の動向―国家と社会に関わる諸論考を中心にして―」(原載誌掲載は一九九八年二月／小嶋茂稔『漢代国家統治の構造と展開―後漢国家論研究序説―』、汲古書院、二〇〇九年二月、四一頁)

このほか、渡邉の「儒教国家」について疑問を述べている、津田資久の書評「渡邉義浩著『西晋「儒教国家」と貴族制』」（『唐代史研究』第一四号、唐代史研究会、二〇一一年八月）と、井ノ口哲也の書評「渡邉義浩著『後漢における「儒教国家」の成立』」（『史学雑誌』第一二〇編第九号、史学会、二〇一一年九月）も参照。

(31) 注(3)所掲福井重雅報告書、三一―三二頁。
(32) 岩本憲司「《書評》佐川修著『春秋学論考』」（『中哲文学会報』第九号、東大中哲文学会、一九八四年六月）、九八―九九頁。
(33) 注(2)所掲関口順論文、一〇―一一頁。
(34) 注(9)所掲平井正士論文、二二頁。
(35) 齋木哲郎「董仲舒の生涯・対策の年次、及び儒教国教化の実際について」（原載誌掲載は一九九六年九月／齊木哲郎『秦漢儒教の研究』、汲古書院、二〇〇四年一月）、三五八頁。
(36) 注(2)所掲関口順論文、六頁。
(37) 小島毅「中国儒教史の新たな研究視角について」（『思想』八〇五、岩波書店、一九九一年七月）、八三頁。
(38) 福井重雅「六経・六藝と五経―漢代における五経の成立―」（『中国史学』第四巻、中国史学会、一九九四年一〇月／大幅に改稿されて「五経の用語とその沿革」と改題され、注(1)所掲福井重雅著書に収録される）。
(39) 注(1)所掲福井重雅著書の第一篇第一章「五経の用語とその沿革」、一六九―一七〇頁。
(40) 井ノ口哲也『後漢経学研究序説』（勉誠出版、二〇一五年二月）の「序章　後漢経学研究の視点」を参照。

第二部　社会と家庭を安定させた中国の儒教道徳

第三章　五倫と三綱

第一節　五倫について

『孟子』滕文公《とうぶんこう》篇上と『礼記《らいき》』中庸篇（のちの『中庸』）には、次のとおり、君—臣、父—子、夫—婦、長—幼（兄《けい》—弟《てい》）、朋友の五つの人間関係が説かれている。

人之有道也、飽食煖衣、逸居而無教、則近於禽獣。聖人有憂之、使契為司徒、教以人倫。父子有親、君臣有義、夫婦有別、長幼有敘、朋友有信。（『孟子』滕文公篇上）

人の道というのは、衣食に満足していても、何もせずにじっとして教育が無ければ、禽獣《きんじゅう》に近いものになってしまう。聖人（ここでは舜《しゅん》を指す）はそのことを心配し、契《せつ》を司徒（教育大臣）に任命し、人倫を教えさせた。それは、父子間に親愛があり、君臣間に忠義があり、夫婦間に区別があり、年長者と年少者の間に順序があり、友人関係に信頼がある、というものである。

天下之達道、五。所以行之者、三。曰、君臣也、父子也、夫婦也、昆弟也、朋友之交也、五者天下之達道也。知・仁・勇三者、天下之達徳也。所以行之者、一也。（『礼記』中庸篇）

世の中の最高の道が、五つある。それを実行するものが、三つある。君臣の間柄・父子の間柄・夫婦の間柄・兄弟《けいてい》の間柄・友人の交わり、というのがそれであり、この五つが世の中の最高の道である。分別・思いやり・勇敢さの三者は、世の中の最高の徳である。これを実行するものが、一つである。

この五つの人間関係を『孟子』は「人倫」と言い、『礼記』中庸篇は「天下之達道」と言っている。この五つの人間関係が、のちに「五倫」と称されるものである(1)。

ただし、この『孟子』や『礼記』の成立した戦国時代から漢代初期にかけては、五倫という五つの人間関係という形では人々の倫理規範として定着しなかった。例えば、その後の影響を漢代の一次資料の中から調べてみると、五倫に関する記述は、管見のかぎり、

乃上書曰、「臣聞、『天下之通道、五。所以行之者、三。曰、君臣・父子・兄弟・夫婦・朋友之序、此五者、天下之通道也。智・仁・勇、此三者、天下之通徳、所以行之者也。』（『史記』平津侯伝）

（公孫弘は）そこで上書してこう述べた。「わたくしはこう聞いております。『世の中の最高の道が、五つある。それを実行するものが、三つある。君臣の間柄・父子の間柄・夫婦の間柄・兄弟の間柄・朋友の間柄というのがそれであり、この五つが世の中の最高の道である。分別・思いやり・勇敢さ、この三つが、世の中の最高の徳であり、五倫を実行するものである。』と。」

とあり、

昔者、五帝三王之莅政施教、必用参・五。何謂参・五。仰取象於天、俯取度於地、中取法於人、……、乃澄列金・木・水・火・土之性、故立父子之親而成家。別清濁五音六律相生之数、以立君臣之義而成国。察四時季孟之序、以立長幼之礼而成官。此之謂参。制君臣之義・父子之親・夫婦之辨・長幼之序・朋友之際。此之謂五。

（『淮南子《えなんじ》』泰族篇）

むかし、五帝三王が政治を行い教化を施すばあい、必ず三と五を用いた。何を三と五というのか。仰いではモデルを天にとり、俯《うつむ》いては目盛りを地にとり、そのあいだでは模範を人にとり、……、そこで金・木・水・火・土の性質を選《え》り分けて列挙すると、父子間の親愛をもうけて家ができた。清濁を五音六律の相生の数に分別して、君臣間の忠義をもうけて国家ができた。四季や年長年少の順序を観察して、年長者と年少者との間の礼をもうけて官職ができた。これらを三という。君臣間の忠義・父子間の親愛・夫婦間の区別・年長者と年少者の間の順序・友人間の交際をさだめた。これらを五という。

とある程度であり、わずかに二例しか見あたらない。

実は、漢代には、五倫の中の君―臣、父―子、夫―婦という三つの人間関係がとりわけ重視された。この君―臣、父―子、夫―婦という三つの人間関係を「三綱」という(2)。

では、ここからしばらく、漢代に重視された三綱の成立事情について考察してみよう。

第二節　三綱の形成

三綱はどのようにして形成されていったのであろうか。例えば、一九九三年に発掘された戦国時代後期の出土資料である郭店楚墓竹簡中に、以下のような記述がある。

義者、君徳也。……。忠者、臣徳也。……。智也者、夫徳也。……。信也者、婦徳也。……。聖也者、父徳也。……。仁者、子徳也。故夫夫、婦婦、父父、子子、君君、臣臣、六者各行其職而訕誇亡由作也。

（郭店楚墓竹簡『六徳《りくとく》』）

義とは、君主の徳である。……。忠とは、臣下の徳である。……。智とは、夫の徳である。……。信とは、妻の徳である。……。聖とは、父の徳である。……。仁とは、子の徳である。だから夫は夫であり、婦は婦であり、父は父であり、子は子であり、君は君であり、臣は臣であって、この六者がそれぞれ自身の役割を実行すれば謗《そし》りや驕《おご》りは起こりようがないのである。

『六徳』では、夫と婦、父と子、君と臣の結び付きがそんなに強固ではなく、夫・婦・父・子・君・臣それぞれの要素が単独に存在しているようである(3)。

これと同様の傾向は、戦国末期の『呂氏春秋』にも見える。

凡為治必先定分君・臣・父・子・夫・婦。君・臣・父・子・夫・婦六者当位、則下不逾節而上不苟為矣、少不悍辟而長不簡慢矣。

（『呂氏春秋』似順論処方篇）

政治を行うにはきまってまず君・臣・父・子・夫・婦の分を定めるのだ。君・臣・父・子・夫・婦の六者がふさわしい居場所にいれば、下位の者は礼節を過ぎることはしないし、上位の者は無意味なことはしない。年少の者は心がねじけることがないし、年長の者は人を侮らない。

夫・婦・父・子・君・臣それぞれの要素は、時代がうつるにつれて、次第に強固に結合してくる。夫と婦、父と子、君と臣、この三つの関係が一層深く結合してくる情況は、

臣之所聞曰、「臣事君、子事父、妻事夫。三者順則天下治、三者逆則天下乱。」此天下之常道也、明王賢臣而弗易也。（『韓非子』忠孝篇）

わたくしが聞いておりますには、「臣下は君主に事《つか》え、子は父に事え、妻は夫に事える。この三つがうまくいっていると天下が治まり、この三つがしっくりいかないと天下は乱れる。」といわれております。これこそ天下の不変の道理であり、賢明な王や臣下であってもこれを変えることはできません。

とあり、

公曰、「敢問為政如之何。」孔子対曰、「夫婦別、父子親、君臣厳、三者正則庶物従之矣。」（『礼記』哀公問篇）(4)

哀公が言った。「思い切って尋ねるが、政治を行うのはどうしたらよいだろうか。」孔先生がこたえておっしゃった。「夫婦間の区別、父子間の親愛、君臣間の厳粛さ、この三者が正しければありとあらゆるものは為政者に服従します。」

とあるように、漢代初期に編集された一次資料中に見えている。

興味深いのは、以下に示す『荀子』大略篇と『易』序卦《じょか》伝における『易』に関する記述である。これらによれば、夫婦・父子・君臣の人間関係は、「夫婦之道」を基礎としている。

『易』之咸、見夫婦。夫婦之道、不可不正也、君臣・父子之本也。咸、感也。以高下下、以男下女、柔上而剛下。（『荀子』大略篇）

『易』の咸卦《かんか》は、夫婦を示している。夫婦関係の道理は、正しくしなければならないのであり、君臣関係・父子関係の根本である。咸とは、感応する意である。高いものが低いものより下り、男が女より下り、柔が上で剛が下である。

有天地、然後有万物。有万物、然後有男女。有男女、然後有夫婦。有夫婦、然後有父子。有父子、然後有君臣。有君臣、然後有上下。有上下、然後礼義有所錯。夫婦之道、不可以不久也。（『易』序卦伝(5)）

天地があって、その後に万物がある。万物があって、その後に男女がある。男女があって、その後に夫婦関係がある。夫婦関係があって、その後に父子関係がある。父子関係があって、その後に君臣関係がある。君臣関係があって、その後に上下関係がある。上下関係があって、その後に礼や義が定まる。夫婦関係の道理は、いつまでも続くものでなければならないのである。

ついでに言えば、『荀子』大略篇と『易』序卦伝の記述の影響が、前漢末期の『列女伝』に見える。

夫男女之盛、合之以礼、則父子生焉、君臣成焉、故為万物始。君臣・父子・夫婦三者、天下之大綱紀也。三者、治則治、乱則乱。（『列女伝』巻三「魏曲沃負」）

そもそも男女の勢いが充実しているばあい、礼によって両者をぴたりと合わせて（夫婦の関係にす）れば、父子関係が生じ、君臣関係が成立し、そこで万物の始まりとなる。君臣関係・父子関係・夫婦関係という三つの人間関係は、天下の大いなる綱紀である。この三つが治まれば天下は治まるし、乱れれば天下は乱れる。

では、なぜ、人間関係は「夫婦之道」を基礎とするのだろうか。それを簡単に言えば、「夫婦之道」は人が生まれる原理であり、「夫婦」は「父子」「君臣」の前に登場しているのである。このような三つの関係の応用は、三つの関係がすでに不即不離の三者一組であることを表している。田中麻紗巳の研究[6]によると、漢代では、婦人の家庭内での地位が向上し、そのため「夫婦」が重視され、「夫婦」を「父子」と「君臣」に付加した、という。しかし、『孟子』滕文公篇上以後の一次資料を見るかぎり、「夫婦」はもともと始めから不可欠の人間関係であったことが分かる。

第三節　三綱の定着

君臣・父子・夫婦、これら三つの人間関係は不即不離の三者一組である。それを最初に「三綱」と呼んだのは、次のとおり、『春秋繁露』基義篇である。[7]

凡物必有合。……。陰者陽之合、妻者夫之合、子者父之合、臣者君之合、物莫無合、而合各相陰陽。陽兼於陰、陰兼於陽、夫兼於妻、妻兼於夫、父兼於子、子兼於父、君兼於臣、臣兼於君。君臣・父子・夫婦之義、皆取諸陰陽之道。君為陽、臣為陰、父為陽、子為陰、夫為陽、妻為陰。……。王道之三綱、可求於天。

（『春秋繁露』基義篇）

物にはきまってぴたりと合う相手がある。……。陰は陽のぴたりと合う相手であり、妻は夫のぴたりと合う相手であり、子は父のぴたりと合う相手であり、臣は君のぴたりと合う相手であり、物にぴたりと合う相手がないものはなく、ぴたりと合う相手にはそれぞれ陰陽がある。陽は陰に兼併され、陰は陽に兼併され、夫は妻に兼併され、妻は夫に兼併され、父は子に兼併され、子は父に兼併され、君は臣に兼併され、臣は君に兼併される、という関係にある。君臣・父子・夫婦の関係は、いずれもモデルを陰陽の道理から取っている。すなわち、君は陽であり、臣は陰であり、父は陽であり、子は陰であり、夫は陽であり、婦は陰である、ということになる。……。王道の三綱は、天にもとめることができる。

ここでは、君と臣、父と子、夫と婦は、いずれの関係も陰と陽の関係で説明されている。(8) すなわち、一方の要素がないならば、その関係自体が成り立たず、その関係を成り立たせるためには、必ず両方の要素が必要である。言い換えれば、君と臣、父と子、夫と婦は、いずれも不可分の関係にある一対である。

その後も、陰と陽とによって「三綱」を説明するものがあったが、それは楊雄の『太玄』の記述である。

日月往来、一寒一暑。律則成物、暦則編時。律暦交道、聖人以謀。昼以好之、夜以醜之。一昼一夜、陰陽分索。夜道極陰、昼道極陽。牝牡群貞、以攡吉凶。而君臣・父子・夫婦之道辨矣。是故日動而東、天動而西、天日錯行、陰陽更巡。死生相樛、万物乃纏。（『太玄』玄攡）

太陽や月が往来し、寒くなったり暑くなったりする。律は万物を生成し、暦は時を編次する。律と暦が道理をまじえ、聖人は謀り考える。昼はよいものとされ、夜はいみきらうものとされる。昼になったり夜になったりし、陰と陽がそれぞれめぐっている。夜の道理は陰をきわめ、昼の道理は陽をきわめる。そして君臣・父子・夫婦の道理が弁別されるのだ。そういうわけで太陽は動いて東へとうつり、天体は動いて西へとうつり、天体と太陽は交錯して運行し、陰と陽はかわるがわるめぐる。死と生は互いに結ばれており、万物もこの原理から離れない。

さらに、『春秋繁露』には、君臣・父子・夫婦の模範に関する記述もある。

天地者、万物之本、先祖之所出也、広大無極、其徳昭明、歴年衆多、永永無疆。天出至明、衆知類也、其伏無不昭也。地出至晦、星日為明不敢闇。君臣・父子・夫婦之道、取之此。
（『春秋繁露』観徳篇）

天地とは、万物の根本であり、先祖の出所であり、広大ではてなく、その徳はくまなく明るく、数多くの年月が経過し、とこしえにかぎりがない。天はこの上なく明るいものを生み出すが、多くの智慧のある種類であり、伏して姿の見えないものもすべて明らかになるのである。地はこの上なく暗いものを生み出すが、星や太陽が輝きを放って暗くはならない。君臣・父子・夫婦の道理は、これからモデルを取っている。

この記述によれば、君臣・父子・夫婦のあり方が天地にしたがうものであることはわかる。しかし、君臣・父子・夫婦のうち、どの関係が天あるいは地と対応しているのかが示されていない。この点が明確になるのは、後漢時代に入ってからであり、その機会の到来が白虎観会議であった。

第四節　三綱の定義

後七九年（建初四年）、漢王朝は白虎観会議を挙行した。白虎観会議とは、経義を統一し経文を調整した会議である。会議の記録である『白虎通』は、当時の儒学・経学に関する用語と概念の定義集である。『白虎通』の「三綱」に関する記述を見てみよう。

三綱者、何謂也。謂君臣・父子・夫婦也。……。故『含文嘉』曰、「君為臣綱、父為子綱、夫為妻綱。」……。君臣・父子・夫婦、六人也。所以称三綱何。一陰一陽謂之道、陽得陰而成、陰得陽而序、剛柔相配、故六人為三綱。三綱法天・地・人。……。君臣法天、取象日月屈信、帰功天也。父子法地、取象五行転相生也。夫婦法人、取象人合陰陽、有施化端也。……。
（『白虎通』三綱六紀篇）

> 三綱とは、どういう意味か。君臣・父子・夫婦を意味する。……。だから『（礼緯）含文嘉』には、「君は臣のツナであり、父は子のツナであり、夫は妻のツナである。」とある。……。君臣・父子・夫婦は、六人である。三綱と呼ぶ理由は何か。一陰一陽を道といい、陽は陰を得ることで成り立ち、陰は陽を得ることで秩序ができ、剛と柔がお互いにペアとなるので、六人が三綱となる。三綱は天・地・人（の三才）を模範とする。……。君臣は天を模範とし、日月の盈縮《えいしゅく》にモデルをとり、仕事（の原因の所在）を天に帰するのである。父子は地を模範とし、五行相生にモデルをとっているのである。夫婦は人を模範とし、人が陰陽を合していることにモデルをとり、感化の端緒を施すのである。……。

ここに至って、「三綱」がはじめて詳細に説明されて定義された。この記述によると、『白虎通』より先に、緯書である『礼緯含文嘉』に既に三つの「綱」の記述があったことになる。さらに、『春秋繁露』基義篇でみられた陰陽の理論が継承されているほか、「君臣は天に法《のっと》」り、「父子は地に法」り、「夫婦は人に法」る、とあるように、『春秋繁露』観徳篇で不明確だった天あるいは地に対応する人間関係が明確になっている。『白虎通』三綱六紀篇に見える「三綱」の定義は、それまでに行われた議論について未解決の点を解決する形であまねく取り込んだものである、と言えるのである[9]。

三綱は、いずれも上下関係によって秩序が成り立っている。すなわち、君主に事《つか》える臣下、父に事える子、夫に事える妻、という上下関係である。この上下関係によって、社会と家庭の安定が図られたのである。

第五節　おわりに

これまで、本章では、五倫を説明したうえで、そのうちの三綱について形成・定着・定義の過程を見てきた。

その一方で、筆者は、三綱という概念は最初からこの三つが決められて安定していたわけではなく、この三つを含む多くの要素の中から不要な要素が削ぎ落とされて定着してきた[10]、と考えている。単純に五つから三つを選んで定着したのではなく、ある場合には五つが四つになるなど、紆余曲折を経て、ようやく三つになったのである。実際上は、君臣・父子・夫婦というこの三つの人間関係が他の人間関係（例えば、長幼・朋友）に比べて不可欠であり、そのために、三綱として定着したのである。

後漢時代の「三綱」の用例には、ほかに馬融の「三綱五常」（『論語』為政篇の注）や、荀悦の『漢紀』中にみえる「三綱」の記述などがあるが、五倫も三綱も、一時期、中国思想史の表舞台から姿を消すことになる。それが日の目をみるのは宋代の朱子学の時代になってからのことであり、五倫と三綱は朱子学における重要な徳目として、東アジア世界で息を吹き返すのである。

（附記）　現代日本における「五倫」

現代日本において「五倫」自体を道徳教育資料にもとめることは困難であるが、実は「五倫」を標榜している機関がある。千葉県夷隅郡御宿町の御宿町歴史民俗資料館内にある五倫文庫である。筆者は、二〇一八年四月に当館を訪問し、資料を閲覧した。五倫文庫のパンフレットやホームページによると、五倫文庫の「五倫」は、一九〇二（明治三五）年九月の台風で御宿小学校の校舎が倒壊したことを契機として、一九〇八（明治四一）年五月から全村民の賛成のもと、各戸五厘の貯金を始め（それが実を結んで校舎が再建され）たことに由来する。のちに、御宿町を訪問してこの話を聞いて感服した佐倉連隊区司令官の黒田善治少将が、「五厘」は「五倫」に通じるとして、御宿小学校に「五倫黌」と名付け、五倫文庫もこれにちなんで名付けられた、という。

五倫文庫は、機関誌『五倫』を発行しているほか、江戸時代の寺子屋で使用されたテキストや近現代における世界各国の初等教育の教科書を収蔵して配架・展示しており、特に戦前・戦中期に関しては、旧満州・朝鮮半島・台湾・南洋諸島で使用された修身の教科書は、一見の価値があることを附言しておきたい。

注

（1）「五倫」については、呉承仕「五倫説之歴史観」（『文史』創刊号、一九三四年五月／『呉承仕文録』、北京師範大学出版社、一九八四年一月）、武内義雄「儒教の倫理」（『武内義雄全集　第二巻　儒教篇二』、角川書店、一九七八年六月）、浅井茂紀「孟子の人倫哲学論―五倫について―」（『千葉商大紀要』第三二巻第三号、千葉商科大学国府台学会、一九九四年一二月）、山本正身「「五倫」道徳の成立過程に関する研究（その一）」（『哲学』第一〇〇集、三田哲学会、一九九六年三月）、山本正身「「五倫」道徳の成立過程に関する研究（その二）―孔子の人倫思想について―」（『哲学』第一〇一集、三田哲学会、一九九七年三月）、張岱年「論五倫与五常―伝統倫理的改造与更新」（『傳統文化與現代化』一九九七年第四期、中華書局、一九九七年）、鈴木喜一『五倫の成立―中国古代倫理思想史―』（明徳出版社、二〇〇二年四月）、景海峰「五倫観念的再認識」（国際儒学聯合会編・単純主編『国際儒学研究』第一六輯、九州出版社、二〇〇八年六月）、中島隆博「五倫」（尾崎雄二郎・竺沙雅章・戸川芳郎編『中国文化史大事典』、大修館書店、二〇一三年五月、四二五頁）、張啓雄「中國傳統國際關係之《五倫國際關係論》的規範理論建構―隋朝「漢胡和親」下〈夫婦論〉的倫理秩序解析」（日本語訳「中国における伝統的国際関係の「五倫国際関係論」規範の理論構造―隋朝の「漢胡和親」における「夫婦倫」倫理秩序の分析」）（伊東貴之編『国際シンポジウム49「心身／身心」と「環境」の哲学―東アジアの伝統的概念の再検討とその普遍化の試み―』、国際日本文化研究センター、二〇一八年三月）を参照。

（2）「三綱」については、田中麻紗巳『両漢思想の研究』（研文出版、一九八六年一〇月）の第三章第一節「『白虎通』の三綱説」（原載誌掲載は一九七一年一〇月）、林安梧「〝三綱〟的哲学理解与詮釈―以〝血縁性縦貫軸〟為核心的展開」（銭伯城・李国章主編『中華文史論叢』第五八輯、上海古籍出版社、一九九九年五月）、季乃札『三綱六紀与社会整合―由《白虎通》看漢代社会人倫関係』（中国人民大学出版社、二〇〇四年二月）、劉海鴎『従伝統到啓蒙：中国伝統家庭倫理的近代嬗変』（中国社会科学出版社、二〇〇五年七月）、林素英「董仲舒「三綱」説述評」（国立台湾師範大学国文学系編輯・発行『第二届儒道国際学術研討会―両漢論文集』、二〇〇五年八月）、程宗璋「〝三綱〟源流辨」（張立文主編『〝孔子与当代〟国際学術会議論文集』、河北大学出版社、二〇〇五年一一月）を参照。

（3）同じ郭店楚墓竹簡の『成之聞之』には、

天降大常、以里人侖。折爲君臣之義、惹爲父子之新、分爲夫婦之辨。是古小人亂天常以逆大道、君子治人侖以川天徳。

天が不変の原理をくだして、人倫をととのえた。具体的には、君臣間の忠義をさだめ、父子間の親愛を明らかにし、夫婦間の別を区分した。それゆえに小人は天からの不変の原理を乱して人の歩むべき道に逆らい、君子は人倫を治めて天の徳にしたがう。

とあり、君と臣、父と子、夫と婦が結びついた表現が見られる。君・臣・父・子・夫・婦それぞれの要素が単独に存在している『六徳』よりも一歩進んだ表現であろうか。『成之聞之』と『六徳』の君・臣・父・子・夫・婦については、渡邉大「郭店楚簡『成之聞之』『六徳』にみえる人倫説について」（『大久保隆郎教授退官紀念論集　漢意とは何か』、同論集刊行会編集・発行、二〇〇一年一二月）を参照。

なお、出土資料の釈文に関しては、本書が一般書であることを考慮して、できるだけ平易な現在使用されている漢字表記で示すことにした。

（4）『大戴礼記《だたいらいき》』哀公問於孔子篇にも、次のように大体同じ文章がある。

公曰、「敢問、為政如之何。」孔子対曰、「夫婦別、父子親、君臣厳、三者正則庶民従之矣。」

哀公がおっしゃった。「思い切って尋ねるが、政治を行うのはどうしたらよいだろうか。」孔先生がこたえておっしゃった。「夫婦間の区別、父子間の親愛、君臣間の厳粛さ、この三つが正しければ庶民は為政者に服従します。」

（5）以下に示す後代の資料である『顔氏家訓』兄弟篇の文章は、本稿中に示した『易』序卦伝の記述に基づいているはずである。

夫有人民而後有夫婦、有夫婦而後有父子、有父子而後有兄弟、一家之親、此三而已矣。

そもそも人々の存在があって夫婦関係があり、夫婦関係があって父子関係があり、父子関係があって兄弟関係があり、一家の親愛とは、この三つにほかならない。

『易』序卦伝の「君臣」という文言が、『顔氏家訓』兄弟篇では「兄弟」に改まっているのは、『顔氏家訓』の著者である顔之《がんし》推《すい》が、混乱する政治や社会（の秩序）よりも家族内の秩序を重視し優先したことによるのであろう。このことについては、宇都宮清吉『中国古代中世史研究』（創文社、一九七七年一二月）の第一二章第六部「顔氏家訓解題」（五二一―五四八頁）、宇都宮清吉訳『顔氏家訓２』（平凡社、一九九〇年二月）の「解題」を参照。

（6）田中麻紗巳『両漢思想の研究』（研文出版、一九八六年一〇月）の第三章第一節「『白虎通』の三綱説」。

（7）（注6）所掲の田中麻紗巳論文の一三二頁でこの点に言及がある。
（8）『春秋繁露』における陰陽の配当理論については、澤田多喜男「陰陽配当攷」（『東洋古典学研究』第三集、東洋古典学研究会、一九九七年五月）を参照。
（9）『白虎通』の「三綱六紀」の専門書には、季乃札『三綱六紀与社会整合─由《白虎通》看漢代社会人倫関係』（中国人民大学出版社、二〇〇四年二月）がある。
なお、『白虎通』を編纂した班固が書いた「東都賦」において、
且夫建武之元、天地革命、四海之内、更造夫婦、肇有父子、君臣初建、人倫寔始。
かの建武年間の初め（＝後二五年頃）、王朝が交替し、世の中では夫婦の道が一新され、父子の道が始められ、君臣の道が初めて定められ、人倫がここに始められた。
と述べられる三綱については、むしろ本章第二節で紹介した前漢時代の事例に近い。
（10）『荀子』天論篇と『韓詩外伝』巻二には、以下のような記述がある。
若夫君臣之義、父子之親、夫婦之別、則日切磋而不舍也。

かの君臣間の忠義・父子間の親愛・夫婦間の区別といったことは、日々努力して怠らないのである。

この記述には、「君臣」「父子」「夫婦」の「三綱」がそろっている。しかし、『韓詩外伝』巻五には、
若夫君臣之義、父子之親、夫婦之別、朋友之序、此儒者之所謹守、日切磋而不舍也。

かの君臣間の忠義・父子間の親愛・夫婦間の区別・朋友間の順序といったこと、これこそ儒者がつつしみまもることであり、日々努力して怠らないのである。

という記述があり、さらに『新語』道基篇には、
於是先聖乃仰観天文、俯察地理、図画乾坤、以定人道、民始開悟、知有父子之親・君臣之義・夫婦之別・長幼之序。

そこで聖人は仰いでは天文を、うつむいては地理を観察し、乾坤をえがき、そうして人道を定めると、庶民はようやくさとっ

て、父子間の親愛・君臣間の忠義・夫婦間の区別・年長者と年少者の間の順序があることを理解した。

という記述があり、『淮南子』人間篇には、

古者、溝防不脩、水為民害、禹鑿龍門、辟伊闕、平治水土、使民得陸処。百姓不親、五品不慎、契教以君臣之義・父子之親・夫婦之辨・長幼之序。

むかし、溝渠や堤防がととのわず、洪水が庶民に被害を与え、禹が龍門をうがって、伊闕をひらき、治水して土地を平らかにし、庶民に陸の居場所を与えた。しかし庶民はなつかず、五品（＝五倫）に配慮がないので、契は君臣間の忠義・父子間の親愛・夫婦間の区別・年長者と年少者の間の順序を教えた。

という記述があって、五倫から一つを欠き、「父子」「君臣」「夫婦」と「朋友」もしくは「長幼」の組み合わせになっている。すなわち、この時点では、まだ「父子」「君臣」「夫婦」が「三綱」として定着してはいなかったのである。

第四章　朱子学の伝播とその影響

第一節　はじめに

『孟子』は儒家思想の重要な古典ではあったものの、長く経書《けいしょ》（聖人の教えを述べたとされた儒家の綱要書）とされてこなかった。『孟子』が経書となったのは宋代になってからである。また、『礼記』から大学篇と中庸篇が特別に取り出されて、『大学』と『中庸』という一書に格上げされ、南宋の朱熹によって四書に入れられた。四書とは『論語』『孟子』『大学』『中庸』の四つの書物のことで、朱子学のテキストである[1]。四書に『孟子』と『中庸』が含まれていることによって、両書に説かれる五倫と、そのうちの漢代に確立した三綱とが、社会と家庭の安定を図る道徳として脚光を浴びることとなる。

朱熹が集大成した朱子学は、中国国内に普及していった[2]のみならず朝鮮半島や日本へも伝播した。この朱子学の伝播とは、具体的には朱子学のテキスト（朱熹の解釈のついた四書）が伝えられて現地の人々に受容され学習されたことを意味する。

本章は、五倫ないし三綱を中心に、朝鮮半島と日本へ伝播した朱子学の展開をそれぞれ確認し、明治日本において「教育ニ関スル勅語」に影響を及ぼす直前までの過程を描くことを目的とするものである。

第二節　朝鮮半島への朱子学の伝播とその影響

朝鮮半島へは、元代の中国から朱子学が伝わった。その伝えられかたとして、通説では、『高麗史』忠烈王世家と『晦軒先生実記』の「晦軒先生年譜」に基づいて、安珦《アンヒャン》が一二八九年に高麗（九一八―一三九二）の忠烈《チュンニョル》王《ワン》（在位一二七四―一三〇八）にしたがって北京へ出かけた時に、朱子の書を記録し朱子の肖像画を描いて、一二九〇年にそれらを高麗にもたらした、とされている[3]。しかし、この通説に対しては、それを疑問視する見解が提出されており[4]、その中には、一二九八年、忠宣王《チュンソンワン》（在位一二九八、一三〇八―一三一三）に随行して元に十年間とどまり、この時に蒐集した朱子学の書籍を十四世紀初に高麗にもたらしたとされる白頤正《ペクイジョン》を朱子学伝来者として確実視する見解も見られる[5]。しかし最近の研究では、安珦は一二八九年以前にも元に滞在して朱子学に接し、これを高麗に伝えていた可能性が高く、白頤正は朱子学がまださほど普及していなかった状態の高麗に、元で学んだ朱子学を伝えた、との見方がなされている[6]。いずれにせよ、十三世紀末から十四世紀初にかけて、元代の中国から朝鮮半島の高麗に朱子学が伝わった、と考えておいてよいであろう。

その後、高麗では、安珦から朱子学を伝えられたとされる権溥《クォンボ》によって朱熹の『四書集註』が刊行されるなど、次第に朱子学書が広まっていった。ちょうどこの書の刊行と相前後して、元王朝下では、一三一三年に科挙が復活し、朱子学が採用された。それ以降、高麗からも元の都・大都へ受験者が派遣され、一定数の合格者を出している。親子で元の科挙に合格し元の官僚になった李穀《イゴク》・李穡《イセク》父子はその代表で、一三六七年、李穡は、一三六一年の国都・開城における兵乱で荒廃しその後再建された成均館《ソンキュンクワン》の長となり、成均館を朱子学を学ぶための国立の最高学府として体制を整えた。こうして朱子学が国家の思想的基盤となっていき、次の朝鮮王朝（一三九二―一九一〇）にも引き継がれていくことになる。

朝鮮王朝は、国家教学に朱子学を採用した。高麗時代以来の最高学府である成均館を国都に建設し、国家の儒学教育機関として官僚候補生を養成した。国都には、最高学府の成均館のほか、いわゆる四学（東学・西学・南学・中学）が設置され、地方にも、儒学教育のために国都の四学に対応するものとして、郷校が設置された。しかし、郷校は十五世紀半ばから次第に衰退し、十六世紀半ばからは在地士族による書院が勢いを増し、書院もやがて教育機関としての性格よりも先賢奉祀に重点が置かれるようになった。とはいうものの、郷校も書院も、「教育機関としての機能を喪失したのちも、地方社会における儒教のシンボルとして在地士族の結集する場を提供し続けた」のである。(7)

その一方で、朱子学を国家教学とする朝鮮王朝は、一般庶民、特に文字の読めない人々に対する教化を図るべく、「三綱」を主題とした三綱行実図を作成した。具体的には、君臣間の「忠」、父子間の「孝」、夫婦間の「貞（烈）」それぞれの徳目について中国および朝鮮半島の説話から模範とすべき忠臣・孝子・烈女の行実の一場面図を刊行し、全国に配布したのである。(8)志部昭平によると、朝鮮王朝が刊行した代表的な三綱行実図類は以下のとおりである。(9)

①一四三四年（世宗一六年）『世宗初刊三綱行実図』
②一四八一年（成宗一二年）『諺文三綱行実列女図』（伝わらず）
③一四九〇年（成宗二一年）『刪定諺解三綱行実図』
④一五一四年（中宗九年）『続三綱行実図』
⑤一五一八年（中宗一三年）『二倫行実図』
⑥一五七九年（宣祖一二年）『宣祖改訳三綱行実図』

⑦一六一五年（光海君八年）『東国新続三綱行実図』
⑧一七二六年（英祖二年）『英祖改訳三綱行実図』
⑨一七九七年（正祖二一年）『五倫行実図』

三綱行実図の刊行は、一四二八年（世宗一〇年）に父親殺害事件が発生し、それを聞いた世宗が民衆教化のための書籍の刊行を命じたことがきっかけである。志部の説明によると、①は世祖朝に編纂・刊行された漢文のみからなるもの、②は伝わらないが諺訳（朝鮮語訳）された①を成宗朝に「烈女図」のみ刊行したとされるもの、③は①の諺訳版を刪定し刊行したと推定されるもの、⑥は③を宣祖朝に改訳して刊行したもの、⑧は⑥を英祖朝に改訳して刊行したもの、⑨は正祖朝に⑧をもとに改訳されて⑤を合して刊行されたもの、④⑤⑦は③の続編というべき性格を持ち③に倣ってほぼ同一の様式で編纂刊行されたもの、であり、「これらをそれぞれ祖本とした重刻改板は数知れない」という[10]。一四四三年（世祖二五年）に創られ一四四六年（世祖二八年）に公布された訓民正音（ハングル）の影響で、②以降のものはハングルによる説明の附した三綱行実図類となっている。志部は、「少なくとも朝鮮語で書かれたもので李朝文献史を通じてこれらほど多く版を重ね、かつ広く読まれたものも稀であろう[11]」と述べている。

そもそも、このように多くの版を重ねて三綱行実図類が刊行されたのは、なぜであろうか。このことについて、岩谷めぐみは、

朝鮮王朝は、三綱が乱れると天災地変が発生し、その責任は民を教化できなかった王朝にあると考えた。それ故『三綱行実図』群は、常に民心が荒廃し天災地変が頻発した時代に、それを立て直すために朝廷によって編纂され続けたのである。

と述べている。[12] 朝鮮王朝において、三綱行実図類は民衆に対する教化を目的として繰り返し編纂・印刷され、国内に広く流布していったのである。

三綱行実図の転機は、実は、豊臣秀吉による朝鮮出兵（壬辰倭乱または文禄・慶長の役、一五九二―一五九八）である。朝鮮出兵のあとに刊行された⑦『東国新続三綱行実図』は、登場人物がみな旌表《せいひょう》（人の善行を褒め称えて広く天下に示すこと）に該当した「東国」の人々の説話のみで構成されている。「東国」とは朝鮮半島のことである。すなわち、⑦は自国の人々の功績を強調した内容となっているのである。⑦は壬辰倭乱を通じて朝鮮半島の人々に芽生えた自国意識に基づいて編纂されたものであるが、厳基珠は、「中国をすべての文化の中心と考え、「自国」という区別概念がなかった状態」が、壬辰倭乱を契機として、「中国とは区別された「自国」を認識する段階へと変化した」とし、「中国ではなく自国の人物の説話を通して朱子学の生活規範を語る必要が感じられるようになったということ自体が、大きな変化なのである」と指摘している。[13]

また、『東国新続三綱行実図』の「烈女」部門に着目した鄭夏美は、

「東国新続三綱行実図」の烈女部門に列挙されている、合計七一七件のうち、朝鮮時代の例は六九一件であり、そのうちの六三％が壬辰倭乱の間に発生した烈女であり、宣祖朝と光海朝に表彰されている。ちなみに倭軍に抵抗して命を落としたケースのほかに烈女になった例としては、夫の死後に不食や入水などの方法で自殺した場合、節操を守るため自殺した場合、夫の危機情況（虎との遭遇や火災、盗賊などによる）に夫の身代わりとなって死亡した場合などの殉死型、夫の死後、再婚せずに夫の親に仕えた場合、夫の看病のため指を切るなどして助けたり、夫の死後に墓を守るなどの献身型があった。

と述べ、殉死・献身といった強烈な「烈女イデオロギー」が女性に強要されたことを明らかにしている。[14] 同じく

「烈女図」に掲載されている説話に注目した厳基珠は、

　では、朝鮮の統治者がこのような女性の貞節を特別強調する理由はどこにあったのだろうか。ここでは特に、朱子学が治者の学として導入されたという事実に注意を払う必要があると思われる。一般に儒教教訓書や物語など、朝鮮の文献に現われた「烈女不事二夫」には、いつも「忠臣不事二君」という句節が付随している。それは、貞節が直接的には女性の生理的な貞操の固守を、また象徴的には「節義」を意味するからであろう。「節義」とは変節せず、どんな場合にも自分の主人を取り替えないという意味である。……。

　……。すなわち、朝鮮の統治者は、「烈女不事二夫」という貞節を強調することによって、同時に「忠臣不事二君」という節義をも婉曲かつ効果的・象徴的に強調しうると考えたのである。まず家庭という基本的な段階で女性の節義という規範が確立すれば、それが次第に縦横に廣がって、結局は社會全體の普遍的規範となる。その時、國家という段階で臣下が君主に捧げねばならない節義という規範も確立するという論法である。逆に言えば、國家的な次元で必要な倫理の縮圖として、家庭での倫理が認識されたのである。

と、朝鮮王朝がことさらに女性の貞節を強調した理由について述べている。[15] 厳のこの指摘は非常に重要である。実は、ここで述べられていることは、四書の一つであり朱子学で最初に学ぶべきテキストとされる『大学』の考え方に通じるものであるが、そのことについては、後述する。

　こうした「三綱」の徳目に秀でた者を顕彰すること、あるいは表彰することを通じた民衆教化は、これ以降も重要な役割を果たし続ける。[16] 地方の儒者は、書堂・郷校等の教育機関を通じて教化活動に励み、その結果、全国至る所の一般庶民の間で三綱（や五倫）は彼らの教養として定着し、朝鮮王朝は三綱（や五倫）を実践した人を表彰した。そのため、地方では、教育機関などを通じて該当者を推薦する旌表請願のネットワークが次第に整い、十九世紀以降は、このネットワークによって、広範囲かつ大規模に士族の力を結集することができたのである。[17]

以上のとおり、朝鮮王朝においては、「三綱」の影響がいかに深刻であったかが理解されるであろう。

第三節　日本への朱子学の伝播とその影響

日本に朱子学がもたらされたのは、一二〇〇年のようである。[18] 朱子学は、主として五山の禅僧たちに外典として学ばれ続けた。そのことについて、和島芳男は、

> 禅僧がしきりに儒家の言説を引用し、評釈したのは、もとより宋学そのものを本邦にひろめるためではなく、実は禅法を挙揚するためのひとつの方便であった。そして禅僧がこのような方便を用いなければならなかったのは、中世のはじめの仏教界における禅宗の地位に由来することであった。……。このような禅宗興隆のための方便は将来にわたってわが禅宗史の特徴を規定したばかりでなく、宋学の本邦における本質的開顕を近世に至るまで遷延せしめたのであった。

と述べている。[19] すなわち、朱子学は、伝来から四百年もの間、禅僧たちのもとで禅宗興隆のための具として用いられていたのであった。それが江戸時代の武士を頂点とする社会秩序を支える国家の考え方となるきっかけは、五山の禅僧であった藤原《ふじわら》惺窩《せいか》の還俗《げんぞく》であった。[20] 徳川幕府に仕えた林羅山は、藤原惺窩に師事して朱子学を学んだ。朝鮮出兵によって宋明性理学書が多量にもたらされ、惺窩・羅山はこれらの書籍の恩恵を大いに受けた、と考えられている。[21] また、朝鮮出兵によって、朝鮮半島の活字印刷の技術も伝来して活字版が盛行し、朝鮮本を底本として覆刻・翻刻が行われ朱子学関係書も朝鮮本を底本にしたものが少なくなかった。[22]

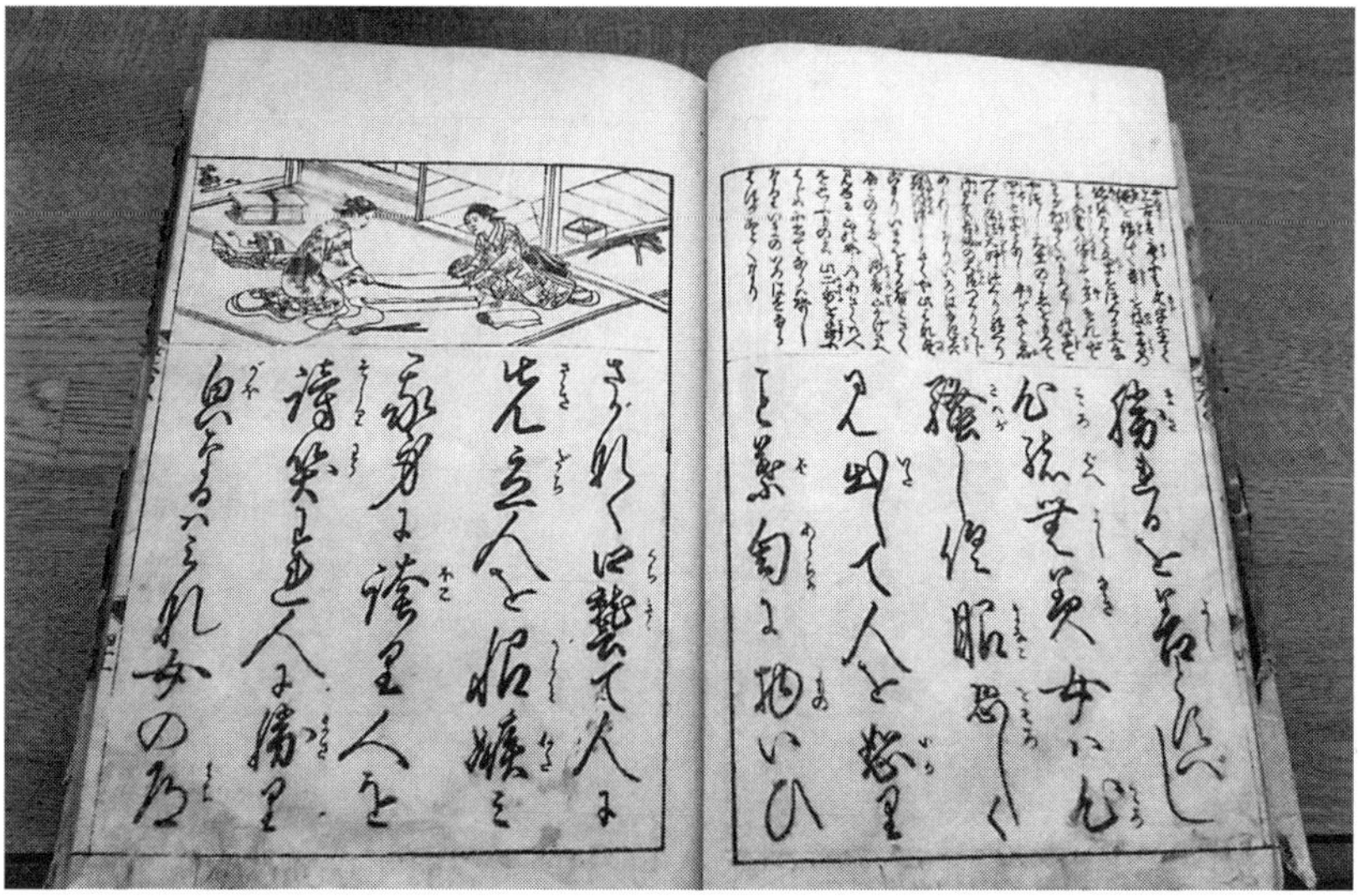

写真1　『女大学宝箱』（筆者所蔵）

朝鮮出兵によって日本にもたらされたものは活字印刷の技術や宋明性理学書にとどまらず、実は、三綱行実図もその一つであった[23]。三綱行実図のうち、日本語で最初に翻訳されたのは、林羅山による翻訳『化女集』であった[24]。これは三綱行実図の「烈女」部門の全訳であり、三十五人の烈女の伝となっている。「化女」とは、おそらく女性を教化する、という意味であろう[25]。また、浅井了意によって三綱行実図のすべてが日本語に翻訳された[26]。このほか、三綱行実図は、日本の教訓短編小説（仮名草子）に大きな影響を与えた[27]。例えば、山崎闇斎の『大和小学』、浅井了意撰『堪忍記』（一六五九年刊）、芳菊軒某母満撰『賢女物語』（一六六九年刊）、宮川道達撰『訓蒙要言故事』（一六九四年刊）は、いずれも三綱行実図の部分的記述を採用している。また、『二倫行実図』も、中村惕斎《てきさい》の『比売《ひめ》鑑《かがみ》』の成立に寄与した。このように、朝鮮出兵の影響でもたらされた三綱行実図の江戸時代前期の文化への影響は、まことに甚大なものであった、と言わざるを得ないのである。

朝鮮王朝も徳川幕府も、国家教学である朱子学の教えによって、一般庶民の教化、特に文字の読めない女性の教化につとめた。なぜ女性の教化であろうか。これは、朱子学のテキスト『大学』に説かれる八条目のうち、「修身」・「斉家」・「治国」・「平天下」に理由があると思われる。ふだん家にいる女性が「身を修」めれば「家を斉《ととの》」えることにつながる。「家を斉」えれば「国を治」めることにつながり、「国を治」めれば「天下を平ら」ぐことにつながる、と考えられたのである。また、江戸時代、女子の寺子屋通学率は低かったが、将来のわが子（＝特に男子）の教育のために、女子は家で少なくとも読み・書きを学習し、さらに礼儀をわきまえるために、『女庭訓往来』『女大学宝箱』『女中庸瑪瑙箱』『女小学教草』といったテキストを学習したのである（写真1）。そのため、江戸時代の初期から女子の識字教育は必須とされ、幕末には女性の識字率はかなり高かった、とされる。(28)しかし、必要最低限の手習を身につけていても、それがまったく評価されず、幕末に至って女性に教育がいとみなされる傾向が強くなり、女学校を創って女子を教育しようという動きまで出てきたのである。(29)

開国以後、欧米列強から自由平等思想が流入し、明治時代には、原則上、四民「平等」になりはした。しかし、実際は、天皇を頂点とする身分社会と男尊女卑の習慣は色濃く残っていた。女性は依然として礼儀作法を身につけることが美徳であるとされ、女学校では良妻賢母を目指して、五倫を教え込まれたのである。(30)

（附記）本章のもとになった拙論「朱子学と教育勅語」を発表した後、複数名の先輩知友から『六諭衍義《りくゆえんぎ》』に言及するべきであることを教えられた。御教示に感謝申し上げたい。六諭とは、明の洪武帝が民衆教化のために宣布した「孝順父母、尊敬長上、和睦郷里、教訓子孫、各安生理、毋作非違」という六つの徳目で、明末の范鋐《はんこう》がこれを解釈して民間に普及させたのが『六諭衍義』である。細かい経緯は省略するが、徳川吉宗がこの書を読んで民衆教化に用いて以降、明治時代に教育勅語が発布されるまでの間、「日本の道徳教育の教科書的存在となった」（大庭脩『漢籍輸入の文化史―聖徳太子から吉宗へ―』、研文出版、一九九七年一月、二〇九頁）。日本の道徳教育史の展開を考える時、本稿ではこれを取り上げるべきかもしれない。ただ、本稿は五倫からの展開を述べており、六諭のうちの「孝順父母、尊敬長上」の二つの徳目が五倫と共通してはいるが、この二つの徳目は五倫によらずとも社会で普遍的に見られるものであり、五倫との関係はそんなに濃密なものではないであろうと判断し、本稿では言及しなかったのである。

注

（1）朱子学において四書が学ばれる順序の意味について考察したものに、市川安司「四書の順序とその意義」（『二松学舎大学東洋学研究所集刊』第二集、二松学舎大学東洋学研究所、一九七二年三月）がある。朱熹は、『大学』→『論語』→『孟子』→『中庸』の順序で読むべきことを説いている（『朱子語類』一四、寓録）。

（2）朱子学の中国国内における普及の問題について書物の役割に焦点を当てて考察したものに、小島毅「思想伝達媒体としての書物—朱子学の「文化の歴史学」序説—」（宋代史研究会編『宋代社会のネットワーク』、汲古書院、一九九八年三月）、小島毅「朱子学の伝播・定着と書物」（『アジア遊学№7、特集　宋代知識人の諸相—比較の手法による問題提起』、勉誠出版、一九九九年八月）がある。

（3）例えば、姜在彦『朝鮮儒教の二千年』（朝日新聞社、二〇〇一年一月）の「第八章　朱子学の伝播と排仏論」の「3　朱子学の伝播」（一五九—一六二頁）、山内弘一『朝鮮からみた華夷思想』（山川出版社、二〇〇三年八月）の「②　朝鮮と年号」の「元支配期の高麗王朝」（三〇—三四頁）。

（4）尹瑢均『尹文學士遺稾』（申奭鎬・末松保和、京城、一九三三年二月／龍溪書社、二〇一一年一月復刻版）、阿部吉雄『日本朱子学と朝鮮』（東京大学出版会、一九六五年三月）の第四篇第二章第二節の「⑵朱子学の朝鮮伝来」（五五二—五五五頁）、森平雅彦「朱子学東伝の国際的背景—モンゴル時代と高麗知識人—」（『アジア遊学№50　特集　朝鮮社会と儒教』、勉誠出版、二〇〇三年四月）、森平雅彦「朱子学の高麗伝来と対元関係（その一）—安珦朱子学書将来説の再検討—」（『史淵』第百四十三輯、九州大学大学院人文科学研究院、二〇〇六年三月）、森平雅彦「朱子学の高麗伝来と対元関係（その二）—初期段階における禿魯花・ケシク制度との接点—」（『史淵』第百四十八輯、九州大学大学院人文科学研究院、二〇一一年三月）。

（5）（注4）所掲尹瑢均著書、阿部吉雄著書。また、裴宗鎬は、

儒教が朝鮮に伝来したのは遠く三国時代のことであり、その淵源は長久であるけれども、性理学のばあい、その伝来は近世

のことに属している。高麗末、白頤正が中国の元で程朱の性理学を学び伝えたというが、これが吾東、程朱学が始めて起こった嚆矢である（高麗史本伝）。（裴宗鎬著・川原秀城監訳『朝鮮儒学史』、知泉書館、二〇〇七年一月、五八頁）

と述べ、同書には安珦については全く言及がない。これは、安珦による朱子学伝来説にはとりあわず、白頤正を高麗に朱子学をもたらした確実な者と見ている、と解してよいのであろうか。訳者の川原秀城の「事実、高麗前の儒学のみならず朝鮮実学や陽明学にもほとんど論究がなく、高麗末期に伝来した程朱の性理学についてのみ詳細な理論分析が展開されている。」（同書「訳者後記」三四九頁）という一文によると、裴自身、朱子学伝来の経緯に関しては、さほど関心がなかった、ということかもしれない。

（6）（注4）所掲森平雅彦諸論文。

（7）朝鮮王朝の儒学教育機関については、李泰鎮著・六反田豊訳『朝鮮王朝社会と儒教』（法政大学出版局、二〇〇〇年三月）の「第一一章　士林と書院」、六反田豊「朝鮮時代の儒教教育機関」（『アジア遊学№50　特集　朝鮮社会と儒教』、勉誠出版、二〇〇三年四月）を参照。引用箇所は、六反田豊論文九三頁から。

（8）鄭夏美「絵画としての「倭軍」と烈女イデオロギー——十七世紀の「東国新続三綱行実図」の分析から」（大口勇次郎編『女の社会史　一七—二〇世紀—「家」とジェンダーを考える』、山川出版社、二〇〇一年三月）は、三綱行実図の絵画としての史料価値に着目し、

このようなビジュアルの使用は一つには、愚民観によるものであった。しだいに女性を対象にする領域が広まるにつれ、文字があまり得意でなく、学問のない女性に対してもっとも効果的伝達方法であると思われたからである。一般国民は教化の対象であり、とりわけ女性はもっと必要であると考えられたのである。（一九五頁）

と述べている。

（9）志部昭平『諺解　三綱行実図研究—本文・校註・翻訳・開題篇—』（汲古書院、一九九〇年一〇月）の「序」、一頁。

（10）①〜⑨の関係性については、（注9）所掲志部昭平著書の「序」一頁および志部昭平「宣祖時改訳の三綱行實について—主に壬辰之乱前古本について—」（『朝鮮学報』第百四十五輯、朝鮮学会、一九九二年一〇月）に基づく。引用箇所は、志部昭平著書の「序」一頁から。

（11）（注9）所掲志部昭平著書の「序」、一—二頁。

（12）岩谷めぐみ「『三綱行実図』群の「烈女」篇の成立—朝鮮時代の烈女伝と日本の列女伝について」（『アジア遊学№114　特集　東

アジアの文学圏―比較から共有へ』、勉誠出版、二〇〇八年九月)、八四頁。

(13) 厳基珠「近世の韓・日儒教教訓書―『東国新続三綱行実図』『本朝女鑑』『本朝列女伝』を中心として―」(『比較文学研究』第七〇号、東大比較文学会、一九九七年八月)、三五―三六頁。また、厳基珠「『三綱行実図』類の変化に表れた一七世紀朝鮮の社会相―兄弟対立譚釈のための試論―」(『人文科学年報』第三〇号、専修大学人文科学研究所、二〇〇〇年三月)は、『東国新続三綱行実図』を核として三綱行実図類の掲載内容の割合の変化やその背景としての社会変化の様相について考察している。

(14) (注8)所掲鄭夏美論文、一九七頁。鄭は、「殉死と献身を強要する「烈」の具体的行為は貞操のため命を捨てることであり、まさに烈女とは「死ぬことと見つけたり」であり、表彰でむくわれるものであった。」(一九八頁)とも述べている。

(15) 厳基珠「近世の韓・日儒教教訓書―『東国新続三綱行実図』『本朝女鑑』『本朝列女伝』を中心として―」((注13)所掲)、四〇―四一頁。

(16) 伊藤亜人「東アジアの社会と儒教―韓国の民族誌による展望」(溝口雄三・浜下武志・平石直昭・宮嶋博史編『アジアから考える[1]交錯するアジア』、東京大学出版会、一九九三年九月)の「2 儒教の教化」を参照。

(17) 山内民博「李朝後期郷村社会における旌表請願」(『朝鮮文化研究』第二号、東京大学文学部朝鮮文化研究室、一九九五年三月)を参照。

(18) 東洋文庫所蔵の、大江宗光による正治二年(一二〇〇年)の識語のある『中庸章句』が、一二〇〇年に朱熹の著作が日本に伝来したことの根拠となっている。このほか、一一九九―一二一一年の十三年間にわたって宋に留学した僧侶の俊芿《しゅんじょう》が日本に初めて朱熹注の四書をもたらしたとする伊地知季安『漢学紀源』の説があり、これに久保天随『日本儒学史』(博文館、一九〇四年一一月)が同調している。ただし、同じく『漢学紀源』の影響を受けている西村天囚『日本宋学史』(梁江堂書店・杉本梁江堂、一九〇九年九月)は、「潜隠の俊芿説は、儒書を齎せし史證あるも、儒書中に四書ありけんと爲すは、亦臆測に過ぎず、且四書刊行の歳に四書の類を齎しけんと云ふに至りては、頗る尚早の感あり、」(二六―二七頁)と伊地知説に慎重な姿勢を示している。また、和島芳男『日本宋学史の研究　増補版』(吉川弘文館、一九六二年七月第一刷・一九八八年五月第二刷(増補版))は、宋学の日本伝来に関して、栄西《ようさい》・俊芿・円爾《えんに》の留学僧三人の事績を考察し、栄西については「宋学に言及した様子もない」(八九頁)とし、俊芿については「貴族の儒学的素養に訴えて仏教を理解させるという新機軸を示したが、その儒学は必ずしも宋学でなく、その仏教も禅宗とは限らなかった」(九〇頁)とし、円爾については「ただまさしく新注書の将来が認められる点において俊芿より一歩を進めたのみと見るべきであろう」(九三頁)と述べている。いま、朱子学の日本への伝来を一二〇〇年としておく。

(19) (注18)所掲和島芳男著書の第二編第一章の一「宋学の伝来」、八七―八八頁。

(20) 藤原惺窩の朱子学に関連して、のちの林羅山の「道春点」の基になった、藤原惺窩のオリジナルとされる朱子新注本への訓点である「惺窩点」が、文之玄昌の訓点「文之点」を剽窃したものである、との問題が江戸時代から続いているが、真偽は不明である。このことについては、東英寿「明治期の日本儒学史研究に与えた『漢学紀源』の影響」(『鹿児島大学法文学部紀要　人文学科論集』第五六号、鹿児島大学法文学部、二〇〇二年七月／東英寿『桂庵と伊地知季安『漢学紀源』—桂庵五〇〇年祭に向けて—』、東英寿、福岡、二〇〇八年三月)に詳しい。

(21) 徳富猪一郎「壬申の役と朝鮮文化の移入及び其の感化」(『積翠先生華甲壽記念論纂』、非売品、一九四二年八月)は、壬申の役で日本にもたらされた朝鮮本を「最も多く集めた人は誰かと云へば、徳川家康であった」(九頁)と述べている。家康につかえた惺窩と羅山の置かれた環境の一端が知られよう。また、(注5)所掲阿部吉雄著書の「序章　日本朱子学勃興の情況と原因」では、「羅山が惺窩の朱陸折衷の学に対決し、朱子学一尊主義、排仏主義を唱えたのも、これらの本を熟読したからであるというのが筆者の推定である」(一五頁)と述べられている。

(22) (注21)所掲徳富猪一郎論文、(注5)所掲阿部吉雄著書の「序章　日本朱子学勃興の情況と原因」、川瀬一馬『古活字版之研究増補版』(全三冊、日本古書籍商協会、一九六七年)を参照。

(23) 朝鮮出兵以前のものとして、曲直瀬《まなせ》正琳《しょうりん》の養安院に伝わった『続三綱行実図』が、東洋文庫に保管されている。

(24) 『化女集』については、中村幸彦「林羅山の翻訳文学—『化女集』『狐媚鈔』を主として—」(『中村幸彦著述集　第六巻　近世作家作品論』、中央公論社、一九八二年九月)を参照。

(25) (注24)所掲中村幸彦論文は、「「化女」とは筆者には珍しい語であるが、女性を教化するの意か。」と言う(著述集第六巻七頁)。しばらくこれに従う。

(26) 浅井了意による三綱行実図の翻訳は、浅井了意全集刊行会編『浅井了意全集　仮名草子編2』(岩田書院、二〇一一年二月)に収録されている(「三綱行実図」、一三—二〇三頁)。また、同書の小川武彦「解題」(四五一—四六一頁)や、金永昊「浅井了意の『三綱行実図』翻訳—和刻本・和訳本の底本と了意」(『近世文芸』九一、日本近世文学会、二〇一〇年一月)も参照。

(27) 三綱行実図の仮名草子への影響については、中村幸彦「朝鮮説話集と仮名草子—『三綱行実図』を主に—」(『中村幸彦著述集第五巻　近世小説様式史考』、中央公論社、一九八二年八月)を参照。

(28) 江森一郎「近世の女子手習図を読む」(江森一郎『「勉強」時代の幕あけ—子どもと教師の近世史—』、平凡社、一九九〇年一月)を参照。また、江戸時代後期の高い識字率については、大石学『江戸の教育力　近代日本の知的基盤』(東京学芸大学出版会、二〇〇七年三月)の一〇一—一〇三頁を参照。

(29) 関口すみ子『御一新とジェンダー　荻生徂徠から教育勅語まで』(東京大学出版会、二〇〇五年三月)の第一編第七章「女の再教育」を参照。

(30) 例えば、『女五常訓と五倫の教え　附孝女の鑑』(私立高輪裁縫女学校、一九一〇年二月)。

第三部　近代日本の儒教道徳

第五章　教育勅語に残った朱子学

第一節　漢学の衰退

幕末に開国して以降、欧米の学術や文化が日本を席巻し、明治政府は欧米の政治のしくみを参考にしながら天皇を中心とする国づくりを目指した。また、徳川幕府の政治体制が終焉を迎えたことにより、国家教学であった朱子学は大きな後ろ盾を失い、日本の学術界は、端的に言えば、洋学が新勢力として勢いを伸張していくのに対し[1]、旧来の国学や漢学はその勢いを削りとられていく一方であった。

それでも、「五箇条の御誓文」の翌日に出された「五榜の掲示」は、その中に、「一、人たるもの五倫之道を正しくすべき事」を掲げており[2]、一般庶民に対して「五倫」が示されていた。さらに、一八六九年（明治二年）六月十五日、前年復興した昌平学校を大学校と改めた時に定められた大学教育の規則には、

道ノ體タルヤ　物トシテ在ラサルナク　時トシテ存セサルナク　其大外ナク　其小内ナシ　乃チ天地自然ノ理ニシテ　人々ノ得テ具ル所　其要ハ則チ三綱五常　其事ハ則チ政刑教化　其詳ナルハ則チ和漢西洋諸書ノ載ル

所　學校者乃チ斯道ヲ講シ　知識ヲ廣メ、才德ヲ成シ　以テ天下國家ニ實用ヲ奏スル所ノ者ナリ　蓋神國國典ノ要ハ　皇道ヲ尊ミ　國體ヲ辨スルニアリ　乃チ皇國ノ目的　學者ノ先務ト謂フヘシ　漢土ノ孝悌彝倫ノ教治国平天下ノ道　西洋ノ格物窮理　開化日新ノ學　亦皆是斯道ノ在ル處　學校ノ宜シク講究採擇スヘキ所ナリ且兵學醫學ノ如キ　國ノ興敗　民ノ死生ノ繫ル所　政務中ニオイテ尤モ重スヘキ事ニシテ　外國ト雖モ其長スル所ハ　亦皆採テ以（テ）我國ノ有スルコト勿論而已　如此ナレハ　舊來ノ陋習ヲ破リ　天地ノ公道ニ基キ智識ヲ世界ニ求メ　大ニ皇基ヲ振起スル御誓文ノ旨趣ニ不悖　是乃チ大學校ノ規模ナリ

とあって、「三綱五常」「漢土ノ孝悌彝倫ノ教　治国平天下ノ道」「西洋ノ格物窮理」など朱子学に関する語が用いられていた。(3) すなわち、時代が変わったからといって、まだこの時点では、すぐに何もかもガラリと変わったわけではなかった。

しかし、翌一八七〇年（明治三年）、旧学派（皇漢学）と洋学派の対立が激化し、大学が廃校となって旧学派が政府の新教育体制から排除されるに至った。さらに漢学にとって壊滅的な打撃となったのは、一八七二年（明治五年）八月二日の学制の頒布であった、とされている。藩校・私塾・寺子屋は閉校に追い込まれ、漢学を学ぶ公的な場が次第に姿を消していった。戸川芳郎は、「旧幕儒教教学は断絶され、担当漢学者は完全に新体制から排除された。」とし、「随って、わが国近代の学術研究―もちろん中国研究も―は、すべてこの時期以降の中に本質的特徴を求めなければならない。とくに体制の上では、大学制度の根幹部分の役割を果しつづけた開成学校―大学南校が、医農諸学を除いてすべての出発点に位置している。」と述べている。(4)

学制頒布により、一八七二年（明治五年）九月、「小学教則」に「修身口授《ギョウギノサトシ》」が設けられた。これは、教師が文部省指定の教科書を口授するものであったが、教科書は、

①中村正直訳『西国立志編』、一八七〇年（明治三年）刊。
②箕作麟祥訳『泰西勧善訓蒙』、一八七一年（明治四年）刊。
③福沢諭吉訳『童蒙教草《おしえぐさ》』、一八七二年（明治五年）刊。
④青木輔清著『小学教諭　民家童蒙解』、一八七四年（明治七年）刊。
⑤阿部泰蔵訳『修身論』、一八七四年（明治七年）刊。

などであった。①はイギリスのスマイルズの『Self Help（自助論）』の翻訳、②は一八六七年にフランスのボンヌが著した小学生向けの本の翻訳、③はイギリスのチャンブルの『モラルカラスブック』の翻訳、④は東アジアと欧米の善言の寄せ集め、⑤はアメリカのウェーランドの『The Elements of Moral Science』の翻訳、である。このように、修身の教科書の多くが欧米人の著作の翻訳であった。

第二節　教学聖旨

しかし、修身教育は、当時の明治政府の教育体制の中では、軽視されたものであった(5)。一八七九年（明治一二年）九月二十九日公布の「教育令」では、第三条において修身は教科の末尾に置かれたのである。実は、この「教育令」の原案の段階では、元老院の審議において、佐野常民は修身を教科の末尾に置いた原案に反対して修身を筆頭に挙げるべきことを主張したが、最終的に賛成者が得られず認められなかった、という経緯があった(6)。この議案が裁可を得るために明治天皇に上奏された際、天皇は元老院における修身軽視の動きを憂慮し、一八七六年（明治九年）から一八七八年（明治一一年）にわたる巡幸の結果を踏まえて、元田《もとだ》永孚《ながざね》によって起草されたある文書が天皇の名で下賜された。これが、「教学聖旨」にほかならない。「教学聖旨」は「教育令」の直前に出された。すなわち、「教学聖旨」は、明治政府の「教育令」に対する牽制の意味合いを持っていた。天皇の名で出されてはいるが、元田の考えでもあると考えてよい。

「教学聖旨」は、以下のとおり、「教学大旨」と「小学条目二件」とで構成される。

教學聖旨

教學大旨

教學ノ要仁義忠孝ヲ明カニシテ智識才藝ヲ究メ以テ人道ヲ盡スハ我祖訓國典ノ大旨上下一般ノ教トスル所ナリ然ルニ輓近專ラ智識才藝ノミヲ尚トヒ文明開化ノ末ニ馳セ品行ヲ破リ風俗ヲ傷フ者少ナカラス然ル所以ノ者ハ維新ノ始首トシテ陋習ヲ破リ知識ヲ世界ニ廣ムルノ卓見ヲ以テ一時西洋ノ所長ヲ取リ日新ノ效ヲ奏スト雖トモ其流弊仁義忠孝ヲ後ニシ徒ニ洋風是競フニ於テハ將來ノ恐ルル所終ニ君臣父子ノ大義ヲ知ラサルニ至ランモ測ルヘカラス是我邦教學ノ本意ニ非サル也故ニ自今以往祖宗ノ訓典ニ基ツキ專ラ仁義忠孝ヲ明カニシ道德ノ學ハ孔子ヲ主トシテ人々誠實品行ヲ尚トヒ然ル上各科ノ學ハ其才器ニ隨テ益々長進シ道德才藝本末全備シテ大中至正ノ教學天下ニ布滿セシメハ我邦獨立ノ精神ニ於テ宇内ニ恥ルコト無カル可シ

小學條目二件

一　仁義忠孝ノ心ハ人皆之有リ然トモ其幼少ノ始ニ其腦髓ニ感覺セシメテ培養スルニ非サレハ他ノ物事已ニ耳ニ入リ先入主トナル時ハ後奈何トモ爲ス可カラス故ニ當世小學校ニ繪圖ノ設ケアルニ準シ古今ノ忠臣義士孝士節婦ノ畫像・寫眞ヲ掲ケ幼年生入校ノ始ニ先ツ此畫像ヲ示シ其行事ノ概略ヲ説諭シ忠孝ノ大義ヲ第一ニ腦髓ニ感覺セシメンコトヲ要ス然ルニ諸物ノ名状ヲ知ラシムレハ後來忠孝ノ性ニ養成シ博物ノ學ニ於テ

本末ヲ誤ルコト無カルヘシ

一　去秋各縣ノ學校ヲ巡覽シ親シク生徒ノ藝業ヲ驗スルニ或ハ農商ノ子弟ニシテ其説ク所多クハ高尚ノ空論ノミ甚キニ至テハ善ク洋語ヲ言フト雖トモ之ヲ邦語ニ譯スルコト能ハス此輩他日業卒リ家ニ歸ルトモ再タヒ本業ニ就キ難ク又高尚ノ空論ニテハ官ト爲ルモ無用ナル可シ加之其博聞ニ誇リ長上ヲ侮リ縣官ノ妨害トナルモノ少ナカラサルヘシ是皆教學ノ其道ヲ得サルノ弊害ナリ故ニ農商ニハ農商ノ學科ヲ設ケ高尚ニ馳セス實地ニ基ツキ他日學成ル時ハ其本業ニ歸リテ益々其業ヲ盛大ニスルノ教則アランコトヲ欲ス

ここで、「教学聖旨」の特徴を挙げて、明治政府の教育方針に対してどのように牽制したのかを考えてみたい。まず、「教学大旨」では、「仁義忠孝」が根幹に据えられている。そして、文明開化を急ぎすぎ世界に目を向けて知識を吸収し西洋の長所を摂取することによって、かえって「仁義忠孝」を後退させ「君臣父子ノ大義」を理解しない事態に至るのは、わが国の「教學ノ本意」ではないのだ、と明治政府の教育方針を牽制している。そのうえで、皇室の伝統に基づいて「専ラ仁義忠孝ヲ明カニシ道徳ノ學ハ孔子ヲ主ト」することを述べている。すなわち、西洋のものの考え方でなく中国由来の「道徳ノ學」がわが国の「教學」に必要である、との認識である。

次に、「小学条目二件」の第一条では、「古今ノ忠臣義士孝士節婦ノ畫像《がぞう》・寫眞《しゃしん》」を示して「説諭」することで、幼年の頃から「仁義忠孝」の精神を心身に教え込ませるよう、述べている。「幼年生入校ノ始ニ」とあることから、これは小学校入学時の児童に対する教員の仕事のようである。

「小学条目二件」の第二条では、明治天皇が巡幸した際に見聞して気付いたことが述べられている。各地の生徒は「高尚ノ空論」ばかり唱え、「洋語」を口にするがそれを「邦語」に翻訳できないでいる。これでは、結局、西洋文化を何も理解していないのと同じではないのか、そして学校卒業後も仕事に就けないのではないか、もっと地に足の着いた着実な教育方針があるべきではないのか。この「小学条目二件」の第二条では、そういうことを言いたいのであろう。これは、すなわち、明治政府の欧化政策への批判である。

　このように「教学聖旨」では、「仁義忠孝」を主張して、明治政府が出そうとしている「教育令」に牽制の意思を示したのであるが、「教育令」は出されてしまった。しかし、その後の修身教育の流れは、「教学聖旨」の趣旨にそうものとなっていった。一八八〇年（明治一三年）十二月二十八日、いわゆる「改正教育令」が公布され、第三条において修身が筆頭に挙げられたのである。これは、やはり、最終的には、最高権力者である明治天皇の意思が最も尊重された、ということを意味している。

第三節　『幼学綱要』

「教学聖旨」の趣旨にそって作られたものの一つが、元田の『幼学綱要』である(7)。そのことを端的に示しているのは、以下に示す元田の「幼学綱要序」（岩波文庫本三―五頁）である。

　幼學綱要序
明治十二年夏秋之間。臣永孚侍經筵。
皇上親諭曰。教學之要。在明本末。本末明則民志定。民志定而天下安。爲之莫先於幼學。汝與文學之臣。宜編
一書以便幼學也。臣誠恐奉　勅。謹審　聖意之所在。蓋我
祖宗。繼天建極。教人化民。莫一不出於至誠。是以民皆純一正直。父子之親篤。而君臣之義明矣。自六經傳我。
仁義道德之説。益明愈廣。雖世運隆替。學科迭興。而至教之之要。則莫復加焉。夫本於道德。而達於知識。始
於彝倫。而及於事業。教學之要也。故道之以仁義。教之以忠孝。使天下之民志一定於茲。則其智之所進。其才

之所成。發於言辭。顯於行實。施爲事業者。莫不出於仁義忠孝也。苟志向未定。而專知識才藝之務。則殞德性傷教化。其害不可勝言。達觀宇内。其稱華夏稱文明者。猶不免叛亂。是無他。先智力而後仁義也。苟後仁義而智力是競。則甲乙相軋。上下交爭。不奪不饜。其如是則天下之亂。何以止哉。夫三尺之童。知死於忠孝者。我邦固有之俗也。豈非以列聖之所崇在此。而習慣之久也耶。風移俗易、民唯務於知識才藝。棄本趨末。遂將至不知仁義忠孝之爲何物。則其弊害果何所底止哉。今幼穉之兒。智慧未定。慣染猶淺。於是時。先教之以仁義忠孝之道。浸漬涵蓄。習與性成。道德由是以淳。彝倫由是以正。而風俗之美。聲教之懿。將有度越上世。而冠絶宇内者矣。聖意懇到如此。誰敢不感激。輙與文學諸員相議。謹擇古今言行之關於彝倫道德。而近切於幼童者。編纂訂正以上焉。辱賜叡覽。令鋟梓以布世。嗚呼。皇上憂世愛民之意深。故垂教道之人方至。但臣等學淺識陋。不足以副　聖意之萬一。所以深恐悚也。然觀者由是書。以知本末先後之不可紊。講習匪懈。俛焉竭職。則於所以奉　聖旨報國之道。庶幾乎不差矣。若發揚薫陶。以成德性。則又有望乎教導之人云。

明治十四年辛巳六月

一等侍講正五位臣元田永孚謹撰并書

「教学聖旨」と「幼学綱要序」を比較すると、以下の三つの共通点を指摘できる。

①仁義忠孝が根幹に据えられていること。
②君臣・父子という人間関係の秩序の重視。（＝忠と孝）
③幼年の子に「仁義忠孝」を教え込むことの重要性。

これらの共通点は、「教学聖旨」と「幼学綱要序」が同じ元田の執筆による、という点が大きいのだが、元田に明治天皇の命が下ったのが「明治十二年夏秋之間」のことであり、ちょうど「教学聖旨」下賜の頃と時日が重なっている。すなわち、明治天皇は、「教学聖旨」から間髪いれず、元田に『幼学綱要』の作成を命じ、あくまでも「仁義忠孝」を軸とする教育方針を掲げることを貫いたのである。

『幼学綱要』の内容については、以下の宇野精一の説明が簡にして要を得ている。

この『幼学綱要』の体例は、孝行第一から勉職第二十に至る二〇項目で、各項目につき、まず『孝経』や四書・五経の語句を掲げ、次に和漢の道徳的な事例を述べ、所々に挿絵を入れてある。この儒教の経典の語句を引いて次に事例を掲げる方式は、朱子の『小学』の体例とほとんど同じ構想であるから、『小学』を模範として、少なくとも重要な参考として、撰述されたことはだいたい疑いないと思われる。そして事例はもちろん和漢（最初は和漢洋だった）のものを掲げているが、全体として漢学に基礎を置くというより、儒教倫理そのものといっても過言でない。(8)

これによると、この書の体例からして『幼学綱要』に朱子学の伝統が息づいていることがよく分かる。『幼学綱要』の二〇項目をすべて挙げると、それらは孝行・忠節・和順・友愛・信義・勤学・立志・誠實・仁慈・禮讓・儉素・忍耐・貞操・廉潔・敏智・剛勇・公平・度量・識斷・勉識であるが、実は、最初の五項目は「五倫」の父子・君臣・夫婦・兄弟・朋友についてそれぞれ述べたものである。五倫が冒頭の五項目に置かれていることは、五倫をとりわけ重視していることを示しているにほかならないが、五倫の中においても序列があるのである。この五項目の各冒頭に記される文言を列挙すると、以下のとおりである。

孝行第一――天地ノ間、父母無キノ人無シ、其初メ胎ヲ受ケテ生誕スルヨリ、成長ノ後ニ至リ、其恩愛教養ノ深キ、父母ニ若ク者莫シ、能ク其恩ヲ思ヒ、其身ヲ愼ミ、其力ヲ竭シテ、以テ之ニ事ヘ、其愛敬ヲ盡スハ、子タルノ道ナリ、故ニ孝行ヲ以テ、人倫ノ最大義トス、（岩波文庫本九頁）

忠節第二――宇内萬國、國體各々異ナリト雖モ、主宰有ラザルノ民ナシ、凡ソ人臣タル者、其君ヲ敬シ、其國ヲ愛シ、其職ヲ勤メ、其分ヲ盡シ、以テ其恩義ニ報ズルヲ以テ常道トス、況ヤ萬世一系ノ君ヲ戴キ、千古不易ノ臣民タル者ニ於テヲヤ、故ニ臣ノ忠節ヲ子ノ孝行ニ竝ベテ、人倫ノ最大義トス、（岩波文庫本二八頁）

和順第三――人ニ男女アリ、故ニ必夫婦アリ、夫婦アリ、然後父子アリ、兄弟アリ、以テ一家ヲ成ス、夫ハ其外ヲ治メ、婦ハ其内ヲ修ル者ナリ、夫婦和順ナレバ、一家齊整ス、所謂ル人倫ハ夫婦ニ始ルナリ、之ヲ忠孝ニ竝ベテ、人倫ノ大義トス、（岩波文庫本四八頁）

友愛第四――兄弟ハ一體一支ナリ、長少ノ序、惠順ノ別アリト雖モ、相友愛スルノ情理ニ至テハ、則異ナルコト無シ、故ニ其理ヲ念ヒ、其情ヲ盡シ、終身相善クシテ、以テ其恩義ヲ全クスルヲ、兄弟ノ道トシ、夫婦和順ニ亞テ、人倫ノ大義トス、（岩波文庫本五九頁）

信義第五――人ノ身ヲ立テ道ヲ行フ、必朋友ノ輔ヲ須ツ、故ニ一タビ相友トスレバ、互ニ腹心ヲ開キ、忠告善導、患難相濟ヒ、得喪ヲ以テ其交ヲ渝ヘズ、終始一ノ如キヲ、朋友ノ信義トシ、五倫中ノ一要義ニシテ、亦汎ク人ニ交ルノ道ナリ、（岩波文庫本七一頁）

これらによれば、孝行と忠節が「人倫ノ最大義」とされ、和順は忠孝に並ぶ「人倫ノ大義」とされ、友愛は夫婦和順に次ぐ「人倫ノ大義」とされ、信義は単に「五倫中ノ一要義」とのみ記されている。すなわち、『幼学綱要』では、重要なものから先に掲載されているのであるが、この中に論理的矛盾がないわけでもない。夫婦があって子が生まれてこそ「孝行」という徳目が生じる。また、和順第三には「一家齊整ス」とあるが、『大学』の八条目では、「家を斉《ととの》」えることにより「国を治」めることにつながる、すなわち、家庭の安定から国の秩序（君臣関係もその一つ）の安定へと発展する旨が説かれる。このように考えると、本来は、「人倫ノ最大義」は夫婦和順でなければならない。しかし、かねてから「教学聖旨」でも説かれた忠孝を教育の根幹に据えて孝行と忠節を「人倫ノ最大義」としたため、そこに矛盾が生じてしまう。忠孝を最大の徳目とした以上、和順は「最大義」ではなく「大義」とせざるを得ないが、それでも論理的矛盾を抱えているため、それをいくばくかでも解消するべく、夫婦和順は「忠孝ニ竝《なら》ベテ」同等に扱われたものと思われる。そのことは、兄弟友愛が夫婦和順の一段低い徳目として扱われていることで、一層明確になる。すなわち、孝行・忠節・和順は「三綱」という括りによるものであり、それらと兄弟友愛・朋友信義とは、「五倫」の中でも一線を画しているのである。

ともあれ、「教学聖旨」では君臣・父子（＝忠孝）について説かれていたのが、『幼学綱要』では「五倫」がすべて盛り込まれた。このことにより、後の教育勅語に忠孝を基本とする「五倫」の精神が盛り込まれるのは必至の情勢となっていった(9)。

第四節　教育勅語

さて、明治政府は、政治体制については欧米に学習した。自由民権運動の高まりを受けて、一八八一年（明治十四年）一〇月一二日、明治天皇により出された国会開設の詔により第一回帝国議会を一八九〇年（明治二三年）に開くことを約束し、その組織や権限の整備のために伊藤博文らはヨーロッパへ渡りドイツの憲法を学んで帰国した。一八八五年一二月、伊藤は初代内閣総理大臣に就任し、井上毅らと憲法草案に尽力した。こうして、一八八九年二月一一日、黒田清隆内閣のもとで、大日本帝国憲法が発布された（皇室典範も同時に制定された）。

そして、翌一八九〇年一〇月三〇日に「教育ニ關スル勅語」（教育勅語）が発布された。これらはいずれも、一八九〇年一一月二九日の第一回帝国議会の開会に先立つこととして準備された。

欧米に学習した政治体制とは異なり、教育勅語には欧米のものの考え方は反映されておらず、教育勅語に入り込んだのは、「五倫」であった。教育勅語は、最初、中村正直に原案作成が依頼されたが、中村の原案に井上毅が猛反対してこれを破棄し、井上自らが原案を作成して、これに元田永孚と交わした意見を反映させて成文としたものである。(10) 以下は、教育勅語の全文である。

朕惟フニ我カ皇祖皇宗國ヲ肇ムルコト宏遠ニ徳ヲ樹ツルコト深厚ナリ我カ臣民克ク忠ニ克ク孝ニ億兆心ヲ一ニシテ世世厥ノ美ヲ濟セルハ此レ我ガ國體ノ精華ニシテ教育ノ淵源亦實ニ此ニ存ス爾臣民父母ニ孝ニ兄弟ニ友ニ夫婦相和シ朋友相信シ恭儉己レヲ持シ博愛衆ニ及ホシ學ヲ修メ業ヲ習ヒ以テ智能ヲ啓發シ徳器ヲ成就シ進テ公益ヲ廣メ世務ヲ開キ常ニ國憲ヲ重シ國法ニ遵ヒ一旦緩急アレハ義勇公ニ奉シ以テ天壤無窮ノ皇運ヲ扶翼スヘシ是ノ如キハ獨リ朕カ忠良ノ臣民タルノミナラス又以テ爾祖先ノ遺風ヲ顯彰スルニ足ラン

斯ノ道ハ實ニ我ガ皇祖皇宗ノ遺訓ニシテ子孫臣民ノ俱ニ遵守スヘキ所之ヲ古今ニ通シテ謬ラス之ヲ中外ニ施シテ悖ラス朕爾臣民ト俱ニ拳拳服膺シテ咸其徳ヲ一ニセンコトヲ庶幾フ

明治二十三年十月三十日

御名　御璽

教育勅語の「我カ臣民克ク忠ニ克ク孝ニ」「爾臣民父母ニ孝ニ兄弟ニ友ニ夫婦相和シ朋友相信シ」の文言は、臣民の天皇への「忠」、子の父母への「孝」の如く、君臣・父子・兄弟・夫婦・朋友それぞれの人間関係の秩序すなわち「五倫」の重視を説くものである。(11)

こうして、欧米の学術・文化・制度が日本を席巻した時代となっても、日本の基礎教育には、依然として朱子学の教えが据えられていたのである。

第五節　おわりに

教育勅語体制は、終戦までの五十五年間続くことになる。教育勅語の中でとりわけ「五倫」が如何に重要視されたかについて、ここでは、明治・大正・昭和初期を生きた一人の漢学者の言説を紹介して、本稿を閉じることとしたい。その漢学者とは、小柳《おやなぎ》司氣太《しげた》である。

一九三〇年（昭和五年）一一月に行われた講演「東洋に於ける教育の根本義[12]」では、「五倫」について、小柳は以下のように述べている。

儒教の道徳は五倫の道を最大最要のものと認め、之を宣傳して之を實行するを、その目的となします。（四六九頁）

……、吾教育勅語の御精神も、要するに此五倫の道を教えられたものと、私は拜察致す譯であります。さう云ふ風で五倫の道は一番大切なものであります。先刻御話しました禮樂射御書數と云ふやうな教科も、詩經書經などの古典即經書も、結局五倫の道を實現する爲の教材となるのであります。（四七一頁）（四七三頁）

これらによれば、儒教の道徳の中で最も肝要なものは「五倫」であり、禮・樂・射・御・書・數の六藝も『詩経』『書経』といった経書も、位置づけとしては、「五倫」実現のための具でしかない、ということになる。そして、「五倫」が教育勅語に採り入れられたからには、「五倫」の道を実現していくことこそが、教育勅語の精神に適うことである、との結論に、自然、導かれていくであろう。事実、小柳は、

さう云ふ譯で、今年は教育勅語渙發四十年と云ふやうな年でありますから、我々國家の良民たるものは、此教育勅語の御趣意を發揮して行くには、我輩の述べた五倫の道を十分に實行して、之をますます明かにしなければなるまいと、斯う思ふのであります。（四七七頁）

と述べて講演を結んでいる。教育勅語下に生きた儒学者・漢学者は、当時もとめられていた儒教道徳についての態度をあからさまに表明する・しないにかかわらず、その学問領域が欧米化と戦争の影響を受けることを避けて通るわけにはいかなかった。この点が特に顕著であったのが、日本儒学であった。

（附記）　筆者は二〇一八年四月に、教育学者　唐澤富太郎が生前収集した資料を展示してある唐澤博物館（東京都練馬区）を訪問した。近代日本の各種教育資料のほか、教育勅語に関連して御真影奉安殿等貴重な資料を見せていただいた。御高配を賜った唐澤るり子館長に御礼を申し上げる。

注

（1）　江戸時代中期から後期にかけての漢学者の洋学受容については、岸田知子『漢学と洋学―伝統と新知識のはざまで―』（大阪大学出版会、二〇一〇年九月）を、開国後の徳川幕府による洋学の情報収集については、宮地正人「混沌の中の開成所」（東京大学編集・発行『学問のアルケオロジー』、一九九七年一二月）を、それぞれ参照。

（2）『明治天皇紀』第一（吉川弘文館、一九六八年一〇月）の明治元年三月十五日の条（六五五―六五六頁）。

(3) 大学校については、『學制五十年史』（文部省、一九二二年一〇月）の「第二章　第一期（明治元年より同五年の「學制」頒布まで）」の九―一二頁に基づく。

(4) 戸川芳郎「明治初期の大学制度といわゆる「漢学」―近代アカデミズムの成立と中国研究（序章）―」（日本近代化研究会編集・発行『日本近代化とその国際的環境』、一九六五年三月）、一二一頁。

(5) 学制発足期の修身科については、山本哲生「「学制」期における修身科教育の意味―国家の政策と修身科教育内容を通して―」（『日本大学精神文化研究所教育制度研究所紀要』第五集、両研究所、一九七一年四月）を参照。また、高橋文博「明治十年代の道徳教育―修身教科書を中心に―」（西村清和・高橋文博編『近代日本の成立―西洋経験と伝統―』、ナカニシヤ出版、二〇〇五年一月／高橋文博『近代日本の倫理思想　主従道徳と国家』、思文閣出版、二〇一二年九月）は、学制発足期の軽視された修身科について「影の薄い道徳教育」と呼ぶ。

(6) 『明治文化資料叢書　第八巻　教育篇』（風間書房、一九六一年一二月）の「二　「教育令」制定関係資料」中の「三〈教育令〉元老院会議筆記抄」明治十二年六月二十七日の午後のやりとり（一二三―一二五頁）を参照。

(7) いま宮内庁蔵版『幼学綱要』（岩波書店、一九三八年九月）を用いる。後出の引用に際しては、当文庫本の頁数を附した。

(8) 宇野精一「明治以後の儒教―日本保守派―」（『講座東洋思想　第10巻　東洋思想の日本的展開』、岩波書店、一九六七年九月）、三三六―三三七頁。

(9) 漢学あるいは儒教と道徳教育との関連性、具体的には『教学聖旨』・『幼学綱要』・教育勅語に一貫するものについては、（注8）所掲宇野精一論文を参照。また、元田永孚に焦点を当てた小倉紀蔵『朱子学化する日本近代』（藤原書店、二〇一二年五月）の「第9章　明治の「天皇づくり」と〈朱子学的思惟〉―元田永孚の思想」も参照。

(10) 教育勅語の成立に関しては、海後宗臣『教育勅語成立史の研究』（厚徳社、一九六五年一二月）、稲田正次『教育勅語成立過程の研究』（講談社、一九七一年三月）、山住正己『教育勅語』（朝日新聞社、一九八〇年三月）の「第二章　成立過程」、梅溪昇『教育勅語成立史』（青史出版、二〇〇〇年八月）等を参照。

(11) 「五倫」のうち、『孟子』滕文公篇上の「夫婦有別」と教育勅語の「夫婦相和シ」の齟齬をどう理解するかが問題としてとりあげられることが特に多い。これについては、山住正己前掲書の第四章の「2　夫婦相和シ」、渡辺浩「「夫婦有別」と「夫婦相和シ」」（『中国―社会と文化』第一五号、中国社会文化学会、二〇〇〇年六月）、関口すみ子『御一新とジェンダー　荻生徂徠から教育勅語まで』（東京大学出版会、二〇〇五年三月）の第二編第三章第一節「「夫婦相和シ」（教育勅語）」を参照。また、下川玲子『朱子学的普遍と東アジア―日本・朝鮮・現代』（ぺりかん社、二〇一一年一一月）の「序論」一一―一四頁における「教育勅語」的伝統についての指摘も参照。

(12) 小柳司氣太「東洋に於ける教育の根本義」（小柳司氣太『東洋思想の研究』（關書院、一九三四年五月）に収録）。

第六章　井上哲次郎の江戸儒学三部作

第一節　問題の所在

ここに言う「井上哲次郎の江戸儒学三部作」とは、いずれも冨山房から刊行された井上哲次郎の『日本陽明学派之哲学』（一九〇〇年一〇月刊）・『日本古学派之哲学』（一九〇二年九月刊）・『日本朱子学派之哲学』（一九〇六年一月刊）の三つの著作を指す（以下、これら三つの著作をまとめて呼ぶ時は、三部作と略称する）。

実は、後述するように、百年余も前に生み出されたこの三部作が示す枠組、すなわち江戸時代の儒学を陽明学派・古学派・朱子学派に分けるやり方は、今日でも主流である。言い換えれば、井上による江戸儒学の分類が有効なものとして継承され、今日でも依然として用いられている、ということになる。裏を返せば、江戸儒学に対する他の捉え方や新たな江戸儒学（史）の叙述が主流になり得ていない、ということでもある。

このことは、いったい何を意味するのであろうか。肯定的にみるならば、井上による江戸儒学の捉え方が今日まで最もすぐれている、ということになろう。しかし、否定的にみるならば、百年以上もの間、われわれは井上による分類を何ら疑うことがなかった、あるいは疑ったとしても手を拱《こまぬ》いてきた、ということになりはしまいか。

本章は、井上によって三部作が作られていった経緯や井上による分類を継承している例、あるいは井上による分類を批判する文章を確認しながら、三部作が作られたことの意味について考察するものである。

第二節　井上哲次郎について

井上哲次郎の生涯については、東京大学文書館その他に保管される、井上が長年にわたって書き続けた日記を丹念に読めば一定程度理解することができる。手っ取り早く知るためのものとしては、いくつかの評伝類や彼の人的繋がりを考察したもの(1)のほか、井上が哲学者として自らの位置づけを行った『明治哲学界の回顧』（岩波書店、一九三二年一一月）(2)、他界する前年に八八年の人生を顧みた井上の『懐舊録』（春秋社、一九四三年八月）、没後三十年を記念して刊行された遺稿『井上哲次郎自伝』（冨山房、一九七三年一二月）の「井上哲次郎自伝—学界回顧録—」・「巽軒年譜」などがある。ここでは、本章に関係する事柄を中心に、彼の略歴を紹介しておきたい。

一八五六（安政二）年、筑前国太宰府に医師の子として生まれる。
一八六二（文久二）年、中村徳山に就いて漢籍を学ぶ。
一八六八（明治元）年、博多へ出て英語を学ぶ。
一八七一（明治四）年、長崎へ遊学、英学塾広運館に学ぶ。
一八七五（明治八）年二月、東京の開成学校に入学。
一八七七（明治一〇）年九月、東京大学に入学。哲学・政治学を修める。
一八八〇（明治一三）年七月、東京大学を卒業。
　一〇月、文部省に入省。編集局兼官立学務局に勤務し、『東洋哲学史』の編纂に従事。

一八八一（明治一四）年一〇月、『哲学字彙』刊行。
一八八二（明治一五）年三月、東京大学助教授（文学部）。
一八八三（明治一六）年九月、東京大学で最初の「東洋哲学史」の講義を担当。
一八八四（明治一七）年二月〜一八九〇（明治二三）年一〇月、ドイツ留学。
一八九〇（明治二三）年一〇月、東京大学文科大学教授。
教育ニ關スル勅語（教育勅語）、発布。
一八九一（明治二四）年一月、内村鑑三の「不敬」事件。
九月、『勅語衍義』刊行。
一八九三（明治二六）年四月、『教育ト宗教ノ衝突』刊行。論争に。
一八九七（明治三〇）年一一月〜一九〇四（明治三七）年三月、東大文科大学長。
一九〇〇（明治三三）年一〇月、『日本陽明学派之哲学』刊行。
一九〇一（明治三四）年五月〜一九〇三（明治三六）年六月、『日本倫理彙編』刊行。
一九〇二（明治三五）年九月、『日本古学派之哲学』刊行。
一九〇六（明治三九）年一月、『日本朱子学派之哲学』刊行。
一九二三（大正一二）年三月、東大教授を辞職。
一九四四（昭和一九）年一二月、逝去。

なお、21世紀に入ってから、島薗進・磯前順一編纂『井上哲次郎集』全九巻（クレス出版、二〇〇三年三―四月）が刊行されたが、この中に三部作は収められていない。

第三節　三部作成立の前提（一）―『東洋哲学史』の構想―

ここからしばらく、井上はなぜ三部作を書いたのか、見方を変えて言えば、井上を三部作の執筆に駆り立てたもの・衝き動かしたものは何か、について考えたい。

筆者は、当時の時代状況や井上自身の置かれた立場から、この問題を三つの観点から考察する必要があるのではないか、と考えている。一つは井上自身による『東洋哲学史』の構想、二つは『教育ト宗教ノ衝突』に端を発したキリスト教信者等との論争、三つは当時の「陽明学」ブーム、である。ここではまず、井上自身による『東洋哲学史』の構想について述べることにする。

実は、「哲学を研究するために、独逸に留学を命ぜられたのは」井上が「最初であって、その後、文部省から哲学及その他文科系統の諸学科研究のために、留学生を派遣する時は、大抵独逸を選ぶこととなり[3]」、「我が国に於いて独逸哲学の重要視せらるゝやうになったのは自分等の努力に依ることが多大である。[4]」と自ら述べているとおり、井上はドイツ哲学を日本に導入した功績が大きい。

では、なぜ、その井上が、『東洋哲学史』なのか。『東洋哲学史』の編纂は、井上が文部省にいた一八八〇（明治一三）年に着手していたようであるが、その辺りの事情について述べている井上の『日本陽明学派之哲学』の序文をみてみよう。

東洋哲学史は余が明治十三四年の頃より編著を企図せし所にして、支那哲学に関するもの、印度哲学に関するもの、裒然冊を成し、已に書笥に満つと雖も、未だ整備せざるもの多く、之れを世に公にせんこと、尚ほ十年内外を要せざるを得ず。然れども久しき歳月に渉りて何等の研究の結果をも出ださゞれば、人或は余が業の荒廃を疑はん、是れを遺憾となすのみ。明治三十年余官命を蒙り、佛国巴里府開会の万国東洋学会に赴き「日本に於ける哲学思想の発達」を講述し、帰朝以来益々日本哲学に関する史的研究の必要を感じ、聊か徳教の淵源を闡明し、学派の関係を尋繹せんことを務めたり。其稿亦積んで、篋底に充つるに至る。就中陽明学に関するものは、別に自ら一部を成す。因りて之れを「日本陽明学派之哲学」と名づけ、姑く稿本のまゝ之れを世に公にし、以て之れを大方に質さんと欲す。

（井上哲次郎「日本陽明学派之哲学序」、一九〇〇年九月二四日）

井上の言う「支那哲学に関するもの」とは、東大助教授に転じてから一八八三（明治一六）年に行なった「東洋哲学史」という講義における中国哲学に関する原稿や留学後に発表した論文「性善悪論」（『哲学会雑誌』四七、一八九一年一月）などを指すのではないかと思われる。[5] また、「印度哲学に関するもの」とは、井上が留学後の一八九一（明治二四）年から一八九七（明治三〇）年度までの約七年間にわたって東京大学で「比較宗教及東洋哲学」という題目のもとに行ったインド哲学の講義の原稿とその講義に関係して書かれたインド哲学関係の論著を指す。[6] この後に、三部作が公刊されていることからすれば、井上の構想した『東洋哲学史』とは、インド哲学・中国哲学・日本哲学から構成されるもの、ということになる。

こうした留学後に現れた井上の活動については、その契機を留学中の井上の意識にもとめることができる。井上の留学中の記録『懐中雑記』（全二冊、都立中央図書館「井上文庫」所蔵）を分析した大島晃が、「欧州の哲学界がおしなべて東洋哲学に無知であると気付いた井上は、もともと留学前に従事してきた「東洋哲学史」の編纂が必要不可欠の事業と意識し得るに至ったと考えられよう。しかも西洋の哲学を修めている自分こそその使命を担い得ると強く自覚したのではないか。[7]」と述べているのが正鵠を得ていよう。そして、三部作については、一八九七（明治三〇）年にパリで開かれた万国東洋学会に出席したことで、「帰朝以来益々日本哲学に関する史的研究の必要を感じ」、東大でのインド哲学の講義を了え、三部作の執筆に精力を注いでいった、と思われる。ただ、「帰朝以来益々日本哲学に関する史的研究の必要を感じ、」だけでは、なぜ三部作の執筆に精力を注いでいったのかが、いま一つよく分からない。留学中と同様に、パリでも「欧州の哲学界がおしなべて東洋哲学に無知であると気付いた」のかもしれないが、筆者はむしろ、この文言の直後に続く「聊《いささ》か徳教の淵源を闡明《せんめい》し、」に着目したい。なぜなら、この時期の井上には「徳教の淵源を闡明」する必要があったからである。『教育ト宗教ノ衝突』の問題である。

第四節　三部作成立の前提（二）――井上哲次郎『教育ト宗教ノ衝突』――

井上がドイツ留学から帰国したのは一八九〇（明治二三）年一〇月一三日であったが、帰国直後の一〇月三〇日に、教育ニ關スル勅語（教育勅語）が発布された。これは、明治政府が天皇の名を借りて政府にとって望ましい人間像を提示したものであり、主として学校教育を通じて普及させていくことになる。

ところが、その学校現場で〝事件〟は起きた。一八九一年一月、キリスト教徒の内村鑑三は、勤めていた第一高等中学校における教育勅語の奉戴式で、勅語へ深く拝礼せずに軽く頭を下げたのが不敬とみなされ、第一高等中学校の嘱託職員をクビになった。いわゆる内村鑑三不敬事件である。

帰国直後の井上は、時の文部大臣芳川顕正から教育勅語の解説を作るよう要請されて、一八九一（明治二四）年九月に井上による『勅語衍義』が刊行された[8]。その井上は、一八九三（明治二六）年四月に『教育ト宗教ノ衝突』（敬業社）を上梓し、「内村氏が此の如き不敬事件を演せしは、全く其耶蘇教の信者たるに因由するを亦疑なきなり、」「耶蘇教徒は何時の間にか知らず識らず愛国心を失ひ、他人の行為を怪訝し、風俗に逆ひ、秩序を紊り、以て国の統合一致を破らんとす、」という調子で、内村やキリスト教徒を攻撃した。これに対し、内村を含むキリスト教徒から反論が出たばかりでなく、論争を知った他の宗教者や知識人からも評論が続出し、さらに井上も補足して自論を展開するなどして、俄かに沸騰した論争となった[9]。

この論争に巻き込まれたことによって、井上は、日本における「徳教の淵源を闡明」しなければならない、と身にしみて深く考えるに至ったのではあるまいか。日本における「徳教の淵源を闡明」する論著を書くことは、もちろん、井上が企図している『東洋哲学史』における日本哲学に関する部分の執筆にもなり得る。しかし、井上としては、この論争自体は早く終わりにしたかったであろうし、この論争の過程または延長線上において「徳教の淵源を闡明」したい旨を表明することは、論争の火に油を注ぐことになりかねない。つまり、この論争とは直接つながりのない別の形で「徳教の淵源を闡明」する旨を井上は表明せねばならなかった。井上は、論争終息後に、その契機を待っていた。そして、待ちに待ったその契機が、一八九七（明治三〇）年のパリでの万国東洋学会にあったのである。

三部作は、井上自身のこうした事情のもとに、記されていったのではないか、と筆者は考えている。では、なぜ、井上は、いくつかの学派の中で、陽明学派を最初にとりあげたのであろうか。それは、陽明学派をとりあげることが「徳教の淵源を闡明」するのに充分である、との井上の判断もあったからであろうが、当時の「陽明学」ブームを背景としてみておかねばならない。

第五節　三部作成立の前提（三）―「陽明学」ブーム―

吉田公平によると、「日本に陽明学が紹介されたのがいつのことなのか、それを確定することは今日不可能である」[10]。日本陽明学もしくは江戸儒学に関する書物をひもとけば、それらは中江藤樹を日本陽明学の開祖と位置づけることで概ね一致している。

日本儒学の中から特に陽明学が明治時代にもてはやされたのは、開国以来、洪水のように流入してきた欧米のものの考え方を摂取する際、それに対峙できるのは、ひとり陽明学にほかならない、と考えられたためであった。このことを説いているのが、一八九三(明治二六)年に刊行された三宅雪嶺『王陽明』(政教社)であり、カント・ヘーゲル・ショーペンハウアーといったドイツ哲学を引き合いに出して陽明学を説明している。[11]「陽明学」という呼称も、それまでの「姚江学」「王学」という呼称に代わって、明治時代に用いられ定着したものである。「陽明学」の語を最初に用いた機関誌は、吉本譲編『陽明学』(鉄華書院、一八九六年七月創刊〜一九〇〇年五月廃刊、全八〇号)のようであり、吉本は鉄華書院を経営し、高瀬武次郎の『日本之陽明学』(鉄華書院、一八九八年一二月)など陽明学関係の書物の刊行につとめた。この高瀬の著書に叙文を寄せているのが、井上である。その叙文で、井上は、

今徳川時代に於ける儒教哲学の分派を算へ来たれば、朱子学派、古学派、陽明学派、折衷学派の四種あり、
(井上哲次郎「日本之陽明学叙」、一八九八年一一月一五日)

と述べており、この当時、井上が江戸儒学を四学派に分ける考えをもっていたことがわかる。その四学派のうち、井上は陽明学派を最初に選んで一九〇〇(明治三三)年一〇月に『日本陽明学派之哲学』を著した。また、井上が高弟の蟹江義丸とともに編集した『日本倫理彙編』全一〇巻(育成会出版部、一九〇一年五月〜一九〇三年六月)も冒頭三巻(一九〇一年五月・八月・一一月)が「陽明学の部」(上)(中)(下)にあてられている。このほか、一九〇六(明治三九)年八月、高瀬武次郎は『陽明学新論』(榊原文盛堂)を世に問い、東敬治は、一九〇八(明治四一)年一一月、自らが組織する明善学社(その前身は王学会)を陽明学会と改称し、機関誌名も『王学雑誌』から『陽明学』へと変更している。[12]王陽明の主著『伝習録』についてみても、宮内黙蔵「伝習録講義」が吉本譲編

『陽明学』一―七九号（一八九六―一九〇〇年）に連載されたほか、三輪執斎の『標註伝習録』を読んだ佐藤一斎の箚記《さつき》『伝習録欄外書』を頭注に置いた『伝習録　附佐藤一斎欄外書』（松山堂）が一八九七（明治三〇）年に刊行され、版を重ねて多くの読者を獲得した。東父子も父の澤瀉が『伝習録参考』二巻を遺し、子の敬治が『伝習録講義』（一九〇六年・一九〇七年）を著すなど、一定程度の研究が行われ、読者の需要もあったことがうかがえる。[13]さらに言えば、井上と対立した内村鑑三も、欧米人を読者の対象としたRepresentative Men of Japan（警醒社書店、一九〇八年四月、邦訳『代表的日本人』／前身は、原題：Japan and Japanese、民友社、一八九四年一一月、邦訳『日本及び日本人』）で、西郷隆盛と中江藤樹をとりあげて陽明学を顕彰している。[14]

このように、明治後半期の「陽明学」ブームを概観すると、井上がいくつかの学派の中から最初に陽明学派を選んで『日本陽明学派之哲学』を執筆し刊行したのはごく自然なことであった、と理解できよう。もっとも、井上自身は、

若し我邦に於ける国民的道徳心のいかんを知らんと欲せば、其の国民の心性を鎔鋳陶冶し来たれる徳教の精神を領悟するを要す。即ち此書叙述する所の日本陽明学派の哲学の如き、豈に此に資する所なしとせんや。……。然れども世は実に様々にて功利主義若しくは利己主義を鼓吹し、我国民的道徳心を根柢より撲滅せんとするものあるなり。是れ余が此書を訂正するの日を竢たず、姑く稿本のまゝ、之れを発行する所以なり。

（井上哲次郎「日本陽明学派之哲学序」、前掲）

と、この著書の刊行理由を述べてはいるのだが、「陽明学」ブームという時流を読み、自らの思いをそれに乗せ（ることができ）た、というのが、正直なところではなかろうか。

第六節　三部作の刊行理由―内的動機―

以上のように、井上の三部作は、『東洋哲学史』の構想に始まり、『教育ト宗教ノ衝突』論争がそれに火をつけ、明治後半期の「陽明学」ブームに乗って『日本陽明学派之哲学』を皮切りに次々と執筆され刊行されていった。ただ、上述してきたことは、外の世界との関わりにおいて、井上の置かれた当時の情況を考察したものである。そこで、ここでは、三部作を執筆した井上の内的動機を考えるため、三部作のうち、まだ言及していない後二著の序文に記されている刊行理由もみておこう。以下、いくつかの長い引用をお許しいただきたい。

余明治三十年以来日本従来の哲学を歴史的に叙述し、以て之れを今後の哲学と系統的連絡あらしめんと欲し、先づ「日本陽明学派之哲学」を著はし、明治三十三年を以て之れを世に公にせり、其後直山鹿素行、伊藤仁斎、物徂徠等の古学派の系統を攻究し、二星霜を経て、略々稿を脱するに至れり、因りて之れを印刷に付し、以て同好の士に頒たんと欲す、……、印刷已に成るに及んで、尚ほ増訂すべきもの、少からざるを覚ゆ、然れども自己の満足を得るまでに、之を修正せんことは、一朝一夕の業にあらず、故に姑く稿本のまゝ、之れを発行し、僅に学界の缺陥を充たすを以て自ら慰藉する所あらんとす、

（井上哲次郎「日本古学派之哲学序」、一九〇二年八月一九日）

余嚮に明治三十三年を以て「日本陽明学派之哲学」を世に公にし、次いで又明治三十五年を以て「日本古学派之哲学」を世に公にし、以て我が邦に於ける陽明学派と古学派との学脈、学風及び学説等を紹介することを務めたり。然れども尚ほ我邦に於ける朱子学派の変遷いかんを闡明するにあらざれば、徳川時代に最も勢力を占

めたる重要なる哲学派の研究、未だ整備せりといふべからず。是故に明治三十五年の九月より力を純正哲学に用ふるの傍、別に又我邦に於ける朱子学派の史的研究を始め、凡そ三星霜を経て、今年九月に至り、漸く其概要を叙述し了り、茲に之を脱稿することを得たり。……。今や日露戦争已に終結を告げ、……、欧米の学者、漸く我邦の強大なる所以を究明せんとす。斯時に当りて徳川氏三百年間我邦の教育主義となりて、国民道徳の発展上に偉大の影響を及ぼし、朱子学派の史的研究、豈に亦一日も之を忽にして可ならんや。世の学者にして徳教に志あるもの、宜しく深く思を此に致すべきなり。

（井上哲次郎「日本朱子学派之哲学序」、一九〇五年一一月二三日）

この二つの序文によると、井上は、『日本古学派之哲学』は「学界の缺陥《けっかん》を充たす」意味があるとし、『日本朱子学派之哲学』では朱子学派の学問に対して、『日本陽明学派之哲学』における陽明学派の学問と同様、（日本人の「国民道徳」の淵源としての）「徳教」を明らかにし得る効果を認めているようである。このように、井上は、三部作それぞれに刊行の意義を付与してはいた。ただ、三部作の刊行理由については、三部作の刊行とほぼ同時期に進められた『日本倫理彙編』全一〇巻（一九〇一年五月〜一九〇三年六月）の刊行理由をも考慮に入れて検討する必要があろう。『日本倫理彙編』巻ノ一の井上の叙文には、こうある。

今や佛教廃れ、儒教衰え、武士道亦振はず。我国従来の道徳主義、漸く末期に瀕し、其状啻に一髪千鈞のみならざるなり、之れに反して西洋の道徳主義は日に月に輸入せられ、殆んど我精神世界を席巻せんとするの勢あるが如し、……、是に於てか我道徳界は殆んど混沌の二字を以て形容すべき過渡時代を現出するに至れり、是れ豈に恐るべき道徳上の危機ならずとせんや、……、国民の道徳は一朝にして滅ぶるものにあらず、又滅ぼすべきものにあらず、……、然るに今日にありては、西洋の倫理書類を購求すること、必ずしも困難ならずと雖も、日本の倫理書類を購求すること、反って容易なりとせず、世の徳育に志あるもの窃に以て遺憾となす、是を以て余頃ろ文学士蟹江義丸氏と日本の倫理書類を各学派に従いて之れを分類し、以て陸続発行し、聊か教育界の缺陥を充たすの一端をなさんと欲す、

（井上哲次郎「日本倫理彙編叙」、一九〇一年一月三〇日）

これによると、日本国民における従来の「道徳」は荒廃し、西洋の「道徳」がそれに取って代わろうとしている中、日本の倫理に関する書籍を刊行して「教育界の缺陥を充たす」ことを井上は考えた。やはり、理由は、「徳（徳育）」にあった。

そもそも、三部作も『日本倫理彙編』も、なぜ江戸儒学を対象としているのであろうか。これは、叙（序）文に記された刊行理由による限り、日本国民の「徳」の淵源が江戸儒学の中にあるから、というのが答えに違いない。しかし、筆者は、井上を執筆に駆り立てたことの一つに、井上が幼時に受けた教育があるのではないか、と考えている。略歴で示したように、幕末に生まれた井上には、漢学の素養があった。後に英学やドイツ哲学を学んでいるが、井上の基礎にあったのはあくまで漢学である。井上は、自らの道徳倫理が、後に学んだ西洋の学問によって培われたものではなく、幼時に受けた漢学に基づくものであることを自覚していたのではなかったか。そうであるからこそ、三部作を書き、『日本倫理彙編』を編集するに至ったのであろう。逆に言えば、日本国民の「徳」の荒廃を感じている時に、三部作を著さなければ、井上は自らを否定することになるのではなかったか。井上は、三部作を著すことを通じて、自らの立つ位置を再確認したのである。

第七節　井上哲次郎による江戸儒学の分類

先に引用した高瀬武次郎『日本之陽明学』に寄せた叙文の中で、井上は江戸儒学を朱子学派・古学派・陽明学

派・折衷学派の四学派に分ける見方を示した。[15] ただし、これは一八九八年一一月の時点における井上の見方であって、その後、井上が明確に江戸儒学の分け方を示しているのは、蟹江義丸とともに編集した『日本倫理彙編』においてである。『日本倫理彙編』は、「陽明学の部」(上)(中)(下)・「古学派の部」(上)(中)(下)・「朱子学派の部」(上)(下)・「折衷学派の部」・「独立学派の部」から構成されており、先の四学派に独立学派が加わっている。この見方は、その後も継続されており、大正末期の井上の文章にも「徳川時代の儒教は朱子学派、陽明学派、古学派、折衷学派及び独立学派等の諸派に分類すべきであるが、」(「重訂日本陽明学派之哲学序」、一九二四年一一月一七日)と述べられている。

しかし、井上自身の著書としては、陽明学派・古学派・朱子学派の三学派に関するもののみとなってしまった。江戸儒学を五学派に分ける見方をもちながら、なぜ三学派なのか。これは、意図的に三学派としたわけではなく、結果的にそうなってしまったようである。一九四二(昭和一七)年、数えで八八歳の井上の回顧録をみてみよう。[16]

又著書としては、「日本陽明学派之哲学」、「日本古学派之哲学」、「日本朱子学派之哲学」と言ったやうに、それぞれ公にした。しかし、それ以外に研究の範囲を拡大して行ったが為、「日本折衷学派之哲学」その他は未だ刊行されてゐない。これがために、出版書肆から頻りにこれ等を纏めて出版するよう勧められてゐるが、未だその余裕を得ない。更に、日本神道史上の教派神道は勿論、徳川時代の復古神道などは、何んとか纏めたいと思ってゐるが、これ亦その運びに至ってゐない。尤も自分の健康状態がなほ現在の儘で継続すれば、その内この方面の研究を纏めることが出来ようかと思ふ。

(「井上哲次郎自伝——学界回顧録——」、前掲)

これによれば、井上には、八八歳の高齢に至ってもなお三学派以外の学派や神道について著書を執筆し刊行する意欲があった。井上は、この二年後の一九四四(昭和一九)年に生涯を閉じているから、他の学派についてては刊行の段階に至らず、結局、三部作のみが、江戸儒学に関する井上の著書として、後世の人々に伝えられることになったのである。

以上みてきたように、井上自身は江戸儒学を五学派に分ける考えをもっていた。これはこれとして、われわれはしっかり理解しておかねばならない。しかし、である。江戸儒学に関する井上の著書としては、三部作が伝わるのみである。実は、このことが影響を及ぼして、江戸儒学を陽明学派・古学派・朱子学派の三学派のみに分けている例が、特に中国における江戸儒学研究に顕著に現れているのである。学説の伝播以上に、モノとしての書籍が伝えられることの影響の強大さを考えずにはおれない。次節でそれを確認する。

第八節　類例

まず、日本の例をみてみよう。戦前・戦中のものとして、高須芳次郎『近世日本儒学史』（越後屋書房、一九四三年九月）は、「第一部　人物篇」が四学派による四章で構成されており、これは江戸儒学を四学派に分ける井上の見方から顕著に影響を受けた例とみてよいであろう。また、高田眞治『日本儒学史』（地人書館、一九四一年二月）の「第三章　近世」にも、「朱子学派」「海南朱子学派」「陽明学派」「古学派」「折衷派」「考証派」「独立派」「水戸学派」などといった小見出しが立てられて各学派の説明がなされている。

戦後もなお、井上による江戸儒学の分類は依然として用いられ続けてきた。たとえば、源了圓『徳川思想小史』（中央公論社、一九七三年一月）は主要三学（派）を冒頭の三章に置いているし、衣笠安喜『近世儒学思想史の研究』（法政大学出版局、一九七六年一〇月）も、

幕末期における儒学思想には一般に折衷的傾向が濃厚であり、学派を論ずることがあまり意味をもたないこと

はふるくからいわれているところであるが、それでも大ざっぱにこれをみれば、朱子学派・陽明学派・古学派の三学派の系譜に分けることができよう。（同書のⅢの二「幕末における変革の論理」）

と述べ、幕末の儒学思想を主要三学派に分類する意識をもっている。こうした江戸儒学の分類は今日まで続いており、われわれに身近なものとしては、高等学校の「倫理」の教科書が、井上による江戸儒学の分類を採用しており[17]、青少年における江戸儒学に関する初歩的学習にも影響を与え続けている。

次に、中国の例をみることにしよう。中国における江戸儒学に関する研究書の代表は、朱謙之の著書三種、すなわち、『日本的朱子学』（三聯書店、一九五八年八月／人民出版社、二〇〇〇年一二月）・『日本的古学及陽明学』（上海人民出版社、一九六二年一二月／人民出版社、二〇〇〇年一二月）・『日本哲学史』（三聯書店、一九六四年／人民出版社、二〇〇二年六月）であろう。これらの書の題目に「朱子学」「古学」「陽明学」の三学（派）が示されていること自体、これは明らかに、井上による江戸儒学の分類を踏まえたもの、ということができる。『日本哲学史』の第二―第五章も、主要三学派ごとに叙述されている。江戸儒学を主要三学派に分類するやり方は、21世紀に入っても依然として続いているようであり、劉宗賢・蔡徳貴主編『当代東方儒学』（人民出版社、二〇〇三年一二月）の第二章第四節の二の構成も、この分類を襲っている。

中国における日本陽明学の研究は、朱謙之の『日本的古学及陽明学』を古典とし、朱謙之の同書の立論が、高瀬武次郎『日本之陽明学』とその井上の叙文、そして井上の『日本陽明学派之哲学』に主として拠っていることが指摘されている[18]。古学・日本朱子学の研究も、これと同様の事情がある、と考えてよいであろう。

以上に紹介したように、井上による江戸儒学の分類は、日本においても中国においても、今日まで深刻な影響を与え続けているのであるが、われわれは、井上による江戸儒学の分類から脱却することは、可能なのであろうか。

第九節　批判——三部作の克服をめざして——

井上による江戸儒学の分類に対する批判は、戦後になってようやく現れてきたようである。この一つの原因は、特に日本の哲学界に対して絶大な影響力をもっていた井上が一九四四年まで生きていたことが関係しよう。日本の哲学関係者は、戦前から戦中にかけて、老大家・井上に対する批判が容易にできなかったのである。東京大学で井上に学んだ和辻哲郎の戦後の文章をみてみよう。(19)

江戸時代の儒学の歴史も、西洋哲学の考へ方に習熟した学者が、新らしく日本の儒学者の思索を観察し直したといふ趣は全然なく、依然として学派道統の別に拘泥し過ぎたものである。

（和辻哲郎『日本倫理思想史』下巻、岩波書店、一九五二年一二月）

井上は、「自分は西洋の哲学を攻究すると共に東洋の哲学の研究を怠らず、両者の融合統一を企図することを以て任とするやうに力《つと》めた次第である。」（『明治哲学界の回顧』、前掲）と述べている。和辻の批判は、三部作や『日本倫理彙編』に見える「学派道統の別」そのものに向けられた批判であるのだが、井上の言っていること（東西哲学の融合統一）とやっていること（学派道統の別への拘泥）との不一致を突いているものでもある。

中国学の立場から、井上による江戸儒学の分類について適切にコメントしているのが、近年の吉田公平『日本における陽明学』（前掲）の次の文章ではなかろうか。

井上哲次郎の三部作『日本陽明学派之哲学』『日本朱子学派之哲学』『日本古学派之哲学』、井上哲次郎・蟹江

義丸編『日本倫理彙編』の「陽明学派」「朱子学派」「古学派」「折衷学派」「独立学派」という学派分類が、日本における儒教思想の歴史を理解する上ではたした功績を認めることにやぶさかではない。単純化することによって複雑な実態を明瞭に解析してしまうという利点がある。また、党派心に促されて異学批判を展開した論争家が多数存在したことは紛れもない事実である。だから、日本思想史を思想闘争の歴史と理解することが不当なのではない。しかし、思想を理解する時に、頑なに狭い枠に押し込めてしまうと、複雑系がもともと持っていた大きさ豊かさ不可解さをありのままにみつめることを忘れさせてしまう。むしろ、実態は複雑系なのだと弁えることによってこそ、その「腑分け」をしてみたいという探求心・研究意欲が刺激されるのではないだろうか。

（同書の「序論　日本における陽明学」）

誰かによって与えられた学派分類から離れた地平で、思想を「ありのままにみつめる」ことは、思想研究にとって、きわめて重要な営為である。「ありのままにみつめ」て思想を考察することから「腑分け」の意欲が生まれてくるのではないか、という吉田の意見は、井上のやり方とは全く反対の方向のものであり、これは、井上による学派分類に取って代わる江戸儒学の有効な捉え方となり得るものではなかろうか。

和辻哲郎の文章と吉田公平の文章に、（注17）で紹介した小島毅の文章を加えて考えると、批判の鉾先は、井上の学派分類に集中している。そして、三部作と『日本倫理彙編』とに共通しているのは、主要な人物もしくは主要な人物の著書をつなげることで一つの学派を説明しているというやり方であり、言わば、点と線の叙述になっているということである。ただ、こうした点に関しては、井上自身、「日本朱子学派之哲学序」で「漸く其概要を叙述し了り、」と自らの著作が「概要」であることを表明しており、吉田の言う「複雑系がもともと持っていた大きさ豊かさ不可解さをありのままにみつめること」は井上の頭にはおそらく全くなく、三部作は、最初から「概要」（学派分類）のつもりで書かれたものだったのであろう。学派による分類は、考察の範囲を限定することを意味する。江戸儒学を扱うにしても、そもそも何を考察の対象とするかは決めねばならず、考察の範囲を無限定にするわけにもいかない。つまり、どこかで線を引かねばならない。井上は、江戸儒学というフィールドに、「学派」を目印として、線を引いた人だったのである。

井上の引いた線の引き直しは、江戸儒学（史）を「点と線」で描くことではなく、思想を「ありのままにみつめ」て考察すること、すなわち、「面」で描くことによって、はじめて可能となるであろう。ただ、「面」で描くことは、とてつもない時間と根気とを要する作業である。しかし、これをやり遂げた時、これまでにない指標で、井上とは全く異なる線を江戸儒学というフィールドに引くことができているかもしれないし、そうであれば、それは三部作の克服を意味しよう。三部作の克服の先に見えてくるものは、いったい何であろうか。それは、もしかすると一つの可能性として、「やはり三部作はすぐれている」という皮肉な結果であるかもしれない。ただ、そのことを分かるためにも、いま江戸儒学（史）を「面」で描くことがもとめられているのである。

注

（1）香原一勢「井上哲次郎」（日本歴史学会編『日本歴史』第七八号、実教出版、一九五四年一一月）、大島康正「井上哲次郎《知識と思索の分離》」（朝日ジャーナル編集部編『新版　日本の思想家』中、朝日新聞社、一九七五年九月）、平井法「井上哲次郎」（『近代文学研究叢書』第五四巻、昭和女子大学近代文学研究所、一九八三年四月）、渡辺和靖「井上哲次郎と体系への志向」（渡辺和靖『増補版　明治思想史　儒教的伝統と近代認識論』、ぺりかん社、一九八五年一一月）、宮本盛太郎「留学時における森鷗外と井上巽軒」（1）—（5）（『史』一〇二—一〇五・一〇七、現代史懇話会、二〇〇〇年四月・二〇〇〇年八月・二〇〇〇年一二月・二〇〇一年五月・二〇〇一年一二月）、宮本盛太郎「森鷗外・井上哲次郎・乃木希典—三者の関係—」（『社会システム研究』第四号、京都大学大学院人間・環境学研究科／京都大学総合人間科学部　社会システム研究刊行会、二〇〇一年二月）、末木文美士「倫理化される宗教　井上哲次郎」（末木文美士『近代日本の思想・再考Ⅰ　明治思想家論』、トランスビュー、二〇〇四年六月）、劉岳兵主編『明治儒学与近代日本』（上海古籍出版社、二〇〇五年四月）の黒住真著・劉岳兵訳「第一章　徳川儒教及其在明治時代的重構」の「七、明治理論家—井上哲次郎」、卞崇道「井上哲次郎（一八五五—一九四四）—首位日本人哲学教授」（卞崇道・王青主編『明治哲学与文化』、中国社会科学出版社、二〇〇五年一二月）など。
（2）中国語訳に、侯曄訳・宗山校「対明治哲学界的回顧」（卞崇道・王青主編『明治哲学与文化』、中国社会科学出版社、二〇〇五年一二月）がある。
（3）「井上哲次郎自伝―学界回顧録―」（前掲）。
（4）『明治哲学界の回顧』（前掲）。
（5）井上の論文「性善悪論」をめぐる問題については、大島晃「井上哲次郎の「性善悪論」の立場―「東洋哲学」研究の端緒―」（『ソフィア』第四二巻第四号、上智大学、一九九四年一月／大島晃『日本漢学研究試論―林羅山の儒学』、汲古書院、二〇一七年一二月）を参照。大島には、『東洋哲学史』の一環として『日本陽明学派之哲学』が刊行されたことを考察している論文「井上哲次郎の「東洋哲学史」研究と『日本陽明学派之哲学』」（『陽明学』第九号、二松学舎大学陽明学研究所、一九九七年三月）もある。併せて参照されたい。
（6）井上が東京大学で行ったインド哲学の講義録をめぐっては、今西順吉「わが国最初の「印度哲学史」講義―井上哲次郎の未公開草稿―」（一）―（三）（『北海道大学文学部紀要』三九―一・三九―二・四二―一、北海道大学文学部、一九九〇年一一月・一九九一年二月・一九九三年一一月）、今西順吉「漱石と井上哲次郎の「印度哲学史」」（『松ヶ岡文庫研究年報』第四号、財団法人松ヶ岡文庫、一九九〇年三月）、磯前順一「井上哲次郎の「比較宗教及東洋哲学」講義―明治20年代の宗教と哲学―」（『思想』第九四二号、岩波書店、二〇〇二年一〇月）、磯前順一・高橋原「井上哲次郎の「比較宗教及東洋哲学」講義―解説と翻刻―」（東京大学史料の保存に関する委員会編集『東京大学史紀要』第二一号、東京大学史史料室、二〇〇三年三月）を参照。この講義に対応して書かれた井上の著作が『釈迦牟尼論』（文明堂、一九〇二年一一月）である。
（7）大島晃「井上哲次郎の「東洋哲学史」研究」（『ソフィア』第四五号第三巻、上智大学、一九九六年一〇月／大島晃『日本漢学研究試論―林羅山の儒学』、汲古書院、二〇一七年一二月）。
　また、大島晃も引用しているように、井上自身が「東洋哲学を研究して西洋哲学と比較対照して、そして一層進んだ哲学思想を構成するといふことは、東洋人としては最もその方法を得たものと考へられる。……。殊に、宗教や倫理の範囲に於いては一層東西洋の哲学的史実を頭にもって、これを咀嚼し、これを消化して、更に前途に発展してゆく抱負がなくてはならぬ。それ故に自分は西洋の哲学を攻究すると共に東洋の哲学の研究を怠らず、両者の融合統一を企図することを以て任とするやうに力めた次第である。」（『明治哲学界の回顧』、前掲）と述べているのも参照。
（8）中村正直閲・井上哲次郎著『勅語衍義』（文部省検定済、鉤玄堂蔵版、一八九一年九月）。冒頭に芳川顕正の「訓示」（一八九〇年一〇月三一日）と「勅語衍義叙」（一八九一年八月）を載せる。『勅語衍義』については、劉岳兵主編『明治儒学与近代日本』（前掲）の「第二章　明治儒学的意識形態特徴：以井上哲次郎為例」を構成する陳瑋芬「一、井上哲次郎対〝忠孝〟的義理

新詮：関於《勅語衍義》的考察」、厳紹熾「二、井上哲次郎的〝儒学観〟：〝皇権神化〟的愛国主義的闡述」、卞崇道「補論：権威話語的借用：従《勅語衍義》看明治期儒学再興的途径」を参照。

(9) この論争の経緯は、関皐作編『井上博士と基督教徒　一名「教育と宗教の衝突」顛末及評論』（哲学書院、一八九三年五月）、関皐作編『井上博士と基督教徒續編　一名教育と宗教の衝突顛末及評論』（哲学書院、一八九三年六月）、関皐作編『井上博士と基督教徒収結編　一名教育と宗教の衝突顛末及評論』（哲学書院、一八九三年一〇月）に詳しい。また、この論争や井上のキリスト教への姿勢を研究したものに、隅谷三喜男『近代日本の形成とキリスト教―明治初期プロテスタント教会史論―』（新教出版社、一九五〇年一一月／『隅谷三喜男著作集』第八巻、岩波書店、二〇〇三年一一月）の「第五章「近代」日本の成立とキリスト教」、J・G・バリエス著、佐久間正訳「井上哲次郎の思想における宗教問題」（『清泉女子大学紀要』第一三号、清泉女子大学、一九六五年一二月）、渋川久子「井上哲次郎のクリスト教批判をめぐって」（『日本大学精神文化研究所教育制度研究所紀要』第五集、日本大学精神文化研究所・日本大学教育文化研究所、一九七一年四月）、沖田行司「『六合雑誌』における井上哲次郎」（『キリスト教社会問題研究』第三〇号、同志社大学人文科学研究所、一九八二年二月）、陶徳民「「教育宗教衝突」事件の背景に関する再考―井上哲次郎の『敬宇文集』批評を手がかりに」（『国際シンポジウム　東アジア世界と宗教』、東方書店、二〇〇五年三月）がある。

　この、内村鑑三不敬事件に関する井上の主張をめぐっては、これを政治的なものとみなす論者もいるが、「なほ、この問題に就いて一言して置きたいことは、宗教と教育との衝突の際に自分の発表した意見は、その当時の正直な考へを述べたもので、何等為めにするところあった訳ではなく、殊に政治的とか何とか、さう言ふ意味は毛頭なかった。自ら信ずるところを率直に披瀝したまでである。」（「井上哲次郎自伝―学界回顧録―」、前掲）という井上の述懐に照らせば、井上には、内村の不敬事件を政治的に利用する意図はなかったようである。

(10) 吉田公平『日本における陽明学』（ぺりかん社、一九九九年一二月）の「第四章　三輪執斎の転向―江戸中期の陽明学の再興―」。

(11) 小島毅『近代日本の陽明学』（講談社、二〇〇六年八月）のエピソードⅡの「2　陽明学を普遍化させた男」を参照。

(12) 「陽明学」という呼称の定着や使用例については、吉田公平『日本における陽明学』（前掲）の「序論　日本における陽明学」を参照。高瀬武次郎『日本之陽明学』と井上『日本陽明学派之哲学』の関係については、倉田信靖「日本近代思想史に及ぼせる儒学の影響―井上哲次郎の位置―」（『東洋研究』第一七号、大東文化大学東洋研究所、一九六八年五月）に考察がある。また、小島毅『近代日本の陽明学』（前掲）のエピソードⅣの「3　陽明学の復権」も参照。

(13) 明治期の『伝習録』については、吉田公平『日本における陽明学』（前掲）の「第一章　日本における『伝習録』―日本陽明学の一素描―」と「附論　王陽明研究史」を参照。

(14) 内村鑑三『代表的日本人』の原本や執筆事情等については、鈴木範久「解説」（内村鑑三著・鈴木範久訳『代表的日本人』、岩波書店、一九九五年七月）を参照。また、陽明学とキリスト教の関係については、隅谷三喜男『近代日本の形成とキリスト教―明治初期プロテスタント教会史論―』（前掲）の「第一章　明治維新とキリスト教会の成立」、小島毅『近代日本の陽明学』（前掲）のエピソードⅡの「3　陽明学をキリスト教にした男」とエピソードⅣの「4　白い陽明学、赤い陽明学」を参照。

（15）　井上のこの分け方は、江戸儒学のあり方に概ね即した穏当な分け方のようである。吉田公平『日本における陽明学』（前掲）の「第五章　江戸後期の朱陸論―その由来を論じて一斎・中斎に及ぶ―」には、江戸中期〜後期の儒学の学派について、次のような説明がある。

江戸開幕以来およそ百年。この間に流入した中国明末清初期の学術情報に対応して、儒学界は、程朱・陸王・古学・古文辞の四大学派を形成した。それを促した要因の一つが朱陸論であった。逆にいうと四大学派を識別する徴表の一つが朱陸論である。尾藤二洲が「天下の学に四家有り。曰く、朱・陸・伊・物」（『素餐録』）という発言を記録しているが、江戸中期の儒学界はこの四大学派を大枠を出ない。朱陸を超出した古学・古文辞学派は、もはや朱陸論を主題とはしない。中期―後期にかけて四大学派の余波として折衷学派が出現するが、ここではそれこそ朱陸論が論争するほどの課題とはならない。

これによると、江戸中期の儒学は、程朱（朱子学派）・陸王（陽明学派）・伊（伊藤仁斎らの古学派）・物（物徂徠らの古文辞学派）の四学派に分けられた。井上は、伊藤仁斎と物徂徠をまとめて古学派の範疇に入れているため、この江戸中期の四学派は、井上の分け方では、三学派となる。これに折衷学派が加わって、井上のばあい、四学派として言及されているのである。なお、井上の三部作については、町田三郎に考察がある。町田三郎「井上哲次郎と漢学三部作」（原載誌掲載は一九九六年一月／町田三郎『明治の漢学者たち』、研文出版、一九九八年一月）を参照。

（16）　「井上哲次郎自伝―学界回顧録―」（前掲）がまとめられた時期については、これが収録されている『井上哲次郎自伝』（前掲）の井上正勝「はしがき」（一九七三年春）に次のように記されている。

この自伝による学界回顧録は、中外日報に掲載されたものです。それは昭和十七年の秋より年末にかけて、亡父が八十八歳の折、奥田宏雲氏が何度も何度も続けて見えて、父の談話を筆記され、それを父がまた増補訂正した遺稿そのままですが、何分あの時は、戦時中色々の不備はやむを得ないことでしたので、ハッキリした印刷の誤等は亡父の気持によって訂正した所もあります。この遺稿は大変明細で、父はこれを書物にしたかったようですが、これだけが、まだまとまった版になっていませんでした。

（17）　第一学習社の高校倫理の教科書における江戸儒学三学派の学派系統図「江戸時代の儒学者の系統」の作成には、教科書執筆陣の一人である小島毅が関わっているが、それについて、小島毅『近代日本の陽明学』（前掲）に、次のように記されている。

井上哲次郎は、明治三三年（一九〇〇）に『日本陽明学派之哲学』を刊行する。この本は、『日本古学派之哲学』（一九〇二年）・『日本朱子学派之哲学』（一九〇六年）とあわせて、井上の江戸儒学三部作をなし、彼の学問的業績を代表するものと評価されている。江戸時代の儒学を、朱子学派・陽明学派・古学派に三区分（あるいはこれに折衷学派と考証学派を加えた五区分）する方式は、彼によって整備され、定着した。今でも高校の教科書レベルではこの分類法がまかりとおっており、恥ずかしながら、わたしが当該箇所を執筆した倫理の教科書も、そうした分類系譜図を掲げている。ただ、弁解するならば、そこには「明治時代に井上哲次郎がしたもので、当時の人たちの自己認識ではない」と注記してある。他社版にはない見識と自負している。（同書のエピソードⅣの「3　陽明学の復権」）

(18) 荻生茂博「幕末・明治の陽明学と明清思想史」（原載誌掲載は一九九五年一〇月／荻生茂博『近代・アジア・陽明学』、ぺりかん社、二〇〇八年四月）。

(19) 井上と和辻の関係については、大島康正「井上哲次郎《知識と思索の分離》」（前掲）、関口すみ子『国民道徳とジェンダー　福沢諭吉・井上哲次郎・和辻哲郎』（東京大学出版会、二〇〇七年四月）の第Ⅱ部の「第二章　複数の顔　和辻哲郎」に詳しい。

第七章　三つの『日本儒学史』

第一節　はじめに

幕末に「鎖国」[1]を解いて以降、これまで見聞したことのない欧米からの様々な情報が洪水のように日本国内に流入し、日本の知識人はそれらを咀嚼して吸収することに追われた。欧米の文化や学術が席巻する中で、日本の知識人の中には、欧米の文化や学術に照らして、日本固有の文化や学術をあらためて見直し、それを叙述する動きに出る者があった。特に、その動きは、当時の「国民道徳」の宣揚を目的ないしは口実として、「国民道徳」の淵源を儒学にもとめることに顕著であった。

ここでとりあげる三つの『日本儒学史』、すなわち、

久保天随の『日本儒学史』（博文館、一九〇四年一一月）
安井小太郎の『日本儒学史』（冨山房、一九三九年四月）
高田眞治の『日本儒学史』（地人書館、一九四一年二月）

は、日本近代（幕末〜先の終戦）のこうした動きの中で生まれた著作である。

面白いことに、近代日本において、『日本儒学史』という名の書物は、管見のかぎり、この三冊しか確認されない（高田の著書に、「萬羽正明『日本儒学史』」が参考文献として挙げられているが、これは「萬羽正朋『日本儒教論』」の誤りである）。このことは、いったい、何を示しているのであろうか。

本章では、まず三つの『日本儒学史』の内容を概観して、それぞれの叙述の傾向をうかがう。そして、それを踏まえたうえで、近代日本において、なぜ三つの『日本儒学史』が書かれるに至ったのか、また、現代日本（戦後日本）では、なぜ『日本儒学史』は書かれないのか、といった問題について述べたいと思う。

第二節　久保天随『日本儒学史』——附・『近世儒学史』——

まず、久保天随『日本儒学史』の「序」（一九〇四年一〇月）に見える、この書の意義を記してある箇所からうかがうことにしたい。


凡そ儒学の源委を考究せしもの、河井《ママ》静齋の斯文源流・那波魯堂の学問源流・杉浦正臣の儒学源流の如き、古来その書に乏しからずと雖も、皆之を惺窩羅山以後、覇府時代に限り、絶えて、其上に及ぶものあらず。唯だ天保年中、薩藩伊地知季安の著に係る漢学紀源の一書、王朝の事、時に缺然たるものあり、且つ往々にして選択を誤ると雖も、五山の学術文章を叙する、頗る観るべきものあり。然れども、惜いかな、未完の稿本に属し、世殆んど之を伝へざるを奈かむ。予が此著は、主として、漢宋二学の輸入・講習・弘布の跡に就いて、微力及ぶ限りの確整を期せり。庶くは、従来学界の缺典を補ふに足らむか。

（「序」一―二頁）

これによれば、河口静斎『斯文源流』（一七五〇年）・那波魯堂『学問源流』（一七九九年）・杉浦正臣『儒学源流』（明治初期か。未詳）など、日本における儒学の源流について叙述した書物はあるにはあるのだが、いずれも叙述の範囲が江戸時代に限定され、それ以前に遡って叙述したものがない。唯一、伊地知季安『漢学紀源』（一八四〇年頃）(2)は、五山文学に関する叙述に見るべきものがあるものの、未完の稿本であり、世の中に伝えられていない、という。つまり、江戸時代より以前に遡って儒学の源流を叙述した書物はないにひとしい、ということを久保は発見したのである。久保の『日本儒学史』登場の意義は、従来叙述されなかった江戸時代より以前の儒学の歴史を叙述したことに、認められよう。

しかし、注意しなければならないのは、久保の『日本儒学史』の叙述の範囲は、江戸時代より以前であり、江戸時代を含まない、ということである。久保は、翌年に『日本漢学史』（早稲田大学出版部、一九〇五年）を上梓しているが、この叙述の範囲も、『日本儒学史』のそれと、ほぼ重なり、江戸時代を含まない。いま、「儒学」という軸から、『日本儒学史』に絞って話を進めることにするが、その「序」の下文には、次のような説明がある。

この書、しばらく筆を戦国の末に絶ち、続篇は別に題して近世儒学史といふ、その稿、亦た略ぼ成れるが故に、上木の日、決して遠からざるを公言するに憚らず。この両書を併せて、二千年間、天朝儒学の盛衰起伏、一目瞭然、掌上に睹るの概あるを得むか。（「序」二頁）

これによれば、『日本儒学史』の「続篇」として『近世儒学史』がある、という。事実、久保の『近世儒学史』は、『日本儒学史』の刊行から三年後の一九〇七年一一月に刊行された。「続篇」とは、刊行の時間的な順序を示している文言ではあるのだが、それを字面どおりに捉えること以上に、久保にとって、『日本儒学史』があくまでも正篇である、と理解してよいのであろう。また、正篇―続篇という関係上、『日本儒学史』と『近世儒学史』がセットで一続きの〝日本儒学史〟となる、と考えてよいのであろう。
しかし、本来、江戸時代を含む〝日本儒学史〟を一つの著書として描いてこそ、それを『日本儒学史』と命名して刊行するのが、ふさわしいはずである。では、なぜ、久保は、江戸時代より以前の儒学史を『日本儒学史』と命名して先に刊行し、江戸時代の儒学史だけを特にとりあげて『近世儒学史』として刊行したのであろうか。言い換えれば、久保は、なぜ一つの書として、江戸時代の儒学史を含む〝日本儒学史〟を書かなかったのであろうか。このことについて、『日本儒学史』の「叙論」から、〝日本儒学史〟や時代区分に関する久保の考えをうかがうことにしよう。

　こゝに謂ゆる儒学は、支那上古北方漢族の間に発生し、その後、万古不易の国教として標章されし孔孟の教義を基礎とし、或は之に附随し、或は此より発展したる漢唐宋明の学術を併称するものにして、その日本に於ける影響感化、詳言すれば、その講習・研究もしくは革造の跡を、歴史的に叙述したるもの、即ち日本儒学史なりとす。予が撰述の目的、亦た実に此に外ならざるなり。（「叙論」一頁）

　儒学の始めて伝はりしは、今を去る千六百年の前に在り。而して、その思辨研究の盛、過去三百年間に在りとすれば、その準備の時期、千三百年に過ぐ。何ぞ其れ久しきの甚しきや。その故、他なし。その初、講習せしものは、漢唐訓詁の学にして、絶えて、思索の動機に接触せず。加ふるに、佛教大に行はれし結果、その勢に圧倒せられて、大開展なすの機会あらざりしに因る。（「叙論」一二頁）

ここに、いま、「叙論」から二ヶ所を引用した。一つ目の引用は、中国に由来する「儒学」の「日本に於ける影響感化」を「歴史的に叙述」するものが「日本儒学史」であり、久保の目的がこの「日本儒学史」の叙述にほかならないことを示すものである。久保の言う「日本儒学史」とは、『日本儒学史』なのか、それとも『日本儒学史』と『近世儒学史』で一続きの〝日本儒学史〟なのか、これを読むかぎりでは判然としないが、おそらく後者であると考えてよい。二つ目の引用に、久保の考える「日本儒学史」の全体像らしきものがみえているからである。

二つ目の引用には、久保による「日本儒学史」の時代区分が示されている。これによると、「過去三百年間」すなわち江戸時代が「思辨研究」の時期とされ、それ以前の「千三百年に過ぐ」期間は「その準備の時期」とされている。この時代区分が、そのまま、久保の『日本儒学史』と『近世儒学史』に適用されている、ということになる。『日本儒学史』は、「思辨研究」の「準備の時期」（「思索の動機に接触」しなかった時期）の儒学の史的展開を描いたもの、ということになる。こう考えてくると、久保は「準備の時期」を叙述した『日本儒学史』よりも『近世儒学史』のほうを実はメイン（本編）として考えていたのではなかったか、という疑問が湧いてくる。これは、上述した『日本儒学史』を正篇とし『近世儒学史』を「続篇」とする見方とは、全く逆の捉え方となろう。また、これに関連して、「準備の時期」の叙述になぜ『日本儒学史』と命名したのか、という疑問も起こる。

こうした一連の疑問を解くには、方法としては、久保の時代区分を検討するしかないであろう。久保の時代区分をさらにみていくことにしよう。

> されば、日本に於ける儒学の変遷は、明かに三大時期を画す。漢学講習時代・宋学輸入時代・諸学競起時代、即ち是れなり。（「叙論」四頁）

久保は、このように述べ、自らが構想する「日本儒学史」を三期に分けている。それぞれの時期を、久保の言葉を用いて、やや詳しく示すと、以下のようになる。

（一）上世期―漢学講習時代……「応神天皇の十六年、はじめて漢学を伝へてより、鎌倉幕府の創立に至るまで、殆んど千年。」

（二）中世期―宋学輸入時代……「予は、便宜上、之を分って、五山時代・戦国時代の二小期となさむ。前者は、之（＝宋学）を輸入し、之を批判し、之を講習したる時代にして、後者は、主として之を弘布したる時代なり。」（（　）内は井ノ口注）

（三）近世期―諸学競起時代……「予は、之を分って、創始時代・継承時代・頽破時代の三小期となさむとす。」

久保は、この「日本儒学史」の時代区分を示した後、次の文章で「叙論」を締めくくっている。

この巻、述ぶるところは、前の二大時期に止め、主として、従前全く閑却されし許多の事実を闡明するを期し、最後の一は、巻を別にして、縷述せむと欲す。その他、故なし、事項の多端にして紀述の複雑なる、到底僅少の紙数を以て、満足する能はざればなり。（「叙論」六頁）

久保は、『日本儒学史』で扱うのは（一）と（二）であり、最後の（三）は『近世儒学史』で扱う、と述べているのだが、最後の（三）を「巻を別にして」扱う、つまり、独立した一書とする理由として、内容が多岐にわたっていて記述が複雑であり、紙数を費やさざるを得ない旨を述べている。

ここまで考えてきて、久保がなぜメイン（本編）ではない「準備の時期」の叙述に『日本儒学史』と命名したのか、という疑問に対して、われわれには、一つの答えらしきものが、おぼろげながら見えてきたのではあるまいか。筆者の出した答えは、以下の通りである。

日本における儒学の歴史を叙述する際には、どの書き手にとっても、力の入るところは、江戸時代の叙述であろう。久保にとっても、メイン（本編）は『近世儒学史』であった。しかし、江戸時代（近世）の儒学史は、久保も述べたとおり、既に先人によって著されてきており、類書を著したからといって、特に目立つわけでもない。自らの研究の意義を知らしめるためには、どうすればよいか。それは、従来だれも書かなかった部分を叙述し、それをアピールすることである。そのために、久保は江戸時代より以前の儒学史を書いた。これをメインの江戸儒学史と合体させて一書とすることもできたであろうが、それでは、江戸時代より以前の儒学史は、質量ともにボリュームのある江戸儒学史の単なる前史としか見られなくなり、アピールするにはインパクトに欠ける。従来だれも書かなかった部分を際立たせるためには、これのみで一書として刊行しなければならなかった。その書のタイトルは、『日本上世中世儒学史』といったものではなく、『日本儒学史』とした。なぜなら、このタイトルは、決して江戸時代に限った叙述ではない、儒学伝来からの日本の儒学の歴史を叙述するものである、という久保の意図を示す意味があるからである。久保がメイン（本編）に当たる『近世儒学史』を「続篇」と呼んだのは、そう呼ぶことによって、ともすればメイン（本編）の前史としか見られない『日本儒学史』を正篇の位置に押し上げる効果を期待したのではなかろうか。従来にない『日本儒学史』の意義を知らしめるためには、『日本儒学史』は、「続篇」に対する正篇であらねばならなかったのである。

第三節　安井小太郎『日本儒学史』——附・『日本漢文学史稿』——

次に、安井小太郎の『日本儒学史』をとりあげる。この書は安井の生前に刊行されたものではなく、安井の遺稿を整理し刊行したものである。実は、『日本儒学史』は単独で刊行されたものでなく、これも同じく安井の遺稿である『日本漢文学史稿』と合併されており、この書の扉には「日本儒学史　附漢文学史」とタイトルが表示されている。この合併の意味についてはのちほど述べる。

この書を説明するものとして、以下、二種の文章をみることにしたい。一つは、この書に寄せた服部宇之吉の「序」（一九三八年三月）である。

日本儒学史と云ふ語に二の意義あり一は日本の儒学の史にして他は日本の儒学史なり儒教東漸夙に吾か固有の皇道と融会し渾然一道を成せり即ち日本儒教是れなり徳川氏武を偃せ文を修むるや文教鬱然として起れり諸派の儒学鑣を駢へ併せ馳す曰く南学曰く京学曰く水戸学曰く王学曰く古学曰く折衷学而して徳川氏程朱学を以て之を統制す此等諸派の儒学につき其の由来特色等を明らかにするものを日本の儒学史と為す即ち日本に於ける儒学の歴史たり朴堂安井君は温厚篤実の士なり日本に於ける儒学の歴史を研究すること多年其の遺稿中に日本儒学史一篇あり未定稿に属すと雖も以て斯の類撰述の缺を補ふに足るへし又別に日本漢文学史の稿本一篇あり存稿の意を以て之を附刊すと云ふ

服部は、日本儒学史に「日本儒学の史」と「日本の儒学史」の二つの意味があるとし、特に後者について江戸時代の「諸派の儒学につき其の由来特色等を明らかにするものを日本の儒学史と為す即ち日本に於ける儒学の歴史たり」と説明し、安井がこの「日本に於ける儒学の歴史」、つまり江戸儒学史の研究に長年従事していたことを述べている。この服部の「序」によって分かることは、安井の『日本儒学史』が、江戸儒学史を叙述するものである、ということである。服部は、江戸儒学史が「日本の儒学史」であると考えたが、ここではたまたま、服部のこの見方が安井の『日本儒学史』を説明するのにうまく当てはまったにすぎない。当の安井自身がなぜ江戸儒学史を「日本儒学史」としたのかについては、当然のことながら、服部の見方とは別に、安井自身の儒学史観に即して考えてみなければならない（これについては、後述する）。

もう一種の文章とは、この書の「校正者」（安井の門下生か）が設けた「凡例」である。

一、本書は、先師の東京文理科大学及び大東文化学院に於ける講義の草案にして、其の間、幾度か補訂を経たるものなり。
一、漢文学史稿は稿本に依り、日本儒学史は、生前清書し、先師自ら校補せられしものに就て、之を刻せり。
一、二稿共に未定稿又は未稿の箇所あり、先師が生前容易に上梓を許可せられざりし所以ならん。引用文の脱落は原典によって之を補ひたるも、他は総べて草稿のままなり。
一、目次は読者の利便を考慮し、全く校正者の加へたるもの、引用漢文の訓点も亦然り。

これによると、『日本儒学史』も『日本漢文学史稿』も、安井が「幾度か」手を加えた講義原稿に基づくものであり、「二稿共に未定稿又は未稿の箇所あり」とはいうものの、『日本漢文学史稿』が「稿本」に基づいているのに比して、『日本儒学史』は、安井が「清書」し「校補」していたものであることから、ほぼ決定稿ではなかったか、と思われる。つまり、「清書」された『日本儒学史』については、生前の安井の定見をうかがうに足る、とみてよいであろう。

安井は、『日本儒学史』で江戸儒学史を叙述しているのだが、それはなぜであろうか。この答えの手がかりは、実は、巻一の「緒言」にみえるのだが、省略しつつ引用しても、以下のように長く示さざるを得ない。

応神天皇十五年百済より阿直岐来り、十六年王仁来り、論語十巻を献じたり。之を我国に儒学の入る始とす。此の後推古天皇の時まで三百年間に於ける儒学及び漢文に関する事を挙ぐれば、……。以上の外は漢文儒学に関する事不明なり。

………（中　略）………

此の三百年間に漢文・儒学共に汎く行はれしを以て、推古天皇の十二年、聖徳太子は憲法十七条を定め給ひしが、……、十六ヶ条は、……、皆儒学の大精神と一致し、又往々経書中の語を採用されたり。……。

是より四十年を経て皇極天皇の時、……周孔の教を学ぶに託して、南淵先生を訪ひ、……。是亦儒学者なりしならんも著述なし。……。

孝徳天皇の詔に易曰として……とあるが如き、皆儒学の精髄なれば、当時に於ては儒学研究の人も多かりしならんが、之を徴すべき書類一も存せざるは憾むべし。

文武天皇の大宝元年に釈奠の礼を行はわせ給ひ、元正天皇の養老年中に制定せられし令に、大学寮ありて教課の書目もあり、明経の科もあれど、当時の明経科師弟は何如なる事を為し居たるか、是亦見る所なし。

武家の代となりて、漢文学は僧侶に移り、……儒学者として専門の人を見ず。京都に清原家ありて明経の家なれど、是亦儒学者として論述すべき者なく、著書もなし。

故に我国の儒学史としては、徳川氏初期を以て創始と為さざるを得ず。徳川初期の儒学者は皆程朱学なるを以て、程朱学が我国に入りし時代に就き一言せん。

……。故に程朱学の入りしは鎌倉時代後嵯峨・後深草天皇の比なるべし。

是より程朱学、僧侶の間に弘まり、当時所謂儒学は皆濂洛関閩の学なりしなり。然れども僧侶は佛教を本教とせるを以て、儒学を以て門戸を立てし者あるを聞かず。其の之あるは藤原惺窩に始まる。是れ惺窩を日本儒学史の始に置く所以なり。

（安井小太郎『日本儒学史』巻一「緒言」）

安井は、江戸時代より以前の儒学にも目を配っている。その結果、儒学伝来いらい江戸時代に入るまで、儒学に関することで特筆すべきことは何一つない、としているのである。これが、『日本儒学史』を江戸儒学史とする安井の理論的根拠となっている。そして、禅僧の間に普及した朱子学によって佛教界から門戸を成す人物の登場をそのメルクマールとし、それを禅僧から還俗した藤原惺窩にみたのである。つまり、安井の『日本儒学史』は、最初から江戸儒学史を想定して書かれたものではなく、儒学伝来いらいの儒学の歴史をたどった結果、「徳川氏初期を以て創始と為さざるを得」なかった、というものであった。

以上のように、安井の言う「日本儒学史」は結果的に江戸儒学史となっているわけであるが、後学の手によって整理された遺稿集の体裁を成しているとはいえ、『日本儒学史』に『日本漢文学史稿』が附されている理由は、いったい何であろうか。安井自身、『日本漢文学史稿』の冒頭で、

本書は我国へ伝来せる漢文学の盛衰沿革を記述せるものなり。

と記しているとおり、『日本漢文学史稿』は、日本に中国からの典籍が入ってくる以前のコトガラから叙述が始まり、末尾は五山文学にまで至っている。つまり、『日本漢文学史稿』の叙述の範囲は、江戸時代の前まで、である。上述したように、安井は、江戸時代の前までは、儒学に関しては特筆すべきものは何一つない、と判断した。それ故、江戸時代の前までの中国由来の学術の歴史については「儒学史」の呼称を冠することはできず「漢文学史」と呼ばざるを得なかったのであろう。しかしながら、「儒学史」とか「漢文学史」という呼称で分けずに、中国由来の学術の歴史という観点でみるならば、『日本漢文学史稿』が江戸時代の前までのそれを叙述し、『日本儒学史』が江戸時代のそれを叙述している、と捉えることができる。そういう安井の叙述のし方に、遺稿の整理者はおそらく気が付き、二つの原稿を合併させて一書としたのであろう。ただし、「清書」された『日本儒学史』のほうがメインであるから、『日本漢文学史稿』は附（サブ）の位置に置かれたのではあるまいか。

第四節　高田眞治『日本儒学史』

三つ目に、高田眞治の『日本儒学史』をとりあげる。江戸末期に生まれた安井や同じ明治時代の生まれでも一八七五年に生まれた久保と異なり、高田の生年が一八九三年であることを念頭に置きながら、以下に引用することの書の「緒言」の文章を読んでいただきたい。

日本儒学史が我が国に於ける儒学発展の史的事実を対象とすることは、茲に改めて説くまでもなく、而して儒学が孔子を開祖とし、漢唐（注疏）、宋明（性理）、清（考証）の各時代の特色ある学風に依って祖述拡衍された支那教学の一大体系であることも、別段異論のない処であらう。従って日本儒学と雖も、支那儒学と全く孤立しては存在し得ない。我が国の過去の歴史に就いて観れば、彼の国の学風は早ければ数十年、遅くとも数百年にして我が国のそれに何等かの影響を及ぼし来ったのである。……。

かくの如く日本儒学は漢土の儒学をいはゞ母胎として発生し、之と切り離しては考へられないとするならば、日本儒学は全く支那儒学の範疇内に包含され了るものであらうか。換言すれば日本儒学をして支那儒学より分つ所以の特異の性格乃至特徴といふやうなものが、果して認められないであらうか。

………（中　略）………

要之、日本儒学は支那儒学に学ぶ所より発足し、之と離立しては考察されないのであるが、主観的には皇運扶翼の線に沿うて、我に固有の精神習慣を以て、彼を取捨し之を駆馳することにより、客観的には国体、歴史、風土の差異により、支那儒学を超えて自ら儒学の成立を促したものと考へられる。尚ほ全体的に言って、孔子の真精神は、その本国に於けるよりも、寧ろ我が国に於て実現されてゐる観があるので、日本儒学は孰れかといへば儒教と言ふよりも孔子教の衣鉢を継ぐものと言ひ得ることを附言して置く。

（高田眞治『日本儒学史』「緒言」）

この文章には、一八九〇年以降に学校教育を受けた人のものの考え方が強烈に反映されているように思われる。一八九〇年一〇月三〇日、教育ニ關スル勅語（教育勅語）が発布された。これは、明治政府が天皇の名を借りて政府にとって望ましい人間像を提示したものであり、主として学校教育を通じ、何度も繰り返して聞き、書き、読むことで忘れられないよう徹底的に記憶させられた。つまり、終戦まで五十五年にわたり、戦前・戦中の日本人の基礎教育において、頭と体の中に徹底的にたたきこまれたのが、教育勅語にほかならない。

教育勅語発布後の一八九三年に生まれた高田は、教育勅語を暗記することが当然の世界で学校教育を受けて成長した。この点が、幕末の一八五八年生まれの安井や、同じ明治時代でも一八七五年に生まれた久保との違いである。安井と久保にとって、教育勅語は、基礎的な学校教育を受けたあとに加わった一つの知識であるということができ、教育勅語を相対的に捉えることも可能であったであろう。しかし、一八九三年生まれの高田にとって、教育勅語は、ある意味、絶対的なものであり、自らが受けた教育そのものであった。高田の幼児期から青少年期にかけては、日本は日清戦争（一八九四―一八九五年）・日露戦争（一九〇四―一九〇五年）と続けて勝利し、韓国を併合する（一九一〇年）など、勢力を拡大していた時期であったから、教育現場で説明される教育勅語の精神を信じて疑うことすらなかったであろう。高田の文章にみえる「皇運扶翼」や「国体」は教育勅語に由来する文言である。

こうしたこと以外に、さらに、安井や久保よりも後に生まれた高田の『日本儒学史』が、久保や安井の『日本儒学史』と異なる点は、叙述の範囲が明治時代にまで及んでいることである。明治儒学史を叙述していることは、高田の『日本儒学史』の、他の類書には見られない特徴であり、明治時代の儒学について調べる際の一つの資料として、この記述は今日でも有用なものである。明治時代の儒学や儒学者の役割について、高田は次のように述べている。

明治維新の大業によって、徳川三百年の久しきに亘る鎖国を開放した日本が、明治一代を通じて西欧の近代文化に接し、之を学び之を移植することに忙殺されて、いはゆる欧化主義・開化主義の時代を現出したことは、寧ろ必然的趨勢であったといへる。而して日本文化史において輝しい功績を残してゐる明治文化史が、欧化主義・開化主義によるところが最も大きいことを否定することはできないのである。然しながら明治一代の文化が、果して欧化主義又は開化主義のみに基くものであるかといへば、必らずしもさうではないであらう。寧ろその欧化主義・開化主義を促進し、その実を結ばしめた地盤は、徳川時代以来の儒教主義的文化の地盤であり、明治文化の担当者の中には、多くの儒教主義的文化人を見出すことができるのである。かくの如き儒教主義文化人の明治文化に残した功績は、決して過少評価することはできないのである。

更に吾々が注意すべきことは、明治のいはゆる開化主義・欧化主義の極端な行き過ぎを阻止し、明治の文化を調和する一つの文化を形成せしめたのも、やはり明治に於る儒学者の功績である。即ち明治文化を貫く開化主義・欧化主義の底を流れる歴史主義或は又伝統的文化を維持発展せしめたものは、儒教的思想家や学者に負ふ所が極めて大なることを否定することはできない。か丶る意味に於て、吾々は明治文化史に於る儒学史の意義の重要性を認識すると同時に、明治文化史に残した儒学者又は儒学出身の学者・思想家の功績の重大なることを知ることができるのである。

（高田眞治『日本儒学史』「第四章　明治時代」の「緒言」）

「鎖国」を解いて以降、欧米からの大量の情報に日本人の知識人が対応できたのは、彼等が受けた教育の基礎に漢学の素養があったからである。たとえば、当時の儒学、とりわけ陽明学がひとりドイツ哲学に対峙できる学問であるとされたこと（三宅雪嶺『王陽明』、一八九三年）がそれを示している。[3]そういう意味では、ここに引用した高田の文章は、明治儒学史を説明するうえで一定の意義を認めてよいものであると言える。

明治儒学史を叙述したあとで、高田は、『日本儒学史』を次のように結んでいる。長いが、重要なくだりなので、「結語」の全文を引用する。

以上の叙述は、我が国に儒学が渡来してより以来明治に至るまでの変遷や発展の大要である。明治以後大正を経て昭和に至る間のことに就ては、省略する。たゞ概括的に附言すれば、東京では服部博士・宇野博士・塩谷温博士等を中心とする儒教又は漢学を主とするものと、市村博士・白鳥博士等を中心として史学を主とするものとがあり、京都では支那の辛亥革命を契機として渡来した王国維・羅振玉を迎へて支那学を鼓吹する狩野直喜博士・内藤虎次郎博士の流派とがあって、今日に及んでいる。

明治以来多くの儒者や漢学者を輩出したが、而も時代の大勢上より言へば一世を挙げて滔々として西洋崇拝に趨き、儒教とか佛教とかいふものは、骨董物扱ひされて隅の方に片付けられてゐたのである。勿論我が国は西洋近代の科学を学ぶことに依って大いに国運の進歩に資したのであるが、是れと同時に余りに西洋の物質文明に眩惑されて、其の弊害をも併せ入れることになり、其の結果として物質的自由主義及び個人主義の流弊が浸透して日本本来の姿が失はれるに至った。日本本来の姿を失ふと同時に、又支那を軽蔑し東洋を忘れるに至った。此の趨勢は支那にも影響した。明治維新以前は日本が支那に学んでゐたが、維新以後殊に日清・日露の両役以後は、日本が支那より遥かに優位に立ち、中華民国に至っては、支那は日本に学ばんとし、殊に維新以後の日本に学んでゐた。而して今の日本に在るものは固有の文化でなくて、多くは西洋文明の模倣であることを知り、翻って彼等は直接西洋に学ばんとして、欧米崇拝となってしまった。支那も亦本来の姿を失ってしまったのである。西洋に於ては第一次欧州大戦以後自ら其の物質文明の弊害に悩んで、却って東洋の精神文明に憬れてゐた際に於て、東洋では却って其の固有の精神文化の精華を忘れて、末梢的な西洋物質文明の弊害に灑されんとしてゐた。此の際に満洲事変が勃発したのは、一の反動的現象であると謂ってよい。満洲国が王道立国を宣言したのは、西洋思想の翻案である三民主義に対して、支那固有の統治思想に還元したものであり、此の事変以来日本精神が高調され、東洋精神への復帰が叫ばれるに至ったのは、互に其の本に帰るべきことが痛感されて来たからある《ママママ》。更に支那事変を契機として、百八十度の思想転換が要求されて来て、本来の日本の姿、東洋の姿に帰るべきことが痛感されて来てゐるのである。吾人は我が国先哲の言動に倣ひ、其の遺志を継承して、現代の超非常時局を突破すべく最大最善の努力を竭さねばならぬのである。

（高田眞治『日本儒学史』「結語」）

この引用における第一段落では、大正・昭和戦時期までの中国学を、東京大学においては、中国哲学の服部宇之吉と宇野哲人・中国文学の塩谷温・東洋史学の市村瓚次郎と白鳥庫吉に、京都大学においては、中国哲学の狩野直喜・東洋史学の内藤湖南に、それぞれ代表させている。このことは、日本における中国学が大学という学問の場で各学科に細分化されて研究されるようになり、それによる学統が既に形成されていることを示している。第二段落では、欧米の文化や学術が東アジアにもたらされたことにより、日本も中国も「本来の姿」を失ってしまったことを述べている。その当否は別として、当時の知識人にこの種の危機意識があって、「本来の姿」の回復の契機が期待されていたことは理解しておかねばならない（ただし、高田が満洲事変（一九三一年）・日中事変（一九三七年）をその契機としたのは、全く不適切である）。

高田は、戦後まもなく公職追放の対象者となって、東大教授の職を追われた。この書の一部の叙述内容からみても、そのことは免れることではなかったと言えるが、いまその点を割り引いて考えてみると、特に明治時代までの儒学史を叙述した点において、客観的な事実に関する記述にかぎり、この書の価値を閑却するわけにはいかないであろう。

第五節　なぜ『日本儒学史』は書かれたのか

以上、三つの『日本儒学史』について、それぞれの叙述の傾向をうかがった。三つの『日本儒学史』それぞれが扱う時代の範疇は異なるが、三者に共通しているのは、いずれも儒学伝来いらいの史的展開を視野に入れて「日本儒学史」を叙述している点である。

われわれがここで考えねばならないのは、近代日本において、なぜ儒学伝来いらいの通史として『日本儒学史』が著されたのか、ということである。このことは同時に、現代日本（戦後日本）において、なぜ「日本儒学史」は叙述されなくなったのか、という問題を解くことにもつながるはずである。最初に、近代日本において「日本儒学史」が叙述された理由について考察した陳瑋芬の見解をみておくことにしたい。

……、「日本儒学史」を編纂した人々には、歴史学者・国文学者・漢学者など、伝統的な学問を専攻している者が多かったが、彼らは西洋の学術方法論を身に付けようとする一方で、洋学からの批判に対して反駁するという形で自らの正統性を主張しえなくなった。そこで彼らは何らかの形で「東洋」という包括的な文化概念に対して解体的批判を下し、儒学を含む文化に対する理解も日本の固有性に重きをおいている。よって、当時における国民教育の根幹的理念として重要な位置を占めた「国民道徳」を「民族精神の顕現」とする視点から、日本独自の儒学を構成していった。そういう国粋主義的心情への配慮が様々な形で現れ、「日本儒学史」の編纂に心掛けたのも、日本は儒学を受容したのではなく、日本固有のものの価値を一層高める触媒として儒学を利用したいという考えがあったからだと思われる(4)。

これによると、これまで見聞したことのなかった欧米の先進的な文化や学術が席巻して、まさに高田眞治の言葉を借りるなら「日本本来の姿が失」われつつある中で、あらためて日本独自のものの価値が再認識され、その地位の復権がはかられた。そのことの起爆剤とされたのが「国民道徳」の宣揚であり、それに儒学が引っ張り出される形となった。

明治時代、「国民道徳」の宣揚につとめた代表的な人物が、内村鑑三不敬事件（一八九一年）に端を発する「教育ト宗教ノ衝突」論争で知られる井上哲次郎であった。井上は、当時の文部大臣芳川顕正のもとめに応じて『勅語衍義』（一八九一年）を著して教育勅語の精神を解説し、尋《つ》いで『教育ト宗教ノ衝突』（一八九三年）においては、「内村氏が此の如き不敬事件を演せしは、全く其耶蘇教の信者たるに因由するを亦疑なきなり、」「耶蘇教徒は何時の間にか知らず識らず愛国心を失ひ、他人の行為を怪訝し、風俗に逆ひ、秩序を紊り、以て国の統合一致を破らんとす、」という調子で、内村やキリスト教徒を攻撃した。さらに、江戸儒学三部作（『日本陽明学派之哲学』（一九〇〇年）・『日本古学派之哲学』（一九〇二年）・『日本朱子学派之哲学』（一九〇六年））や、江戸儒学に関する重要な著作を高弟の蟹江義丸とともに編輯した『日本倫理彙編』全一〇巻（一九〇一―一九〇三年）の刊行を通じて、江戸儒学の中に、日本人の「国民道徳」の淵源を明らかにしようとした。

こうした、井上哲次郎に見られる「国民道徳」の淵源を日本儒学において明らかにしようとする意識は、近代日本において、一部の儒学研究に携わった者に共通してみられるものである。たとえば、久保天随『日本儒学史』は、「国民哲学」という語を用いて、次のように述べている。

若し日本に於ける国民哲学の存在を論ずれば、之を最近三百年間に限らざるべからず。然り、覇府時代の学術は、直に支那宋明理学の後を嗣ぎ、東洋哲学史の最終部分を形成すると同時に、今後愈よ発達して、無限の進程を趁ふべき約束を有す。勿論この間に発生したる剏思特見は、常に主として儒教の上に成立するが故に、純然たる思想発達の関係上、その準備の状勢に就いて考察するところなかるべからず。さばれ、わが国民哲学は、儒教の外に、少くとも、なほ二種の要素を包含す、神道と佛教と、即ち是れなり。こゝに於てか、たとひ、その大部分は、相互に共通なりとするも、謂ゆる儒学史は、厳格なる意義に於ける日本哲学史に比して、その研究の範囲、自ら異なるものあるを忘却すべからず。

（久保天随『日本儒学史』「叙論」）

久保のばあい、「国民哲学」の所在を江戸儒学のみにではなく、それ以前の儒学や神道・佛教にもとめようとした点に特徴がある。また、高須芳次郎の『近世日本儒学史』（一九四三年）は、

惟ふに、明治以来の学問、教育は、この点で、余りにも西洋化し、知性偏重に堕して跛行状態となって了った。之を矯正するの声が満洲事変後、日本精神提唱につれて興り、茲に修己治人を旨とする儒学を親しく研究するの風潮を伴生した。故にこの意味に於いても亦儒学の発達を振返って見るのが、現時最も必要な事と思はれるのである。

（高須芳次郎『近世日本儒学史』「概説」の「三、儒学の特徴と日本文化」）

と、「日本精神」という語を用いて、儒学研究の必要性を説いている。さらに、既にみた高田眞治の『日本儒学史』に至っては、言わずもがなであろう。

このように、近代日本の儒学研究は、宣揚されるべき「国民道徳」の淵源をもとめる目的で行われた面を有しているのである(5)。しかし、こうした「国民道徳」の淵源をもとめるための儒学研究は、日本の敗戦により姿を消すことになる。日本の近代は急激な欧米化と戦争に明け暮れた時代であった。日本儒学はその時代の波に翻弄さ

れたのである。

第六節　おわりに

最後に、現代日本（戦後日本）において、『日本儒学史』の類が書かれなくなった理由について、私見を述べることにしたい。

敗戦直後しばらく日本を占領していたアメリカによる民主主義の影響もあって、戦後の日本人は、真の意味で自由と平等を旗印として掲げるに至った。教育勅語が排除・失効されたのをはじめ、日本を戦争・軍国主義へ導いた戦前・戦中のものの考え方は否定され一掃されることとなった（高田の受けた公職追放もその一つ）。

近代の荒波に翻弄された日本儒学も、「国民道徳」の淵源をもとめる目的で研究されることはなくなった。では、そのことは日本儒学研究の正常化を意味するのであろうか。言い換えれば、日本儒学研究は学問として真の復活を果たしたのであろうか。一見そのように見えて、実はそうではない、というのが、筆者の見方である。

戦前・戦中における日本儒学研究の担い手は、主に中国哲学の研究者であった。それが、戦後になっても、依然、中国哲学の分野で研究されることもあるものの、日本儒学は主として日本思想史学・倫理学といった学問分野における研究対象の一部となり、それ故、それのみで叙述されることが少なくなり、「日本倫理学史」「日本（倫理）思想史」の文脈に組み入れられてしまった。また、学問のスタイルとして、各時代における個別事象を深く掘り下げて研究することが主流となり、それが昂《こう》じて、研究領域の個別化・細分化が進み、大所高所から鳥瞰的に、古代から現代までの哲学思想を見渡せる研究者がきわめて少なくなった。通史を学ぶことはとても重要なことではあるが、それは深い研究ではなく、あくまで「概説」でしかない、と理解されているのである。

それでも、研究されるのであればまだましである。人々の考え方・生き方・趣味等が多様化し、少子化の影響もあって、学問の場である大学も、学生のニーズに応えなければ生き残れない時代となった。加えて、（筆者の勤務先における経験からも言えることであるが、）欧米文化への憧れや、便利さ・快適さをもとめ、安佚《あんいつ》な方向に流れがちな若者の傾向もあって、漢字だらけのテキストを（時間をかけて辛抱強く！）読みたいという学生が極端に減少しており、「儒学」とか「哲学」「思想」という言葉から受ける印象も相俟って、儒学研究や中国思想研究は危機に瀕している、との感を（筆者個人としては）否めないのである。(6)

そういうわけで、『日本儒学史』といった著作は、現代日本では書かれなくなってしまった。日本における儒学研究や中国思想研究にどれほどの未来があるのか、と不安に包まれるのではあるが、かえってこういう情況であるからこそ、近代日本の所産である『日本儒学史』の意味を、各著作の性格をわきまえたうえで、もう一度考え直してみたいと思い、本章を執筆したのである。

注

（1）　鎖国という語に「　」をつけて使用するのが学界の慣例であることは、永積洋子編『「鎖国」を見直す』（山川出版社、一九九九年五月）の永積洋子「はじめに」で説かれている。いま、これにしたがう。

（2）　伊地知季安『漢学紀源』の明治時代の日本儒学史への影響については、東英寿「明治期の日本儒学史研究に与えた『漢学紀源』の影響」（『鹿児島大学法文学部紀要　人文学科論集』第五六号、鹿児島大学法文学部、二〇〇二年七月／東英寿『桂庵と伊地知季安『漢学紀源』―桂庵五〇〇年祭に向けて―』、東英寿、福岡、二〇〇八年三月）を参照。この論文の中で、『漢学紀源』と久保の『日本儒学史』との関係に言及されている。

（3）　小島毅『近代日本の陽明学』（講談社、二〇〇六年八月）のエピソードⅡの「2　陽明学を普遍化させた男」を参照。

（4）　陳瑋芬「『日本儒学史』の著述に関する一考察―徳川時代から一九四五年まで―」（『九州大学中国哲学論集』第二三号、九州大学中国哲学研究会、一九九七年一〇月）。

（5）　このうち、安井小太郎の『日本儒学史』は、筆者がこれを読むかぎり、真に学問に徹している著作であり、「国民道徳」の淵源を儒学にもとめることを目的とした著作ではない。ただし、安井の著書を当時読んだ者は、安井の著書をそのように捉えたであろうか。

（6）　価値観の多様化の中にあっても、日本人の関心が欧米に向き続けてきたのは、ペリー来航以来の現象である、と筆者は考えている。ところが、近年、日本人の海外への関心が薄れてきていることが指摘されている。海部未知『パラダイス鎖国　忘れられた大国・日本』（アスキー新書、二〇〇八年三月）、中村哲・西村幸子・髙井典子『「若者の海外旅行離れ」を読み解く――観光行動論からのアプローチ』（法律文化社、二〇一四年二月）を参照。

第四部　戦後の日本は本当に豊かになったのか

第八章　高度経済成長と望郷歌——「孝」考——

第一節　高度経済成長はどのように学習されているのか

義務教育で戦後の高度経済成長期の学習をするのは、小学六年生になってからである。小学六年生の社会科の教科書では、高度経済成長は、どのように取り扱われているのであろうか。ある教科書の記述を見てみよう。(1)

発展した日本経済　みおさんたちは、日本の経済は、戦後どうなっていったか調べることにしました。

朝鮮戦争がはじまると、アメリカが大量の物資を日本に注文したため、日本の産業が活気づき、経済が立ち直るきっかけになりました。一九五〇年代の中ごろから、日本の経済は急速に発展し、**高度経済成長**がはじまりました。

産業の各分野では、さまざまな技術革新が進んでいきました。人々は、品質のよい製品がより安く生産できるようにくふうを重ね、鉄鋼や自動車などの重化学工業が発達しました。エネルギー資源は石炭から石油にかわり、新幹線や高速道路が整備されていきました。

日本は国際競争力を強めて、輸出産業に力を入れました。こうして、日本の経済は発展し続け、一九六八（昭和四三）年には、国民総生産（GNP）がアメリカに次いで世界第二位になりました。

経済が発展することで、東京などの大都市に地方から多くの人々が移り住みました。いっぽう、急速な経済の発展は、河川や海などの水や空気をよごし、各地で**公害**を引きおこしました。被害にあった住民を中心に公害反対運動が広がり、多くの裁判で住民側の主張が認《みと》められました。

一九七三年、サウジアラビアなどの産油国が原油価格を大幅に引き上げたことで、世界経済が混乱しました。**石油危機（オイルショック）**と呼ばれるこのできごとによって、日本の高度経済成長は終わりました。

しかし、日本は、その後の不景気を高い技術力でのりこえ、発展し続けました。その後、輸出拡大や省エネルギー化の努力によって、一九八八年には世界一の貿易黒字国となりました。

経済の発展と人びとのくらしの変化　みおさんたちは、人びとのくらしが、どのように変化したか知りたくなり、調べてみました。

経済が急速に発展しはじめた一九五〇年代中ごろには、人々の収入も増え、くらしは豊かになっていきました。電気せんたく機・テレビ・電気冷蔵庫などの家庭電化製品を手に入れることが、人々のあこがれでした。これらは一九六〇年代に多くの家庭に広まり、くらしが便利になりました。

一九七〇年代になると、新たに、クーラー・カラーテレビ・自動車がふきゅうし、一九九〇年代になると、パソコン・携帯電話が、二〇一〇年代には、スマートフォンやタブレットたんまつがふきゅうしてきました。家庭電化製品のふきゅうにより、人々の生活は変化しました。

社会保障の充実を求める人々の考え方も、経済の発展にともなって広まりました。一九六〇年代には、病気や高齢になったときの不安が少なくなるように、健康保険や年金などの社会保障制度がととのえられました。

○団地と通勤電車

一九六〇年代の中ごろから、人々の住まいも大きく変わってきました。多くの家庭が新しい生活にあこがれて、水洗トイレやダイニングキッチンをそなえた団地に住みました。また、郊外にできた住宅地から多くの人たちが都会へと通勤するため、朝晩の通勤電車はとても混雑しました。

○デジタル化と情報社会

携帯電話や薄型テレビ、ＤＶＤレコーダーなどのデジタル機器がふきゅうするにつれ、わたしたちの生活はいっそう快適で便利になりました。インターネットが充実《じゅうじつ》し、世界じゅうとつながることができるようになりました。また、新たに、その場にいるような体験ができる仮想現実（ＶＲ）の技術も登場しました。

○長くなる平均寿命

医療の環境も整い、人々の健康に対する意識が高まってきました。

日本人の平均寿命は、一九四七年には女性約五四才、男性約五〇才だったのが、二〇一六年には女性約八七才（世界第二位）、男性約八一才（世界第二位）になりました。

国際社会のなかの日本　みおさんたちは、戦後復興をはたし、経済発展をした日本の歩みについて調べることにしました。

一九六四（昭和三九）年に、世界の九四か国が参加した、**オリンピック**と、二一か国が参加した**パラリンピック**が東京で開かれました。日本は、戦後二〇年たらずで復興をはたし、経済発展をとげたことを世界に示しました。その後も**日本万国博覧会**や**冬季オリンピック札幌大会**などを開き、日本は平和で民主的な国家として、世界の国々が友好を深めるために大きな役割をはたしました。

日本は、一九七二年に中華人民共和国との国交を正常化し、一九七八年には、日中平和友好条約を結びました。韓国とは、一九六五年に国交を開くとともに、二〇〇二（平成一四）にはサッカーワールドカップを共同で開くなどしました。いっぽう、北朝鮮とは国交がない状態が続いています。

戦後の日本は、産業を盛んにして経済力をつけ、先進国の仲間入りをはたしました。一九六四年には、国際経済全般について協議する機関である経済協力開発機構（ＯＥＣＤ）に加盟し、発展途上国に経済援助をおこなうなど、先進国としての役割をはたしてきました。

国際社会にこうけんしているのは、政治や経済の分野だけではありません。民間の人たちも、自分たちにできる活動などを通して、多くの国の人々を支援《しえん》しています。また、研究が世界に認められ、ノーベル賞などを受賞する日本人も増えてきました。

一九九七年に京都で開かれた地球温暖化防止会議では、世界の国々が協力して温暖化防止に取り組むことを確認しました。

また、二〇二〇（令和二）年に「東京 2020 オリンピック・パラリンピック」が、東京都でおこなわれることが決まり、現在、開催に向けて、会場の建設など準備が進められています。また、二〇二五年の万国博覧会が、大阪府で開かれる予定です。

以上の教科書の記述から、筆者の気付いた諸点を述べておきたい。

まず、教科書の記述の大まかな流れとして、高度経済成長があって、そのかげの部分として公害が起こったことが記されている。言い換えれば、高度経済成長について説明される際には公害についても必ず言及される、ということである。公害については小学五年の社会科の教科書で詳しく学習することになっている。小学五年の段階で公害について詳しく取り扱ったことにより、小学六年の教科書では軽くふれているに過ぎないのだろう、との印象を受けるがそうではない。実は、六年生の教科書での公害の取り扱いが簡単なのは、『小学校学習指導要領』と『小学校学習指導要領解説　社会編』とを併せても、六年生の学習内容について、公害には一ヶ所しか言及がないからである。六年生で学習するべきこととして公害がさほど重視されていないにもかかわらず、教科書で公害に言及しているのは、五年生の学習の続きとして高度経済成長の負の面である公害を知っておいてもらいたい、という教科書の執筆陣の忖度によるものであろう。

次に、朝鮮戦争による日本経済の復興から記して、高度経済成長へと話が及び、産業の発展と新幹線・高速道路の建設、東京と札幌のオリンピックや大阪万博に言及があり、オイルショックで高度経済成長が終焉を迎えたことを記して、一貫して一九五〇年代から一九七〇年代に至る日本経済の推移を示した記述となっているのが特徴である。

そして、公害は高度経済成長の負の面として記されているが、他方で、高度経済成長によって、人口の都市部での過密や地方での過疎、都市部での核家族の激増と地方での大家族制の崩壊という事態がもたらされた、というもう一つの高度経済成長の負の面にも、われわれは留意しておかねばならないであろう。

この高度経済成長期に世の中で盛んに流れていたのが望郷歌である。なぜであろうか。望郷歌とはいったい何なのかを考察し、望郷歌で高度経済成長期を跡付けようとするのが、本章の目的である。

第二節　高度経済成長を映す望郷歌

高度経済成長期、中学を卒業したばかりの若者たちは「金の卵」と呼ばれ、貴重な働き手として集団就職列車に乗って大都市へ向かった。それによって日本全体で生じた問題が過密と過疎という人口問題である。過疎化の激しい地方では、曾祖父母から曾孫までの一族が日常的に寄り合って生活していた大家族が解体し、「家」（や土地・先祖代々のお墓）の後継ぎがいなくなったり、都会に住む子が地方に住む高齢の親の介護に当たれないという現実を生み出し、さらに若者が減っている地域の問題として農業・漁業・林業等第一次産業の担い手不足という事態に陥っている。都会に出てきた大勢の「金の卵」たちは、都会で結婚相手を見つけ家庭を持った。都会における核家族の激増である。都会での仕事と子育てによって、地元に帰って家（業）を継ぐことも難しいケースも少なくない。

もっとも、日本が上を向いて歩いていたこの時期を象徴する歌は、上を向いて歩くのは「涙がこぼれないように」と歌った坂本九の「**上を向いて歩こう**」（作詞：永六輔、作曲：中村八大、一九六一（昭和三六）年）であり、「腹におさめた一途な夢を」叶えるべく「色恋なし」で突き進む畠山みどりの「**出世街道**」（作詞：星野哲郎、作曲：市川昭介、一九六三（昭和三八）年）であり、「休まないで歩け」と歌い今でも人生の応援歌の一つとされる水前寺清子の「**三百六十五歩のマーチ**」（作詞：星野哲郎、作曲：米山正夫、一九六八（昭和四三）年）であり、「大空に翼をひろげ飛んで行きたい」と歌ったフォークソンググループ赤い鳥の「**翼をください**」（作詞：山上路夫、作曲：村井邦彦、一九七一（昭和四六）年）であるが、その一方で、人々の胸を打ったのは、都会と地方をつなぐ望郷歌であった。以下では、高度経済成長期の望郷歌を検討したい。

一九五五（昭和三〇）年にリリースされた春日八郎の「**別れの一本杉**」（作詞：高野公男、作曲：船村徹）の歌詞を見てみよう。

一、泣けた　泣けた　こらえきれずに　泣けたっけ
あの娘《こ》と別れた　哀しさに　山のかけすも　泣いていた
一本杉の　石の地蔵さんのよ　村はずれ

二、遠い　遠い　想い出しても　遠い空
　必ず東京へ　ついたなら　便りおくれと　云った娘《ひと》
　りんごのような　赤いほっぺたのよ　あの泪《なみだ》
三、呼んで　呼んで　そっと月夜にゃ　呼んでみた
　嫁にもゆかずに　この俺の　帰りひたすら　待っている
　あの娘《こ》はいくつ　とうに二十《はたち》はよ　過ぎたろに

二人は両想いのようであるが、就職のため山村から東京へ出た男と山村に残らざるを得なかった（出るにも出られないでいる）女。離れて数年経った今でも両想いであり続けている二人。男の望郷の念は、そのまま「あの娘《こ》」への思いに重なっている。

次に見たいのが、この「別れの一本杉」と作詞者・作曲者が同じコンビで、翌一九五六（昭和三一）年にヒットした青木光一の「**早く帰ってコ**」である。

一、おふくろも親父も　みんな達者だぜ
　炉端かこんで　いつかいつしか東京の
　お前達《めえ》二人の話に　昨夜《ゆんべ》も更けたよ
　早くコ　早くコ　田舎へ帰ってコ
　東京ばかりが　なんでいいものか
二、好きならば一緒に連れてくるがいい
　どんな娘か　おらも兄なら見たいもの

妹も嫁こにきまって　今年は行くだに
早くコ　早くコ　二人で帰ってコ
幼なじみも　変わりゃしないよ

三、あん時は　別れが辛くて泣いた駅
俺は馬っこの背で手を振りさいならと
東京へ旅だつお前を送って行ったっけ
早くコ　早くコ　明日にも帰ってコ
親父めっきり　やせて老けたよ

この歌には、特に地方に色濃く残存していた（いや、地域によっては現在もなお残存しているであろう）長男が跡取りとして家を継ぐという慣習がよくあらわれている。長男から「お前」と呼ばれている男はおそらく次男で、田舎を出て東京で就職している。そして、結婚したいほど好きな女性を東京で見つけ、そのことを田舎の両親や兄に伝えていて、その話で田舎の者たちが大いに盛り上がっている、という状況のようである。二番の歌詞に「どんな娘か　おらも兄なら見たいもの」は、興味本位で弟の結婚相手を見たいと言っているのではなく、実家の跡取りである兄が親代わりの役割を果たしたい（家を継ぐ者として老いた両親に代わって親の役割を担っている）、という兄の意向が示されているのである。都会へ出た者にとって、田舎の「家」とはそういう大きな存在であった。会社が休暇のシーズンとなり、久し振りに帰省する弟に向けて、実家を守っている兄が早く帰ってきてほしいと歌っているのである。地元で就職することができて、同じ屋根の下に住まずとも近所に住むことができるのであれば、このような歌は生まれない。一番の歌詞にある「東京ばかりが　なんでいいものか」には、本当は近くにいてほしい弟を家族と引き離した「東京」に対する兄の独特の思いが込められている、と理解しなければならない。このように考えると、「別れの一本杉」の男も、東京へ出ているのでおそらく長男ではあるまい。

さて、次に紹介する二曲に登場する男は、いずれも確実にリンゴ農家を継いだ長男だと思われる。一九五六（昭和三一）年にリリースされた三橋美智也の「**リンゴ村から**」（作詞：矢野亮、作曲：林伊佐緒）の一番と三番の歌詞を見てみよう。

一、おぼえているかい　故郷の村を
たよりもとだえて　幾年《いくとせ》過ぎた
都へ積み出す　まっかなリンゴ
見る度辛いよ　俺《おい》らのナ　俺らの胸が

三、おぼえているかい　子供の頃に
二人で遊んだ　あの山小川
昔とちっとも　変っちゃいない
帰っておくれよ　俺らのナ　俺らの胸に

これは、リンゴ農家の長男であるために稼業を継ぎ地元を離れられない男が、就職のために都会へ出ていった幼なじみの（元）恋人のことを想う歌である。もう何年も前から便りのやりとりもなくなってしまったのに、男は今も女のことが好きでいる。三番の歌詞「昔とちっとも　変っちゃいない」のは、「子供の頃に　二人で遊んだ」山や川の景色だけでなく、女に対する男の想いも、である。

同じリンゴ農家の長男の心情を歌ったものとして、一九五七（昭和三二）年の藤島桓夫《たけお》のヒット曲「**お月さん今晩は**」（作詞：松村又一、作曲：遠藤実）を挙げたい。その一番の歌詞を見てみよう。

一、こんな淋しい田舎の村で　若い心を燃やしてきたに
　可愛いあの娘《こ》は　俺《お》らを見捨てて　都へ行っちゃった
　リンゴ畑のお月さん　今晩は
　噂をきいたら　教えておくれよなあ

この歌も、都会へ行ってしまったのは女、「淋しい田舎の村」に残ったのは男。男は長男のため稼業のリンゴ農家を継がないといけない立場にあり、地元で生きていく立場にあるのだろう。「淋しい田舎の村」では若い男女の出会いも限られよう。男はたとい「見捨て」られたとしても、都会へ行った「あの娘《こ》」のことがずっと忘れられないでいるのだ。この、都会へ行ってしまった幼なじみの（元）恋人を想い続ける男の心情は、「リンゴ村から」の男のそれと共通するものがある。

次に紹介する二曲も、この一九五七（昭和三二）年にヒットした望郷歌である。いずれも田舎から都会に出てきた男が田舎を想う歌である。一つは、国民的歌手と言われた三波春夫の大ヒット曲「**チャンチキおけさ**」（作詞：門井八郎、作曲：長津義司）である。その歌詞を見てみよう。

一、月がわびしい露地裏の　屋台の酒のほろ苦さ
　知らぬ同士が小皿叩いて　チャンチキおけさ
　おけさ　切なや　やるせなや
二、一人残した　あのむすめ　達者でいてか　お袋は
　すまぬ　すまぬと　詫びて今夜も　チャンチキおけさ
　おけさ　おけさで　身をせめる

三、故郷《くに》を出る時　持って来た　大きな夢を　さかずきに
　そっと浮べて　もらすため息　チャンチキおけさ
　おけさ　涙で　くもる月

全国的に広く知られている民謡「佐渡おけさ」を踏まえたこの歌の主人公（男）は、佐渡島出身と限定せずとも新潟県出身と見ておいてよいであろう。歌った三波は新潟県の出身である。新潟から都会へ出たこの男は、新潟「を出る時に持って来た大きな夢」を未だに果たせないでいる。大手を振って帰省し故郷に錦を飾る日は、いつの日か。このままでは故郷には帰れない。忸怩《じくじ》たる思いの中、酒を飲み「佐渡おけさ」を口ずさみながら、地元に残してきた好きな女を想い、故郷の母を案じるばかりの日々である。この、地元に好きな女が待っている（女を地元に残してきてしまったという男の勝手な想い）というパターンは、「別れの一本杉」と同じである。

二つ目は、青木光一の代表曲「**柿の木坂の家**」（作詞：石本美由起、作曲：船村徹）である。歌詞を見てみよう。

一、春には柿の花が咲き　秋には柿の実が熟れる
　柿の木坂は　駅まで三里
　思いだすなア　ふる里のヨ　乗合バスの　悲しい別れ
二、春には青いめじろ追い　秋には赤いとんぼとり
　柿の木坂で　遊んだ昔
　懐かしいナ　しみじみとヨ　こゝろに返る　幼い夢が
三、春くりゃ偲ぶ馬の市　秋くりゃ恋し村祭り
　柿の木坂の　あの娘《こ》の家よ

逢ってみたいなア　今も尚ヨ　機織《はた》りながら　暮していてか

一番の「乗合バスの悲しい別れ」は、主人公の男が都会へ出る際の大切な人たちとの別れを指しているのであろう。一番から三番までいずれも前半に、「柿の木坂」すなわち柿の木のある坂道を中心に、男の心に浮かぶ故郷の景色が歌われている。なぜ、「柿の木坂」が歌の中心なのであろうか。それは、柿の木が植わっている道や家は日本全国に数多くあり、この歌を聴く人誰もが自らの田舎の「柿の木（のある）坂（道）」を思い浮かべることができるからである。この歌も、好きだった「あの娘」が地元に残り、都会へ出た男が「逢ってみたいなア」と懐かしむ、という構成になっている。

さて、翌一九五八（昭和三三）年、三橋美智也が歌った「**夕焼とんび**」（作詞：矢野亮、作曲：吉田矢健治）は、東京へ行った兄のことを故郷の家で暮らす幼い弟が想う歌である。

一、夕焼け空がマッカッカ　とんびがくるりと輪を描《か》いた　ホーイのホイ
そこから東京が見えるかい　見えたらここまで降りて来な
火傷をせぬうち　早くコヨ　ホーイホイ

二、上りの汽車がピーポッポ　とんびもつられて笛吹いた　ホーイのホイ
兄《あん》ちゃはどうしているんだい　ちょっぴり教えてくれないか
油揚げ一丁　進上ヨ　ホーイホイ

三、一番星がチーカチカ　とんびは意地悪知らぬ顔　ホーイのホイ
祭りにゃ必ず帰るって　俺らをだまして置いてった
兄ちゃもおまえも　ばかっちょヨ　ホーイのホイ

ひとたび東京へ出て行ってしまったら、当分の間は、帰れない、ということを兄は覚悟している。大好きな「兄ちゃ」と別れたくない弟に「祭りにゃ必ず帰る」と嘘までついて東京へ出ていった。しかし、幼い弟は大好きな「兄ちゃ」に会いたくて仕方がない。「兄ちゃ」が東京でどんな暮らしをしているのか、そういう情報は、ほとんど入ってこないのであろう。どんな事でも知りたくて、高い空を飛んでいるとんびに「そこから東京」にいる「兄ちゃ」の様子を見て「教えてくれないか」と願うのである。こういうのは、他の曲には見られないユニークな発想である。

リンゴの産地である北国から都会を想うのとは異なり、一九五九（昭和三四）年には、南国の高知と都会とをつなぐ、民謡「よさこい節」を織り込んだ歌が大ヒットした。ペギー葉山の「**南国土佐を後にして**」（作詞・作曲：武政英策）である。歌詞を見てみよう。

一、南国土佐を後にして　都へ来てから幾歳《いくとせ》ぞ
　思い出します故郷の友が　門出に歌ったよさこい節を
　土佐の高知のはりまや橋で　坊さんかんざし買うをみた
二、月の浜辺で焚火を囲み　しばしの娯楽の一時《ひととき》を
　わたしも自慢の声張り上げて　歌うよ土佐のよさこい節を
　みませ見せましょ　浦戸をあけて　月の名所は桂浜
三、国の父さん　室戸の沖で　鯨釣ったという便り
　わたしも負けずに励んだ後で　歌うよ土佐のよさこい節を
　言うたちいかんちゃ　おらんくの池にゃ　潮吹く魚が泳ぎよる
　よさこい　よさこい

この歌のミソは、一番から三番まで郷土色の濃い「よさこい節」が織り込まれていることであろう。都会暮らしの中でも、土佐出身者にはいつも胸の中に「よさこい節」が流れていて、故郷とつながっているのである。一番の「思い出します」は、二番の歌詞にまでかかっていると見てよいのであろうか。すなわち、かつて桂浜で「娯楽の一時」によさこい節を歌った光景を都会暮らしの中で「思い出し」ているのであろう、と。

翌一九六〇（昭和三五）年にヒットした守屋浩の「**僕は泣いちっち**」（作詞・作曲：浜口庫之助）は、「リンゴ村から」や「お月さん今晩は」のように、女が東京へ出て行って、男が地元に残っているパターンである。この男も、長男であろうか。歌詞を見てみよう。

一、僕の恋人　東京へ行っちっち　僕の気持を知りながら
なんでなんでなんで　どうしてどうしてどうして
東京がそんなにいいんだろう
僕は泣いちっち　横向いて泣いちっち　淋しい夜はいやだよ
僕も行こう　あの娘《こ》の住んでる東京へ

二、祭の太鼓が　テンテケテンと鳴っちっち　みんな浮き浮き踊るのに
なんでなんでなんで　どうしてどうしてどうして
僕だけションボリ　みそっかす
涙がホロリ　ひとりで出っちっち　お祭なんかいやだよ
僕は思う　遠い東京のことばかり

三、上りの急行が　シュッシュラシュと行っちっち　いやな噂をふりまいて
せめてせめてせめて　遠い遠い東京の

空へ飛んでけ　ちぎれ雲
汽笛がなっちっち　遠くでなっちっち　夜汽車の笛はいやだよ
早く行こう　あの娘の住んでる東京へ

東京について「なんで」「どうして」「そんなにいいんだろう」と歌っているものの、この歌は地方在住者からの東京への恨み節では決してない。なぜなら、東京は恋人の住んでいる街だから。しかし、家や土地を継いで地元にいることを余儀なくされている男は、簡単には東京へ行けない。その状況でも、あえて「あの娘の住んでる東京へ」行きたい、と歌わせているところに切なさが漂う。三番の歌詞の「いやな噂」とは何であろうか。女に別の男とのお見合い話が持ち上がったのだろうか、あるいは女に東京で恋人ができたのか、それが「噂」として男にも漏れ伝わってきたのだ、という解釈でよいのだろうか。だから、三番の歌詞には、「あの娘が住んでいる東京へ」「早く行こう」とあるのである、と。男としては、「早く」東京へ行き、あの娘と会って、お互いの気持ちを確かめ（お見合いや新たな恋人を阻止し）たいのである。

一九六一（昭和三六）年には、小林旭が歌った「**北帰行**」（作詞・作曲：宇田博）が大ヒットしたが、「北へ帰る」ことを明確に歌ったのは、昭和歌謡ではこの歌が初めてではなかろうか。北へ帰る（あるいは、帰りたいと思う）ことをテーマとする歌は、昭和五〇年代に多くなってくる。

「ぼくは泣いちっち」は三番の歌詞に列車が出てくるが、集団就職列車で上京した金の卵たちの心を捉えた流行歌が一九六四（昭和三九）年に大ヒットした。井沢八郎の「**あゝ上野駅**」（作詞：関口義明、作曲：荒井英一）である。歌詞を見てみよう。

一、どこかに故郷の香をのせて　入る列車のなつかしさ

上野は俺《おい》らの心の駅だ
くじけちゃならない人生が　あの日　ここから始まった
二、就職列車にゆられて着いた　遠いあの夜《よ》を思い出す
上野は俺らの心の駅だ
配達帰りの自転車を　とめて聞いてる国なまり
三、ホームの時計を見つめていたら　母の笑顔になってきた
上野は俺らの心の駅だ
お店の仕事は辛いけど　胸にゃでっかい夢がある

上野駅は、東北地方から「就職列車にゆられて着いた」金の卵たちの、まさに「心の駅」であった。東京へ出発する日、地元の駅で見送ってくれた「母の笑顔」が、上野駅のホームの丸い時計の形と重なり合う。青森県弘前市出身の井沢が歌ったことも、大ヒットに効果的であったと言えよう。

翌一九六五（昭和四〇）年、当時ヒット曲を連発していた六・八コンビこと、作詞の永六輔と作曲の中村八大でヒットしたのが、北島三郎の「**帰ろかな**」である。歌詞を見よう。

一、淋しくて言うんじゃないが　帰ろかな　帰ろかな
故郷《くに》のおふくろ　便りじゃ元気
だけど気になる　やっぱり親子
帰ろかな　帰るのよそうかな
二、恋しくて言うんじゃないが　帰ろかな　帰ろかな

村のあの娘《こ》は　数えて十九
そぞろ気になる　やっぱりほの字
帰ろかな　帰るのよそうかな
三、嬉しくて言うんじゃないが　帰ろかな　帰ろかな
やればやれそな東京暮し
嫁も貰って　おふくろ孝行
帰ろかな　迎えに行こうかな

この歌は、地方から東京へ出て働く男の人向けの望郷歌であると同時に応援歌でもある。故郷にいる人として歌詞に登場するのは、「おふくろ」と大好きな「あの娘」である。いくら東京で気を張って働いているとしても、男は誰にでも故郷に住む母親を案じる面がある。そして、男が東京へ出て、大好きな「あの娘」が地元の「村」に残っているという設定は、「別れの一本杉」のパターンと同じである。また、この歌を北海道出身の北島が歌ったのも、効果的であったように思う。北島は、ＮＨＫ紅白歌合戦で、一九六五（昭和四〇）年の大晦日のみならず、この歌を都合七回も歌って、年末年始に東京から故郷へ帰る人々にエールを送り続けたのである。同じ一九六五年には、好きな女性に自分の故郷について話そうとする内容の、北原謙二が歌った「**ふるさとのはなしをしよう**」（作詞：伊野上のぼる、作詞：キダ・タロー）もヒットした。この歌は、二〇〇四（平成一六）年に山本譲二がリバイバル・ヒットさせている。

さて、北海道に残した女と東京に出て働く男との遠距離恋愛を男の立場から歌って大ヒットしたのが、一九六七（昭和四二）年リリースの、鶴岡雅義と東京ロマンチカの「**小樽のひとよ**」（作詞：池田充男、作曲：鶴岡雅義）である。歌詞を見よう。

一、逢いたい気持ちがままならぬ　北国の街はつめたく遠い
　粉雪まいちる小樽の駅に　ああひとり残して来たけれど
　忘れはしない　愛する人よ
二、二人で歩いた塩谷《しおや》の浜辺　偲べば懐かし　古代の文字よ
　悲しい別れをふたりで泣いた　ああ白い小指のつめたさが
　この手の中に　いまでも残る
三、小樽は寒かろ　東京もこんなにしばれる星空だから
　語り明かした吹雪の夜を　ああ思い出してる僕だから
　かならずゆくよ　待っておくれ　待っておくれ

男は次男であろうか、跡取りではないため実家にとどまることができない。集団就職の時代であり、東京での仕事がすぐに決まった。その運命を悲しみ、別れるのがつらくて「ふたりで泣いた」のである。二番の歌詞は、塩谷海岸や手宮洞窟のいわゆる「古代（の）文字」が歌われて小樽の特徴が出ており、この歌は、小樽のご当地ソングである。東京へ出てきても「愛する人」のことは「忘れはしない」、必ず会いに行く（迎えに行く）から「待っておくれ」。三番の歌詞からは、男が「愛する人」と別れて最初の冬を過ごしていることが分かる。「東京もこんなにしばれる」ほど寒い、ましてや小樽はなおさらであろう、と。すなわち、この歌は、地元小樽に残してきた「愛する人」に「逢いた」くて切なくてたまらない男の気持ちを歌ったものである。

このほか、一九六九（昭和四四）年には、「人は誰もただ一人旅に出て　人は誰もふるさとを振り返る」と歌った、はしだのりひことシューベルツの「**風**」（作詞：北山修、作曲：端田宣彦）が大ヒットした。

前節で示したように、高度経済成長は一九七三（昭和四八）年のオイルショックで終わったとされている。し

かし、高度経済成長は終わっても、都会と地方をつなぐ歌はその後も歌われていったのである。

第三節　昭和終盤期における都会と地方をつなぐ流行歌

前節で、高度経済成長期の望郷歌を紹介し検討を加えたが、ここでは、その後の昭和の終盤約十五年の間に流行した都会と地方をつなぐヒット曲を、一覧で示しておくにとどめる。

一九七三（昭和四八）年　五木ひろし「ふるさと」（作詞：山口洋子、作曲：平尾昌晃）
海援隊「母に捧げるバラード」（作詞：武田鉄矢、作曲：海援隊）
井上陽水「心もよう」（作詞・作曲：井上陽水）
一九七四（昭和四九）年　マイペース「東京」（作詞・作曲：森田貢）
一九七五（昭和五〇）年　三波春夫「おまんた囃子」（作詞・作曲：三波春夫）
一九七六（昭和五一）年　太田裕美「木綿のハンカチーフ」（作詞：松本隆、作曲：筒美京平）
千昌夫「夕焼け雲」（作詞：横井弘、作曲：一代のぼる）
一九七七（昭和五二）年　千昌夫「北国の春」（作詞：いではく、作曲：遠藤実）
新沼謙治「ヘッドライト」（作詞：阿久悠、作曲：徳久広司）
さだまさし「案山子《かかし》」（作詞・作曲：さだまさし）
石川さゆり「津軽海峡冬景色」（作詞：阿久悠、作曲：三木たかし）
一九七八（昭和五三）年　海援隊「思えば遠くへ来たもんだ」（作詞：武田鉄矢、作曲：山木康世）
野口五郎「グッド・ラック」（作詞：山川啓介、作曲：筒美京平）

一九八一（昭和五六）年　千昌夫「望郷酒場」（作詞：里村龍一、作曲：櫻田誠一）
松村和子「帰ってこいよ」（作詞：平山忠夫、作曲：一代のぼる）
山川豊「函館本線」（作詞：たきのえいじ、作曲：駒田良昭）
一九八四（昭和五九）年　千昌夫「津軽平野」（作詞・作曲：吉幾三）
一九八五（昭和六〇）年　吉幾三「俺《お》ら東京さ行ぐだ」（作詞・作曲：吉幾三）
細川たかし「望郷じょんから」（作詞：里村龍一、作曲：浜圭介）
一九八八（昭和六三）年　長渕剛「とんぼ」（作詞・作曲：長渕剛）

このほか、昭和五〇年代には、三橋美智也が歌った「いいもんだな故郷は」（作詞：高杉治朗、作曲：川口真）がスナック菓子のテレビCMで盛んに流され、大衆に耳なじんだ歌となった。

特徴的なのは、北海道出身の三橋美智也・松村和子・細川たかし、青森県出身の吉幾三、岩手県出身の千昌夫・新沼謙治、新潟県出身の三波春夫といった北国出身の面々、一方、福岡県出身の海援隊・井上陽水、長崎県出身のさだまさし、熊本県出身の石川さゆり、鹿児島県出身の長渕剛といった九州出身のアーティストたち、というように地方出身であることが知られている歌手が、地方と都会をつなぐ歌をヒットさせている、ということである。千昌夫の「北国の春」に代表されるように、北国と都会（首都圏であろう）が繋がっているケースが多い。

地方から都会へ出る時、都会で叶えたい大きな志を抱いている場合が多い（筆者も志をもっていた）。「木綿のハンカチーフ」は、地元に残った女は都会へ働きに出ていった男に「都会の絵の具に染まらないで帰って」と願うが、男は「毎日愉快に過ごす」都会の生活に浸ってしまい、恋人であった女のことを「忘れて変わってい」き「帰れな」くなってしまう、という歌。これは、男の気持ちや立場を歌ったものばかりだった中で、「都会と地方をつなぐ流行歌」で女性の心情が歌われた最初の歌ではあるまいか。逆に、「ヘッドライト」は、上京したが夢破れ、「ふりむけばつらいことばかりの東京は捨てたよ」と歌いあげる東京を捨てて車で「北へ走」る歌。また、「北へ帰」ると歌うのは、「津軽海峡冬景色」や「函館本線」である。さらに、「とんぼ」も、「死にたいくらいに憧れた花の都大東京」で夢破れ「北へ北へ向かった」歌である。「グッド・ラック」は、「都会の浮気な風に抱いていた夢がやせてしまった」ので、恋人の女が眠りについている間に部屋を出て別れる男の歌であり、男は都会へ出てきた時に抱いていた大きな志を心に呼び戻して生きていこうとしているのである。

「夕焼け雲」は、一番の歌詞に「花が咲くまで帰らない」とあるが、これは、都会で一花咲かせるまでは故郷へ帰らない、という当初の決意表明であろう。しかし、三番の歌詞には「帰れない　帰りたいけど帰れない　帰れない」とあり、長年にわたる都会暮らしの中で未だに夢を果たせないでいる自らの境遇を歌い、夕焼け雲の下で一人酒で故郷を偲んでいる。これは、一九五七（昭和三二）年の三波春夫「チャンチキおけさ」と同じパターンである。また「望郷じょんから」も、都会での夢を果たすことができず、「つらさをこらえ　いい事ばかり手紙に書いて」何年も過ぎてしまい、「帰りたい」故郷を偲ぶ歌である。

第四節　平成時代にはなぜ都会と地方をつなぐ歌が流行らなくなったのか

戦後昭和時代には地方と都会をつなぐ歌が多く流行した。平成時代にも都会と地方をつなぐ歌が全くなかったわけではない。細川たかしの「北国へ」（平成元年、作詞：秋元康、作曲：高橋研）や、坂本冬美の「能登はいらんかいね」（平成二年、作詞：岸元克己、作曲：猪俣公章）、吉幾三の「酔歌」（平成二年、作詞・作曲：吉幾三）、民放の二十四時間テレビの企画で作られた加山雄三・谷村新司の「サライ」（平成四年、作詞：谷村新司、作曲：弾厚作）、ばってん荒川や島津亜矢が歌った「帰《かい》らんちゃよか」（平成八年・十六年、作詞・作曲：関島秀樹）等を挙げることができる。平成初期は昭和の余韻を引きずっていた時期であり、「帰らんちゃよか」は地元熊本県出身の両者が歌って話題になった。しかし、こうした歌は、昭和の頃のようには流行らなくなってしまった。なぜであろうか。

平成時代には、価値観の多様化がよく指摘された。晩婚化・非婚化が進み、あるいは価値観の多様化が、少子化をもたらす一因となっていよう。両親共働きの家庭が増え、小型情報機器を一定年齢に達した個人が一人一台持つ時代となって、家族が、特に親と子が、お互いの目を見て話をする機会が確実に減ってきているのではなかろうか。人生の終わり方についても「終活」や樹木葬・散骨が話題となっている（独身者、または子がお墓の維持に縛られることを負担だとする人は、位牌のみでお墓は無し、というケースもある）。ちなみに、就職活動という語の省略形「就活」をもじって「〜活」という言葉、例えば「婚活」「妊活」「朝活」「終活」「保活」「ポイ活」などによって表現される個人レヴェルでの活動がもてはやされ出すのは、格差社会の拡がり（＝一億総中流意識からの脱却）・非正規労働者や派遣労働者の急増・ワーキングプア化による低収入等が大きく社会問題化した二〇〇〇年代以降のことである（個人レヴェルという点では、「お一人様」という語の普及も同時期である）。

もしも現在、地方でのかつての大家族が維持されていれば、以上のような現象や活動は起こらなかったのではないか。家系図を作成することや、タレントが自分のルーツをたどるテレビ番組に人気があるのは、この裏返しであろうか。曾祖父母から曾孫に至る一族が、同じ家・同じ地域で肩を寄せ合い互いに助け合って生活した大家族の中でこそ、祖先を思い子孫を思う気持ちが自然と育まれていったのではないか。郷里から離れた都会で夫婦共働きの核家族世帯では、こうした意識はふだんの生活で芽生えることすら期待できない。そういう中で育ってきた人々が現在の世の中を背負っている時代には、地方と都会をつなぐ歌は流行しないのである。(2)

第五節　「孝」の精神の崩壊

「孝」とは単に親孝行のみを指すのではない。ここで参照するのは、小学校の道徳の教科書にも載っている話『ヌチヌグスージ（いのちのまつり）』[3]である。以下は、はじめて島（沖縄）にやってきたコウちゃんという男の子と島のおばあとの会話の一部である（本来、途中にいくつも地の文や会話文があるが、引用は必要な会話文のみとしたことをお断りしておく）。

コ　ウ「みんなで、なにしているの？」
おばあ「あれまあ、わたしたちにいのちをくれた、だいじなご先祖さまのお墓参りさぁ～」
コ　ウ「お墓参り⁉」
おばあ「ぼうやにいのちをくれた人は誰ね～？」
コ　ウ「それは……お父さんとお母さん？」
おばあ「そうだねえ。いのちをくれた人をご先祖さまと言うんだよ」
コ　ウ「お父さん、お母さんって、ぼくのご先祖さまなの？」
おばあ「だけどさぁ～、お父さんとお母さんにいのちをくれた人がいなければ、ぼうやは生まれてないさあ～ね」
コ　ウ「おじいちゃん、おばあちゃんも、ぼくのご先祖さまだね」
おばあ「そうだねえ。だけど、おじいちゃん、おばあちゃんに、いのちをくれた人もいるさぁ～ね」
コ　ウ「ねえ、おばあさん、ぼくのご先祖さまって何人いるの？」

おばあ　「そうだね〜……」
コ　ウ　「ぼくにいのちをくれた人、2人」
「お父さんとお母さんにいのちをくれた人、4人」

「おじいちゃんとおばあちゃんにいのちをくれた人、8人」

「ひいおじいちゃんとひいおばあちゃんにいのちをくれた人、16人」

「そのまた上に、32人」

「そのまた上に……」

「もう数えられないよ」

おばあ　「オバアにわかるのは、数えきれないご先祖さまが誰ひとり欠けても、ぼうやは生まれてこなかった、と言うことさぁ〜。だから、ぼうやのいのちは、ご先祖さまのいのちでもあるわけさぁ〜ね」

「ぼうやも、大きくなって結婚して、子どもが生まれるさぁ〜ね。また、その子どもが大きくなって、結婚して子どもが生まれる。いのちは目に見えないけれど、ずっとずっと、つながって行くのさぁ〜」
コ　ウ　「へえー、ぼくのいのちってすごいんだね」

自らにたどりついた命の重み、すなわち（追跡できない遥か昔の）祖先からの「命のリレー」があって自分にたどりついたということを深くかみしめ、祖先を思うこと、そして可能であれば、自分にたどりついた命を次世代につなげる努力をすること（結婚・子育て、未婚・非婚や子のない場合は社会貢献）である。実は、これこそ「孝」なのである。加地伸行は次のように述べている。

祖先祭祀とは、祖先の存在の確認である。もし祖先がないとすれば、現在の自分は存在しない。祖先があると意識することは、祖先から自分に至るまで、確実に生命が連続してきたということの確信となる。のみならず、自分という個体は死によってやむをえず消滅するけれども、もし子孫ありせばならば、自分の生命—現代生物学流に言えば自分の遺伝子は、存在し続ける可能性がある。……。われわれは個体ではなく一つの生命として、現在とはいいながらも、実は過去をずっといっしょに生きてきたのであり、これからもいっしょに生きてゆく運命を共通にする生物なのである。しかも、過去も未来もすべて現在が含みこんでいる。儒教はそれを言うのである。すなわち〈孝〉とは、現代のことばに翻訳すれば、〈生命の連続の自覚〉のことなのである。……。(4)

簡単に言えば、「孝」とは、祖先祭祀（お墓参りや法事）を行ない、一族の長期存続を願うこと、である。これは、私はなぜこの世に存在しているのか、と自らの生の意味を問うことにつながる。加地が説く「生命の連続の自覚」は、曾祖父母から曾孫に至る数世代にわたる一族が、同じ家や近所で暮らす大家族という生活環境下で自然と育まれていったのではないか。

ところが、高度経済成長によって、都会における過密と地方における過疎という問題が生じた。それを人々に分かりやすく表現したのが、第二節・第三節で紹介した戦後昭和期の望郷歌であった。戦後昭和期の望郷歌は、高度経済成長の産物なのである。郷里から遠く離れた都会の核家族世帯では、一年に一・二度帰省する際に、祖父母と孫が出会うものの、それが非日常のことである限り、加地が説く「生命の連続の自覚」は、孫には意識されにくい。ここから、「孝」の精神の崩壊が始まったのであり、これは現在進行形である。

望郷歌が流行っていた頃は、まだ良かった。望郷歌を口ずさんでいた金の卵たちは、郷里を出るまでは多くの兄弟や親類、親しい御近所の人々に囲まれて過ごしてきた経験を有しているからである。しかし、金の卵の子どもたちは、都会の核家族で育てられるため、親と同じ経験を有しない。さらに、金の卵の孫たちの世代は、ともすれば地方との縁が希薄になっているケースもあり、ここに至って、地方と都会をつなぐ歌はほとんど流行しないのである。

ただし、次のような現象が都会で起こっているのも事実である。すなわち、地方から都会へ出てきた金の卵たちの子の世代にとって、その祖父母は地方にいる人たちであったが、金の卵たちの孫の世代にとって、その祖父母にあたる金の卵たちも、その親にあたる金の卵の子たちも、みな同じ都会の中の近所に住んでいる、という現象である。核家族の三世代目になって、ようやく都会でも、祖父母と孫が依り合って生活している光景があるのであり、これが将来、「孝」の精神の崩壊を食い止めることになることを期待したい。

高度経済成長の負の面とは、小学校で教えられる公害だけではない。都会における人口過密と地方における人口過疎の問題を生み出し、さらにそこから現在進行形で「孝」の精神の崩壊が起こっているのである。われわれは、今こそもう一度、望郷歌を取りもどす必要があるのではないか。それは、祖先から自分にたどりついた命の重みを深く理解することにつながるからにほかならない。

注

（1）ここでは、『小学社会6年』（日本文教出版、二〇一八年三月検定済）を用いる。引用は、二一八―二二三頁から。
（2）なかにし礼『歌謡曲から「昭和」を読む』（NHK出版、二〇一一年一二月）は、歌謡曲の世界は昭和から平成へと移るころに消滅した旨を述べている（「序章　歌謡曲の終焉」を参照）。
（3）草場一壽・作、平安座資尚・絵『いのちのまつり　「ヌチヌグスージ」』（サンマーク出版、二〇〇四年一〇月）。
（4）加地伸行『沈黙の宗教―儒教』（筑摩書房、一九九四年七月）、六一―六二頁。

第九章　会う約束を守るということ―「尾生の信」考―

第一節　来ぬ学生との待ち合わせ

串田久治著『無用の用―中国古典から今を読み解く』（研文出版、二〇〇八年一〇月）に掲載されている「太陽と月の出会い」というコラムでは、唐代の杜甫と李白という二人の詩人の出会いについて記されている。七四四（天宝三）年、洛陽での二人の偶然の（あるいは運命的な）出会いがあり、二人はしばらく旅していったん別れたあと、兗州《えんしゅう》（今の山東省）で再会を果たす。しかし、この再会が最後の出会いとなり、二人が再び会うことはなかった。杜甫は、李白と別れて約一年後、李白をおもう五言律詩を詠んだが、串田は、最後にこうコラムを締め括っている。

人と人との出会いは、時に通常では考えられないことがきっかけで生まれる場合がある。たまたま事態が変化したために、たとえば予定していた飛行機に間に合わず次の便に乗ったために、あるいは道に迷ったために巡り会った人が、その後の自分の人生に大きな影響をもたらすこともある。杜甫と李白のような「太陽と月の出会い」ではなくとも、思えばわれわれの日常の出会いもまた、偶然の産物と考えるほかない場合が少なくない。ただ、かの時代にあっては、ひとたび別れたら永遠の別れを意味していただけに、杜甫にとって李白との出会いは、今日では考えられないくらい重いものがあった。この、偶然の出会いを大切にしたいという思いは、現代人にも変わらずあるだろうか。

（八八―八九頁）

現代のわれわれは、めざましく発達した交通網と小型情報機器の恩恵にあずかっている。もちろん、金銭的・物理的な事情等もあるにはあるが、お互いに小型情報機器を持ち連絡先を教え合い連絡しさえすれば、近況を動画や写真を添付して送り合い、相手の声を聴くことができ、遠く離れていても再び会うことは昔ほど難しい時代ではなくなった。

しかし、小型情報機器が便利であるために、「会う」ということがどれほど真剣に考えられているのか、甚だ心許ないのも、現代の一面であると言えるのではないか。これは筆者の経験話であるが、ある日、学生と午後三時に私の研究室で面談する約束をしていたにもかかわらず、その時間になっても学生は現れなかった。この学生との面談に続いて、他の学生との面談も予定されていたので、五分間が過ぎた辺りで来なかった学生にメールで連絡を入れた。結局、その学生からは、その日のうちに連絡は来なかった。翌日、「昨日はどうしても外せない用事があってそちらを優先したので、もし可能であれば、後日また面談の機会を設けてほしい」という内容のメールが返ってきた。私は、文面を読んで不可解であった。なぜなら、私が学生だった時では、学生としてこういう対応は考えられなかったからである。学生の「どうしても外せない用事」とは何かを問い合わせたい気持ちに駆られたが、しかし、それは個人情報に立ち入ることになるのかもしれないと思い、「どうしても面談できない事情が発生したのであれば、面談に来られないことをもっと早く連絡してほしいです。昨日、私は、あなたのために時間を確保して、あなたを待ち続けたのです。」と、学生に伝えるにとどめた。この他にも、約束の時間に間に合わない学生から、約束の時間の直前に「少し遅れます」というメールが送られてくることは、しばしば、あることである。メールでまったく連絡してこないよりは、してくれるほうが断然良いものの、メールで遅れる旨の一報を入れておけばそれでまぁよい、という感覚が、もしかしたら今の学生にありはしないか、と疑ってしまうのである。

こうした一つひとつの事例に注意を与えていてはきりがないので、私は、時折、芥川龍之介の『尾生《びせい》の信』という短篇に関する話を受講生が百人規模の講義で行なっている。

第二節　来ぬ女との待ち合わせ―「尾生の信」の出典―

中国の春秋時代、魯《ろ》の国の尾生という男が橋の下で女と待ち合わせをしていたが、約束の時間になっても女は現れなかった。尾生は、約束したのだから、と女を待ち続けるが、川は潮が満ちてきて増水してきた。それでも尾生は、約束したのだから、と橋の柱につかまるなどしてそこに居続け、女を待ち続けた。翌朝、尾生の死体が川下に浮かんでいた。これが芥川龍之介『尾生の信』の大要である（全文は次節で示す）。

「尾生の信」は、『広辞苑』に載っている言葉である。新村出編著『広辞苑』第七版（岩波書店、二〇一八年一月）には、

びせい‐の‐しん【尾生の信】〔荘子盗跖〕（尾生が女と橋の下で会う約束をしたが女は来ず、大雨で増水してきたのに待ちつづけ、ついに溺死したという故事に基づく）固く約束を守ること。愚直なこと。

というふうに意味が記されている。「尾生の信」は、中国由来の故事成語の一つであるが、日本社会で日常的に

よく用いられているかと言えば、そうではない。例えば、筆者が目にした限りにおいて言えば、「尾生の信」をとりあげた新聞記事では、「尾生の信」について、分かりやすい要約が示されている。[1]そして、何よりも、『広辞苑』が「固く約束を守ること。愚直なこと。」という意味を示す直前に、出典としての『荘子』盗跖篇とそこに記されている故事の説明をしていること自体、「尾生の信」が人口に膾炙《かいしゃ》しているとは言い難いことを物語っている（辞書ゆえに詳しく書いている、ということはあるだろうが）。実際、筆者は、大学生向けの講義や現職教員向けの免許状更新講習等で、「尾生の信」について紹介する機会が何度もあったが、「尾生の信」については、初めて知る人がほとんどであった。

さて、本節でとりあげるのは、「尾生の信」の出典である。『広辞苑』は「尾生の信」の出典を『荘子』盗跖篇しか載せないが、実は、他の中国古典にも尾生の話は載っている。以下では、尾生の話を載せている中国古典の記事を検討し、それに基づき、芥川の『尾生の信』の成立事情について考察することにしたい。

まず、『広辞苑』が「尾生の信」の出典として示した『荘子』盗跖篇には、以下のとおり、二箇所で尾生について記されている（尾生の話の部分に傍線を施した。以下も同じ）。

①世之所謂賢士、伯夷・叔齊。伯夷・叔齊辭孤竹之君、而餓死於首陽之山、骨肉不葬。鮑焦飾行非世、抱木而死。申徒狄諫而不聽、負石自投於河、爲魚鼈所食。介子推至忠也。自割其股以食文公、文公後背之、子推怒而去、抱木而燔死。尾生與女子期於梁下、女子不來、水至不去、抱梁柱而死。此六子者、無異於磔犬流豕、操瓢而乞者。皆離名輕死、不念本養壽命者也。

世の中でいわれる賢者は、伯夷と叔斉である。伯夷と叔斉は孤竹国の君主になることを辞退して、首陽山で餓死し、その遺体は葬られなかった。鮑焦は自らの行動を律し世の中を非難したが、その最期は木に抱き着いたまま死んでしまった。申徒狄は君主を諫めたが聴き入れられず、石を背負って黄河に入水し、魚やすっぽんに食べられてしまった。介子推はこの上ない忠臣であった。自分の股の肉を切り取って晋の文公に食べさせたりしたが、文公が後に彼を裏切ると、子推は怒って君主の元を去り、木に抱き着いたまま焼け死んだ。尾生は女の子と橋の下でデートの約束をしたが、女の子は来なかった。川の水かさが増してきたが、尾生はそこを去ることをせず、橋の柱にしがみついたまま死んだ。この六人は、厄除けの儀礼ではりつけにされ犠牲になった犬や、黄河の神を祀る儀礼で黄河に流され犠牲になった豚や、ひょうたんを手にもって物乞いをする者たちと何の違いもない。どの人も名声にこだわり死を軽視し、自らの本質（本来の資質）を考えて所与の生命を大切にすることをしなかった者たちである。

②比干剖心、子胥抉眼、忠之禍也。直躬證父、尾生溺死、信之患也。鮑子立乾、申子自理、廉之害也。孔子不見母、匡子不見父、義之失也。此上世之所傳、下世之所語。以為士者正其言、必其行、故服其殃、離其患也。比干が心臓をあばかれ、伍子胥が眼球をえぐり取られたのは、忠誠心（から君主を諫めたこと）による禍いである。直躬が父の盗みを証言し、尾生が（約束を守って）川で溺死したのは、固く約束を守るという姿勢を通したことによる災難である。鮑焦が立ったまま（木を抱いて）枯死し、申徒狄が自ら黄河に身を投げたのは、廉潔を貫いたことによる弊害である。孔子が（仕事に忙しくて）母の死に目にあえず、匡章が反目した父親と会わなかったのは、自らの正義にこだわったことによる過失である。これらは昔から伝えられてきた事であり、後世までも語り継がれることである。私は、こうした人たちは自らの発言を正しく律し、自らの行動を（信念に基づいて）果たそうとしたので、かえってわざわいを受けたり災難に見舞われたのだ、と思う。

①も②も、『荘子』の尾生に対する評は、厳しいものがある。特に①の評は、尾生を含む六人について、命を

粗末にした人たちとして、否定的な見方をしている。②の評は、「忠」「信」「廉」「義」といった徳目に拘泥しすぎることに対する非難である。結局、『荘子』は、命をかけて約束を果たした尾生の生き方を、全く評価していないのである。

では、次に、『戦国策』燕策に見える二つの文章を見てみよう。

③人有悪蘇秦於燕王者、曰、「武安君、天下不信人也。王以萬乘下之、尊之於廷、示天下與小人群也。」武安君從齊來、而燕王不館也。謂燕王曰、「臣東周之鄙人也。見足下、身無咫尺之功、而足下迎臣於郊、顯臣於廷。今臣爲足下使、利得十城、功存危燕、足下不聽臣者、人必有言臣不信、傷臣於王者。臣之不信、是足下之福也。使臣信如尾生、廉如伯夷、孝如曾參、三者天下之高行、而以事足下、不可乎。」燕王曰、「可。」曰、「有此臣亦不事足下乎。」蘇秦曰、「且夫孝如曾參、義不離親一夕宿於外、足下安得使之之齊。廉如伯夷、不取素飡、汙武王之義而不臣、焉辭孤竹之君、餓而死於首陽之山。廉如此者、何肯歩行數千里而事弱燕之危主乎。信如尾生、期而不來、抱梁柱而死。信至如此、何肯楊燕・秦之威於齊、而取大功乎哉。夫信行者、所以自爲也、非所以爲人也。皆自覆之術、非進取之道也。……。」

燕王に蘇秦のことをこんなふうに悪く言う者がいた。「武安君（蘇秦）は、この世の中で全く信頼できない者です。王が万乗の君主として彼を厚遇し、彼を朝廷で尊んでいらっしゃるのは、天下の人々に小人と交わっていることをお示しになられているようなものです。」と。やがて武安君が斉からもどって来たが、燕王は会うこともしなかった。蘇秦が燕王に言った。「私は東周の卑しい家の出身です。足下にまみえました時、何の功績もない身であるにもかかわらず、足下は私を郊外までお出迎えくださり、朝廷において私を取り立ててくださいました。いま、私は足下のために使いし、十城を取り戻し、危険が差し迫っていた燕を存続させるという功績を挙げました。しかし、足下は私の言うことをお聴きにならないのは、きっと私のことを信用できないと言い、私のことを中傷した者がいるからでありましょう。実は、私が信用できないというのは、足下にとってお幸せなことなのです。もし私が尾生のように固く約束を守り、伯夷のように清廉であり、曾参のように孝行者でありましたら、この三人はこの世の中で立派な行動をした人たちですが、このような人たちが足下にお仕えすることは、できないのではないでしょうか。」と。燕王は、「できるよ。」と答えた。蘇秦は言った。「このような立派な行動をするのであれば、私は足下にお仕えしないです。そもそも曾参のように孝行者でしたら、主義として親元を離れて一晩も外泊しないです。足下はどうやってこういう人を斉へ使いにやれるでしょう。伯夷のように清廉であれば、徒食をせず、武王の（殷の紂王打倒の）義挙を汚らわしいとして臣下にならず、孤竹の国の君主となるのを辞退して、首陽山で餓死するのです。こんなに清廉な者がどうして数千里の道を歩いて、弱い燕の危機の差し迫った君主にお仕えするでしょうか。尾生のように固く約束を守るのであれば、（橋の下で会う）約束をして（女性が）来なくても、（川が増水しても去らず）橋の柱に抱きついて死んでしまいます。このように固く約束を守るのであれば、どうして燕・秦の威勢を斉に発揚して、大きな功績を収められましょうか。それに約束を守る行いは、自分のためにすることであり、人のためにすることではありません。これらの事例はいずれも自分の名声を守る方法であり、進取の道をとっているわけではありません。……。」

④蘇代謂燕昭王曰、「今有人於此、孝如曾參・孝己、信如尾生高、廉如鮑焦・史鰌。兼此三行以事王、奚如。」王曰、「如是足矣。」對曰、「足下以爲足、則臣不事足下矣。臣且處無爲之事、歸耕乎周之上地、耕而食之、織而衣之。」王曰、「何故也。」對曰、「孝如曾參・孝己、則不過養其親耳。信如尾生高、則不過不欺人耳。廉如鮑焦・史鰌、則不過不竊人之財耳。今臣爲進取者也。臣以爲、廉不與身倶達、義不與生倶立。仁義者自完之道也、非進取之術也。」……。

蘇代が燕の昭王にこう言った。「いまここに人がいて、曾参・孝己のように孝行者で、尾生高のように固く約束を守り、鮑焦・史鰌《ししゅう》のように清廉であるとしましょう。この三つの徳行を兼ね備えて王にお仕えするとしたら、いかがでしょうか。」と。王は言った。「そういう人なら申し分ない。」と。蘇代は答えて言った。「足下が満足しておられるのであれば、私は足下にお仕えしません。私は必要最低限のことだけをし、帰郷して周の土地を耕し、耕してはその作物を食べ、機織りしてはその衣服を着ることでしょう。」と。王は、「なぜだ。」と尋ねた。蘇代は答えて言った。「曾参・孝己のような孝行者は、ただ自分の親を養うにすぎません。尾生高のような固く約束を守る者は、ただ人を欺かないというだけのことです。鮑焦・史鰌のような清廉な者は、人の財産を盗まないというだけのことです。私は進取を心がけております。私の考えでは、清廉であれば立身出世はできません。固く約束を守るのであれば生きていくことができません。仁義とは自分を完成する方法であり、進取の術ではないからです。」と。

「信如尾生（固く約束を守る人と言えば尾生）」と言われていて、蘇秦も蘇代（『史記』蘇秦列伝によると蘇代は蘇秦の弟である）も固く約束を守ることを立派な行動の一つだと認めてはいるようであるが、しかしそうだからと言って二人とも「尾生の信」を高く評価しているとは言い難い。むしろ、尾生のように固く約束を守るのであれば、王に仕えることができない、と王に向かって主張している。約束が固いのは自らの名声を守るためであるという点と、単に人を欺かないにすぎないという点が「尾生の信」の低評価を招いている一方で、蘇秦も蘇代も自分は「進取」の人であることを強調している。彼らは、自分が「信如尾生」「孝如曾參」のような既成の価値観を超えて新機軸を打ち出せる人であることを、王に主張したのである。簡単に言えば、彼らは、尾生や曾参を貶めて自らの価値を上げることに努めたのである。

ちなみに、この③の話は、『史記』蘇秦列伝にも載っている。

このほか、「尾生の信」に関する記事は、前漢時代の『淮南子《えなんじ》』に、次のとおり、二箇所見える。

⑤言而必信、期而必當、天下之高行也。直躬、其父攘羊、而子證之。尾生與婦人期而死之。直而證父、信而溺死、雖有直信、孰能貴之。（『淮南子』氾論篇）

言ったことはきまって信用し、約束はきまって固く守る、これらは立派な行為である。直躬のばあい、父親が羊を盗み、子の直躬が証言した。尾生は女性との（橋の下で会う）約束を守って死んでしまった。正直だから父の盗みを証言し、人を信用して溺死したのでは、正直や信用があるとはいっても、そのことをだれが評価するであろう（だれも評価しない）。

⑥信有非而禮有失。尾生死其梁柱之下、此信之非也。孔氏不喪出母、此禮之失者。（『淮南子』説山篇）

人を信用することにもそれから外れた事例があり、礼にも当を失する事例もある。尾生が（会う約束を守って）橋の梁柱の下で死んでしまったのは、信用の履行とは言えない。孔氏が離縁した母の喪に服さなかったのは、礼から外れるものである。

この『淮南子』の二例も、尾生の（生き方ではなく、敢えて言えば）死に方を評価していない。約束を守ることそれ自体は、立派な行いに違いないであろうが、それが度を過ぎて死に至る結果に陥ったならば、『淮南子』は、それは「信」として評価することはできない、といっているのである。

以上、「尾生の信」の出典を確認したが、これら中国古典は総じて尾生の死を評価していなかった。では、これらを踏まえたうえで、実際に芥川龍之介の『尾生の信』は、どのように記されているのであろうか。

第三節　芥川龍之介の二つの「尾生の信」

芥川龍之介が中国に関心をもって中国旅行へ出かけたり、中国古典に取材して作品を執筆したことは夙《つと》に知られている。短篇『尾生の信』についても、前節で挙げた中国古典中の話に取材して執筆された。この話は、芥川の短編を集めた『蜜柑・尾生の信 他十八篇』という文庫本に収められている(2)。ここでは、芥川が書いたもとの文章の調子を汲み取るべく、『芥川龍之介全集』第三巻（岩波書店、一九九六年三月）に収められた『尾生の信』に基づいて話を進めたい。その全文は、以下のとおりである。

尾生《びせい》は橋の下に佇んで、さつきから女の来るのを待つている。

見上げると、高い石の橋欄には、蔦蘿《つたかつら》が半ば這ひかゝつて、時々その間を通りすぎる往来の人の白衣《びやくえ》の裾が、鮮かな入日に照らされながら、悠々と風に吹かれて行く。が、女は未だに来ない。

尾生はそつと口笛を鳴しながら、気軽く橋の下の洲を見渡した。

橋の下の黄泥《くわうでい》の洲は、二坪ばかりの広さを剰《あま》して、すぐに水と続いてゐる。水際の蘆の間には、大方蟹の棲家《すみか》であらう。いくつも円い穴があつて、其処へ波が当る度に、たぶりと云ふかすかな音が聞えた。が、女は未だに来ない。

尾生は稍《やや》待ち遠しさうに水際まで歩を移して、舟一艘通らない静な川筋を眺めまはした。

川筋には青い蘆が、隙間《すきま》もなくひしひしと生へてゐる。のみならずその蘆の間には、所々に川楊《かわやなぎ》が、こんもりと円く茂つてゐる。だからその間を縫ふ水の面も、川幅の割には広く見えない。唯、帯程の澄んだ水が、雲母《きらゝ》のやうな雲の影をたつた一つ鍍金《めつき》しながら、ひつそりと蘆の中にうねつてゐる。が、女は未だに来ない。

尾生は水際から歩をめぐらせて、今度は広くもない洲の上を、あちらこちらと歩きながら、徐《おもむろ》に暮色を加へて行く、あたりの静かさに耳を傾けた。

橋の上には暫くの間、行人の跡を絶つたのであらう。沓《くつ》の音も、蹄の音も、或は又車の音も、其処からはもう聞えて来ない。風の音、蘆の音、水の音、――それから何処かでけたゝましく、蒼鷺《あおさぎ》の啼く声がした。と思つて立止ると、何時か潮がさし出したと見えて、黄泥を洗ふ水の色が、さつきよりは間近に光つてゐる。が、女は未だに来ない。

尾生は険《けは》しく眉をひそめながら、橋の下のうす暗い洲を、愈《いよいよ》足早に歩き始めた。その内に川の水は、一寸づつ、一尺づつ、次第に洲の上へ上って来る。同時に又川から立ち昇る藻の匂や水の匂も、冷たく肌にまつはり出した。見上げると、もう橋の上には鮮かな入日の光が消えて、唯、石の橋欄ばかりが、ほのかに青んだ暮方の空を、黒々と正しく切り抜いてゐる。が、女は未だに来ない。

尾生はとうとう立ちすくんだ。

川の水はもう沓を濡しながら、鋼鉄よりも冷やかな光を湛へて、漫々と橋の下に拡がってゐる。すると膝も、腹も、胸も、恐らくは頃刻《けいこく》を出ない内に、この酷薄な満潮の水に隠されてしまふのに相違あるまい。いや、さう云ふ内にも水嵩《みづかさ》は益々高くなつて、今ではとうとう両脛《りょうはぎ》さへも、川波の下に没してしまつた。が、女は未だに来ない。

尾生は水の中に立つた儘、まだ一縷《いちる》の望を便りに、何度も橋の空へ眼をやつた。

腹を浸した水の上には、とうに蒼茫たる暮色が立ち罩《こ》めて、遠近《をちこち》に茂つた蘆や柳も、寂しい葉ずれの音ばかりを、ぼんやりした靄の中から送つて来る。と、尾生の鼻を掠《かす》めて、鱸《すずき》らしい魚が一匹、ひらりと白い腹を翻した。その魚の躍《をど》つた空にも、疎《まばら》ながらもう星の光が見えて、蔦蘿のからんだ橋欄の形さへ、いち早い宵暗の中に紛れてゐる。が、女は未だに来ない。……

夜半《やはん》、月の光が一川の蘆と柳とに溢れた時、川の水と微風とは静に囁き交しながら、橋の下の尾生の屍骸を、やさしく海の方へ運んで行つた。が、尾生の魂は、寂しい天心の月の光に、思ひ憧れたせいかも知れない。ひそかに屍骸を抜け出すと、ほのかに明るんだ空の向うへ、まるで水の匂や藻の匂が音もなく川から立ち昇るやうに、うらうらと高く昇つてしまつた。……

それから幾千年かを隔てた後、この魂は無数の流転を閲《けみ》して、又生を人間に託さなければならなくなつた。それがかう云ふ私に宿つてゐる魂なのである。だから私は現代に生れはしたが、何一つ意味のある仕事が出来ない。昼も夜も漫然と夢みがちな生活を送りながら、唯、何か来るべき不可思議なものばかりを待つてゐる、丁度あの尾生が薄暮の橋の下で、永久に来ない恋人を何時までも待ち暮したやうに。

芥川の『尾生の信』は、『中央文学』第四年第一号（春陽堂、一九二〇年一月）に掲載された。執筆時期について、これまでに考証されてはいるが、具体的にいつの時期かを確定できていない(3)。そこで、筆者は、『尾生の信』が収録された芥川の『沙羅の花』（改造社、一九二二年八月）において、『尾生の信』の文末に「──大正七年三月──」とあることから、大正七（一九一八）年三月に脱稿したのであろう、と考えておきたい。

さて、本文中で、「が、女は未だに来ない。」が七回繰り返されているが、これは一行目の「女の来るのを待っている」にいずれも対応している。このリフレインが、女がいつまで経っても来ないことと、尾生が自らの身に危険が迫ってもいつまでも待ち続けていることを表現するための大きな効果を生み出している。そして、芥川にとって、「尾生の信」の話は尾生が死んで終わりではなかった。尾生の魂は幾度も生まれ変わった挙句に芥川自身の魂となって現代に生きている。すなわち、芥川龍之介は、現代の尾生にほかならなかったのだ。芥川は、尾生の生き方に自身のそれと共通するものを見つけ、「尾生の信」に共感したのである。別の言い方をするならば、芥川に尾生への思い入れが強かったからこそ、『尾生の信』という作品が生み出された、と言ってよい。中国古典がいずれも「尾生の信」の話を評価しなかったのに対し、芥川は「尾生の信」の話を高く評価し、それを作品化して世に送り出すことで、尾生の生き方のすばらしさを世人に知らしめようとしたのである。

実は、この『尾生の信』には原型があった。先行研究が紹介したように、芥川は短篇の『尾生の信』に先行して、「尾生の信」と題する詩を書き残している。この詩は、葛巻義敏編『芥川龍之介未定稿集』（岩波書店、一九六八年二月）五三〇―五三一頁に収録されており、芥川の生前に未発表だったものである。以下は、この詩の全文である。

たそがるる渭橋の下に
來む人を尾生ぞ待てる。
橋欄ははるかに黒し
そのほとりとぶは蝙蝠
いつか來むあわれ明眸

かくてまつ時のあゆみは
さす潮のはやきにも似ず
さ青なる水はしずかに
履《くつ》のへを今こそほたせ
いつか來むあわれ明眸

足ゆ腰ゆ　ふとはら
漫々と水は滿つれど
さりやらず尾生が信
月しろも今こそせしか
いつか來むあわれ明眸

わざ才をわれとたのみて
いたづらに來む日を待てる
われはげに尾生に似るか
よるべなき「生」の橋下に
いつか來むあわれ明眸

渭橋とは、黄河の支流である渭水に架かる現在の陝西省にあった橋を指すのであろうか。明眸は、美人の形容。この詩では「いつか來むあわれ明眸」が四回繰り返されているが、これが『尾生の信』では七回の「が、女は未だに来ない。」に発展した。「待つ」ということには莫大なエネルギーを要するが、『尾生の信』では、この「待つ」ということを読者に考えさせる、という狙いがあるように思う。(4) また、この詩では第三節までが尾生をうたったものであるが、最後の第四節は「われはげに尾生に似るか」と芥川自身が尾生の生き方に似ていることを述べているものであり、『尾生の信』では最終段落になっている。

この詩がいつ書かれたものかは定かになっていないが、『尾生の信』を脱稿した大正七（一九一八）年三月よりもかなり前の時期から、芥川は「尾生の信」の話をまずは詩という形で表現して、温めて育てて、一つの短篇として大きくしていったのである。

第四節　おわりに

中国古典はことごとく尾生の生き方（死に方）を評価しなかった。また、筆者の担当する授業で『尾生の信』の話をして、リアクションペーパーを書かせると、「尾生が約束を守ることよりも自分の命を守ることを大切にして川から立ち去っていれば、また好きな女の人と会えたのに…」という意見が必ず多いのである。しかし、筆者は、そうは思わないし、思えない。もし尾生が川から立ち去って生きていたとしても、約束をすっぽかして待ち合わせにやって来なかった女とは二度と会わないでよいと思う。生きて帰った尾生がこの女と再会したとしても、この女と付き合っている限り、尾生はこの先何度も同じような目に遭わされるであろう。

比較の対象にならないかもしれないが、筆者の話をしよう。筆者が大学生だった頃―今から約三十年前―は、携帯電話などなく、まだパソコンも普及していなかった。もしも大学教員との面談の日時と場所が設定されたら、他の用事をやりくりしてでも、最優先で面談に臨んだものである。こういう感覚が今の学生には欠けている、いや、こういう感覚をそもそも最初から持ち合わせていないのだろう、と筆者には思えてならない。そして、もしも知人と「午後五時に渋谷駅のハチ公前」で待ち合わせの約束をしたのであれば、学生当時の筆者は一時間前には渋谷に到着するようにしていた。一時間も前から待ち合わせの場所に乗り込むなんてバカではないか、と思われるかもしれない。しかし、これは、電車の人身事故による遅れなど何が起こるか分からない都心の交通事情をも考慮に入れた行動である。早く着くほうが遅れるよりは断然ましであり、約束とは、それを果たすために、自分も相手も他の行動を制約されることでもあるからである。現地に早く着いたら、どうするのか。渋谷駅界隈で待ち合わせの午後五時に近づくまで時間をつぶし、午後五時の約五分前にハチ公前に行っておく、そういうのが筆者が学生の頃の待ち合わせであった。そういう待ち合わせを経験した者として、約束の時間に遅れることを単に一通のメールで通知することで済ませてしまうというのは、感覚として、なかなか理解に苦しむことではある。まぁ、全く連絡してこないよりは、ずいぶん良いのであるが。時代が変わったのだと言わざるを得ない。いや、でも、時代が変わったことを理由にしてしまってよいのであろうか、という思いも胸を去来する。

こういう感覚というか、こういうことが半ば常識となってしまっている筆者には、「尾生の信」こそが、約束の最たるものである、と思われてならないのである。すなわち、筆者も、芥川と同じく尾生の生き方を高く評価するものである。そうであるからこそ、文庫本に収載されたこの短編を多くの読者に読んでもらいたい、と願わずにはおれないのである。

出会いと別れ――これは人の世の常であるが、その人と出会えた偶然を心からよろこぶということ、そして別れた人を遠くからおもうということ。人の世の常である出会いと別れについて、小型情報機器に心を奪われている現代人は、深刻に考えることが希薄になっているのではないだろうか。ましてや、「会う」という約束を果たすことの真の意味を考えることをや。冒頭に引用した串田のことばは、杜甫と李白の事例を通じて、また芥川龍之介の『尾生の信』を通じて、筆者の心に響いてくるのである。

注

（1）清湖口敏「日本を「尾生」にする気か」（『産経新聞』平成二八（二〇一六）年二月二一日、第七面の「論説委員　日曜に書く」欄）。

（2）張蕾『芥川龍之介と中国―受容と変容の軌跡―』（国書刊行会、二〇〇七年四月）の第二章「「尾生の信」の世界」（もと張蕾「「尾生の信」覚え書」、『国文鶴見』第三五号、鶴見大学日本文学会、二〇〇〇年一二月）に、「短すぎるためか、そのほかにも評価し難い理由があってか、今までほとんど等閑視されている。」（本九九頁）と述べられているが、二〇一七年五月に岩波文庫の『蜜柑・尾生の信 他十八篇』が出版され、手軽に読めるようになった。

（3）　仁平道明「芥川の二つの「尾生の信」」（『静岡大学教養部研究報告』No.13、静岡大学教養部、一九七八年三月）の考証が役に立つ。仁平は、大正八年の芥川の置かれた状況や当時の書簡等から、「「尾生の信」も、おそらくは必要の生じた一一月ごろから一二月中旬までに書かれたと考えるべきであろう。」（二〇七頁）との考えを示しているが、これも確定できるものでもない。仮に、『尾生の信』が収録された芥川の『影燈籠』（春陽堂、一九二〇年一月）の大正八年十二月十五日附の「附記」に「その他（＝巻末の二篇の翻訳以外＝井ノ口注）は「傀儡師」以後の創作である。」と記されているのに基づけば、芥川の『傀儡師』（新潮社、一九一九年一月）以降に『尾生の信』は執筆された、ということになる。筆者の考えは本文中に示した。

（4）　「待つ」ということに関する考察は、鷲田清一『「待つ」ということ』（角川学芸出版、二〇一三年五月）を参照した。

第十章　小型情報機器の功罪

第一節　はじめに

小型情報機器が身の回りにあふれ、大人が使用しているのを見て幼少期の子どもがそれに触れ、やがて成長して徐々に自らも使用することが当たり前のようになってきている今日の状況のなかで、小学校・中学校の道徳教育では、情報モラルについて、何をどのように教えることになっているのか。

本章では、まずそのことを確認したうえで、ついで高校「倫理」の情報社会に関する記述や、青少年のスマホ使用に関する新聞記事を紹介し、これらの情報を小・中学校の授業にも適切にフィードバックすることの必要性をうったえたいと考えている。

第二節　小・中学校の学習指導要領の「道徳」と『解説　道徳編』

ここでは、小・中学校の学習指導要領の「道徳」と、その解説書をとりあげて、情報モラルの該当箇所を確認しておきたい。

まず、『小学校学習指導要領』の「第3章　道徳」と、その解説である『小学校学習指導要領解説　道徳編』(著作権所有：文部科学省、東洋館出版社、二〇〇八年八月。以下、『解説　道徳編』と略記)における情報モラルに関する記述を示す。実は、『中学校学習指導要領』の「第3章　道徳」と、その解説である『中学校学習指導要領解説　道徳編』(著作権所有：文部科学省、日本文教出版、二〇〇八年九月)における情報モラルに関する記述も、小学校のものとほぼ同じである。以下では、小学校のものを示した後で、中学校のものとの記述の違いを述べることにする。

さて、『小学校学習指導要領』の「第3章　道徳」において、情報モラルは、「第3　指導計画の作成と内容の取扱い」の3で、以下のとおりに言及される。

> 3　道徳の時間における指導に当たっては、次の事項に配慮するものとする。
> (5)　児童の発達の段階や特性等を考慮し、第2に示す道徳の内容との関連を踏まえ、情報モラルに関する指導に留意すること。

中学校のものは、「児童」が「生徒」になり、「踏まえ」が「踏まえて」になっている以外は、同じ文言である。すなわち、小学校のものも中学校のものも、言おうとしていること自体に差異はない。ここに見える「第2　内容」とは、小学校一・二年生、小学校三・四年生、小学校五・六年生、そして中学生のそれぞれで、「1　主として自分自身に関すること。」「2　主として他の人とのかかわりに関すること。」「3　主として自然や崇高なものとのかかわりに関すること。」「4　主として集団や社会とのかかわりに関すること。」という四つの柱から構成される具体的な道徳的行為を指す。しかし、上引の文言のみでは、「第2　内容」との関連を踏まえ、情報モラルに関する指導に留意せよと言われても、何をどうすればよいのか、困惑することになるであろう。

そこで、『解説　道徳編』を参照すると、上引の文言について、情報モラルの定義を含めて、やや具体的な記述が見られる。「第5章　道徳の時間の指導」—「第4節　道徳の時間の指導における配慮とその充実」—「5　情報モラルの問題に留意した指導」には、次のように記されている。

社会の情報化が進展し、コンピュータや携帯電話等が普及することにより、情報の収集や表現、発信などが容易にできるようになったが、その一方で、情報化の影の部分が深刻な社会問題になっている。児童は、学年が上がるにつれて、次第にそれらを日常的に用いる環境の中に入っており、学校や児童の実態に応じた対応が学校教育の中で求められる。これらは、学校の教育活動全体で取り組むべきものであるが、道徳の時間においても同様に、情報モラルに関する指導に配慮していかなくてはならない。

⑴情報モラルと道徳の内容

情報モラルとは情報社会で適正な活動を行うための基になる考え方と態度ととらえることができ、その内容としては、個人情報の保護、人権侵害、著作権等に対する対応、危険回避やネットワーク上のルール、マナーなどが一般に指摘されている。

道徳の時間においては、第2に示す道徳の内容との関連を踏まえて、例えば、情報モラルに関する題材を生かしたり、情報機器のある環境を生かしたりするなどして指導に留意することが求められる。道徳の内容との関連を考えるならば、例えば、ネット上の書き込みのすれ違いなど他者への思いやりや礼儀の問題及び友人関係の問題、情報を生かすときの法やきまりの遵守に伴う問題など、多岐にわたっている。特に、情報機器を使用する際には、自分のことを明らかにしなくとも情報のやりとりができるという匿名性に伴って、使い方によっては相手を傷付けるなど、人間関係に負の影響を及ぼすこともある。小学生の段階も少しずつそのような環境の中に入っていく時期であることを押さえて指導上の配慮をしていく必要がある。

各学校においては、児童や地域の実態等を踏まえ、指導に際して配慮すべき内容について検討していくことが必要である。

(2) 情報モラルへの配慮と道徳の時間

情報モラルに関する指導について、道徳の時間では、その特質を生かした指導の中での配慮が求められる。指導に際しては、情報モラルにかかわる題材を生かして話合いを深めたり、コンピュータによる疑似体験を授業の一部に取り入れたり、児童の生活体験の中の情報モラルにかかわる体験を想起させたりする工夫などが考えられる。創意ある多様な工夫が生み出されることが期待される。

具体的には、例えば、相手の顔が見えないメールと顔を合わせての会話との違いを理解し、メールなどが相手に与える影響について考えるなど、インターネット等に起因する心のすれ違いなどを題材とした指導が考えられる。また、ネット上の法やきまりを守れずに引き起こされた出来事などを題材として授業を進めることも考えられる。その際、その問題の根底にある他者への共感や思いやり、法やきまりのもつ意味などについて児童が考えを深めることができるように働き掛けることが重要になる。

なお、道徳の時間は、道徳的価値の自覚及び自己の生き方についての考えを深めることを通して道徳的実践力を育成する時間であるとの特質を踏まえ、例えば、情報機器の使い方やインターネットの操作、危険回避の方法やその際の行動の具体的な練習を行うことにその主眼をおくのではないことに留意する必要がある。

（九七―九八頁）

中学校の『解説　道徳編』は、「児童」が「生徒」になり、また「児童は、学年が上がるにつれて、次第にそれらを日常的に用いる環境の中に入っており、」が「生徒は、それらを日常的に用いる環境の中に入っており、」

になり、そして「小学生の段階も少しずつそのような環境の中に入っていく時期であることを押さえて指導上の配慮をしていく必要がある。」という一文がないこと以外は、これと同じ文言である。すなわち、小学生に対しては徐々に情報機器を使用してきていることを前提としているが、中学生に対しては全員が日常的に情報機器を使用する環境にいることを前提とした記述になっている。

これによると、情報モラルとは、「情報社会で適正な活動を行うための基になる考え方と態度」とされる。具体的には、個人情報の保護、人権侵害、著作権等に対する対応、危険回避やネットワーク上のルール、マナーなどが挙げられている。このうち、情報機器の使い始めのうちに取り組むべきことは、やはりルールやマナーの教育であろう。モラルは、こうした基本的なことを教えることから育まれると思われるからである。その先に、個人情報の保護、人権侵害、著作権などへの対応が可能となっていくであろう

そして、最後の段落の記述からは、学校現場は、情報機器のノウハウを教え込む所ではなく、あくまでもモラルを培う所である、と読み取ることができる。この点は、筆者も強く同意するものである。

第三節　『わたしたちの道徳　小学校3・4年』

道徳の授業は小学校1年生から開始されるが、情報モラルに関する記述が道徳の副読本に現われてくるのは、『わたしたちの道徳　小学校3・4年』（著作権所有：文部科学省、教育出版、二〇一四年六月）が最初である（すなわち『わたしたちの道徳　小学校1・2年』（著作権所有：文部科学省、文溪堂、二〇一四年六月）に情報モラルに関する記述は見当たらない）。

同書一七〇―一七三頁の計四ページには、「じょうほうモラル　コンピュータやけい帯電話などをどのように使えばよいのでしょうか」という見出しのもと、各頁、次のように記されている。

コンピュータやけい帯電話などのじょうほう機器は、とても便利です。いろいろなことを調べたり、かん単に友達とメールで話したりすることができるからです。

けれども、使う場面や使い方をよく考えないと、あぶない目にあったり、こまったりすることがあります。

（以上、一七〇頁）


ゲームが大好きなまさお君は、オンラインゲームで友達とよくゲームをしています。

時々、宿題が後回しになってしまうことや、約束を守れないこともあります。

つい、おそくまでゲームをして、よく朝、起きられなくなることもあります。
○このような生活を続けていると、やがてどのような問題が起こるでしょうか。
○これからは、どのようなことに気をつけなければならないでしょうか。
（以上、一七一頁）


ゆみさんの家に電話がかかってきました。

「よい参考書があるので、たくさんの人にしょうかいしたいと思います。友達の名前と電話番号を教えてくれませんか。」

ゆみさんは、どうすればよいのかと思いました。
○もし教えてしまったら、どのようなことにおなると思いますか。
○このようなとき、どのようにすればよいのでしょうか。
（以上、一七二頁）


りょうたくんのけい帯電話に、知らない人からメールがとどきました。

「プレゼントが当たったのでおとどけします。住所と名前とたん生日を入力して、返信してください。」

りょうたくんは、喜んで入力しようとしましたが、（あれ、いいのかな。）と思ってじっと考えました。
○もし入力してしまったら、どのようなことになると思いますか。
○このようなとき、どのようにすればよいのでしょうか。
（以上、一七三頁）

これらは、具体的な個々の事例について、どのように判断すべきかを児童一人ひとりに考えさせるものとなっている。一人で考えさせたうえで、クラスの中で話し合わせることによって、何が善くて何が悪いかというモラルを共有し、自己を防御する力を養うことができる、と思われる。

第四節　『私たちの道徳　小学校５・６年』

『私たちの道徳　小学校５・６年』（著作権所有：文部科学省、廣済堂あかつき、二〇一四年六月）では、「情報社会に生きる私たち」という見出しのもと、四ページにわたって（一八四―一八七頁）、情報モラルについて記されている。

一八四頁では、情報機器を「パソコン」「携帯電話・スマートフォン」「ゲーム機・タブレットなど」の三つに分けて、どのように使用するものかが簡単に説明されている。

一八五頁は、小学校六年生への調査結果（文部科学省「平成二五年度全国学力・学習状況調査（小学校）」）が示されている。具体的には、「普段（月～金曜日）、一日当たりどれくらいの時間、インターネット（携帯電話やスマートフォンを使う場合も含む）をしますか。」の質問については、「全くしない」が三八・六％、「1時間より少ない」が三七・二％、「1時間以上、2時間より少ない」が一二・七％などの回答割合となっており、「携帯電話やスマートフォンで通話やメールをしていますか。」という質問については、「持っていない」が五五・六％、「時々している」が一九・八％、「ほぼ毎日している」が一三・三％などの回答割合となっており、「普段（月〜金曜日）、１日当たりどれくらいの時間、テレビゲーム（コンピュータゲーム、携帯式のゲームを含む）をしますか。」という質問については、「１時間より少ない」が三一・六％、「１時間以上、２時間より少ない」が二四・八％、「全くしない」が一五・六％、「２時間以上、３時間より少ない」が一三・二％などの回答割合となっている。これらを総合すると、小学校六年生は、携帯電話やスマートフォンといった小型情報機器を半数以上が持っていないこともあり、インターネットを全くしない人も四割近くいるが、２時間までの範囲でテレビゲームをする人は半数以上にのぼる。すなわち、携帯電話やスマートフォンを所有していなくても、他の情報機器に接している人は多い、ということである。

一八六頁・一八七頁の見開き二ページは、「話し合ってみよう　インターネットをどのように使えばよいのだろう」という小見出しのもと、以下の四つに分けて説明されている。すなわち、「オンラインゲームなどのやり過ぎ」には「節度をもって」との注意が、「個人情報のあつかい」には「自分でよく考えて」との注意が、「ネット上でのいやがらせ・チェーンメール」には「相手の気持ちを考えて」との注意が、「言葉の使い方・情報機器の使い分け」には「真心が伝わるように」との注意が、それぞれ大きな文字で表記されている。一八七頁の末尾には「インターネットを使うとき、他に気を付けたいことを話し合ってみましょう。」との一文が記されている。以上を総じて言えば、この二ページは、ゲームのやり過ぎに留意し、メールの送受信には細心の注意を払うよう、注意を促している箇所である。

小学校五・六年生は、個人専用の小型情報機器を所有し利用することがあってもおかしくない年代だと捉えたうえで、使用時間や言葉の使い方などに節度をもって利用するよう指導することが必要だと思われる。

第五節　『私たちの道徳　中学校』

『私たちの道徳　中学校』（著作権所有：文部科学省、廣済堂あかつき、二〇一四年六月）では、情報モラルについてのページが、二二六―二二九頁の計四ページ設けられている。

二二六頁・二二七頁の見開き二ページは、「考えよう情報社会の光と影」という見出しのもと、電子メールで伝える内容への配慮と、生活習慣の面での節度のあるインターネットの使い方をうったえている。二二七頁には、内閣府の「青少年のインターネット利用環境実態調査」（平成二四年度）の調査結果がグラフで示されている。具体的には、「インターネットにのめりこんで勉強に集中できなかったり、睡眠不足になったりしたことがある（携帯電話・パソコン）」という質問には、高校生二〇・五％、中学生八・一％、小学生二・八％という結果が示されている。また、中学生の「平日の自宅におけるインターネットの平均的な利用時間（パソコン）」については、「1時間以上2時間未満」二七・一％、「30分以上1時間未満」二一・七％、「使っていない」一六・七％、「30分未満」一五・八％などの回答結果が示されている。そして、「家庭でのパソコンの使い方に関するルール」については、「ルールを決めている（計）」が五一・二％、「特にルールを決めていない」が四六・八％、「わからない」が二・〇％となっており、このうち、「ルールを決めている」の主な内訳は、「利用する時間を決めている」が二四・九％で最も多く、「守るべき利用マナーを決めている」が一六・〇％、「利用する場所を決めている」が一五・一％、「サイトについて、使用を禁止したり、利用内容を決めている」が九・一％などとなっている。これらの調査結果からは、中学生は自宅でのインターネットの利用が二時間を超えない人たちが八割を超えており、利用のルールのもとで、概ね節度のある利用を心がけていることがわかる。以上から、二二七頁は、インターネットの節度のある利用をアピールしてる一ページである、ということができる。

二二八頁・二二九頁の見開き二ページは、「情報社会を生きる一人として絶対にしてはいけないこと」という見出しで、二二八頁では、インターネット上での誹謗・中傷・いじめ・いやがらせ、他人のアカウントの乗っ取り、不正アクセスなどに言及し、ネット社会では、「法やきまりを守って適正な使い方をしよう」と呼びかけている。二二九頁では、「情報技術を利用した「いじめ」」という小見出しのもと、相手の顔が見えない「ネット上のいじめ」についてとり上げている。「電子メールやインターネット上の掲示板等を利用して、特定の生徒に対する誹謗や中傷が行われる「ネット上のいじめ」は、他のいじめと同様に決して許されるものではない。」とし、こうしたことが起こらないようにするにはどうすればよいかを考えよう、と読者（中学生）へ呼びかけている。同頁には、鈴木佳苗・坂元章「インターネット利用といじめの関係性に関する研究」（平成二三年）における「「ネット上のいじめ」の被害経験と加害行動経験（中学生）」の調査結果各上位五位がグラフで示されている。「ネットいじめの被害経験」の上位五位は、「ネット上でからかわれた」一・九％、「だれのものかわからないアドレスから、悪口を送信された」一・五％、「自分だけにメールがこなかった」一・四％、「ネット上に、事実とは異なる自分の情報を書き込まれた」一・〇％、「ネット上で、危ない目にあわせると言われた」〇・九％となっている。一方、「ネットいじめの加害行動経験」の上位五位は、「メール（パソコンや携帯電話）で、同じ学校の人に悪口を送信した」二・五％、「ネット上で、同じ学校の人をからかった」一・八％、「同じ学校の一人にだけメールを送らなかった」一・〇％、「ネット上に、同じ学校の人の事実とは異なる情報を書き込んだ」〇・五％、「ネット上で、同じ学校の仲間に、「Bさん（同じ学校の人）を友だちリストからはずそう」などと呼びかけた」〇・四％となっている。

情報モラルに関するページは二二九頁で終わりであるが、実は、二三〇頁で「あなたの身近に　いじめはありますか」というタイトルの次の文章が掲載されている。

「あなたの身近に　いじめはありますか／もし　あるとしたら／あなたは／いじめを受けている人ですか／い

じめをしている人ですか／いじめを止めようとしている人ですか／それとも／いじめとわかっていながら／何もしない人ですか」

これは明らかに二二九頁の「ネットいじめ」からの続きで、いじめをとりあげている意味を持っている。中学生のいじめは、時に社会問題にもなり、深刻さを増している。学校の実態に応じた担当教員の力量が問われるところであるとも言える。

以上、三節にわたって、『わたしたちの道徳　小学校３・４年』、『私たちの道徳　小学校５・６年』、『私たちの道徳　中学校』それぞれの情報モラルに関する記述を紹介し、少しであるが私見も述べた。各冊に共通しているのは、情報モラルに割いているページ数がいずれも四ページであることである。これは、各冊の全頁数に比して、情報モラルの取り扱いがあまりにも少ないことを示していよう。小型情報機器が急速に普及してきた今日、情報モラルは、一つの章を設けて、もっと大きくとりあげてもよいのではなかろうか。

第六節　高校「倫理」の教科書における情報モラルに関する記述

『中学校学習指導要領解説　道徳編』（著作権所有：文部科学省、日本文教出版、二〇〇八年九月）では、「第１章総説」―「第１節　道徳教育改訂の要点」―「２　道徳教育改訂の趣旨」―「（３）改善の具体的事項」の（エ）において、高等学校における道徳教育について、次のように記されている。

高等学校においては、高等学校のすべての教育活動を通じて道徳教育が効果的に実践されるようにするため、学校としての指導の重点や方針を明確にし、道徳教育の全体計画の作成を必須化するとともに、各教科や特別活動、総合的な学習の時間がそれぞれの特質を踏まえて担うものについて明確にする。
また、社会の一員としての自己の生き方を探求するなど、生徒が人間としての在り方生き方にかかわる問題について議論し考えたりしてその自覚を一層深めるようにする観点から、中核的な指導場面となる「倫理」や「現代社会」（公民科）、「ホームルーム活動」（特別活動）などについて内容の改善を図る。

これによれば、中学校の道徳教育の延長線上には、高等学校の「倫理」が位置していることが分かる。そこで、「倫理」の教科書で情報モラルがどのように取り扱われているのかを垣間見ることにしたい（「現代社会」や「ホームルーム活動」に関しては、別の機会に検討したい）。

二〇一六年度使用の「倫理」の教科書は、都合七種である。それらを必要に応じて見ていこう。実教出版の『高校倫理』（二〇一二年三月検定済）は、「第2編　現代と倫理」─「第2章　現代の諸課題と倫理」─「第5節　高度情報化社会の課題」の「情報社会の倫理」という項で情報倫理が次のように取り上げられている。

情報社会を生きるうえで私たちに必要な倫理（情報倫理）とはどのようなものだろうか。情報社会とは、直接的な人間関係が希薄化する危険性があるだけでなく、人間の主体性が失われる危険性も高い社会である。私たちに求められているのは、大量の情報の中から自分に必要な情報を取捨選択したり、情報の真実性を批判的に吟味したりする能力である。このような能力を情報リテラシーという。情報社会は私たちの生き方をゆたかにする可能性も秘めている一方でさまざまな問題点を抱えている。私たちは情報社会の光と影を十分に理解しなければならない。（一九八頁）

情報リテラシーは、情報の受け手側が身につけるべき能力であるが、個人レヴェルの情報リテラシーに基づいて、個人レヴェルの、また社会で普及させるべき情報倫理が構築される。情報倫理という語は情報モラルと同義であるが、この情報倫理（情報モラル）については、第一学習社の『高等学校　倫理』（二〇一二年三月検定済）のほうが、やや詳しい。第一学習社の『高等学校　倫理』は、「第5章　現代の諸課題と倫理」に「4　情報社会と倫理課題」という節が設けられ、その中の「2　ネットワーク社会と情報モラル」という見開き二ページにおいて情報モラルが扱われている。その「電子ネットワーク上での人間関係のトラブル」という項には、「通常の対人コミュニケーションにおいては、表情、身振りなどが気持ちを伝える上での重要な要素となっているが、インターネット上のコミュニケーションは、おもに文字でおこなわれる。そのため十分に自分の気持ちを伝えることができず、トラブルが起こりやすい。また、インターネット上での匿名による発言は、他人に対して攻撃的になりやすく、感情的な対立へとエスカレートしやすい。私たちは、こうしたインターネット上のコミュニケーションの特徴をよく理解しておく必要がある。そして、相手への思いやりとともに、感情をコントロールする能力が大切である。」（一九五頁）と記されている。このような注意喚起ともとれる記述は、実は、他社の教科書にはない特徴である。

その他の教科書における情報リテラシー・情報倫理に関する記述は、実教出版の教科書の記述と大同小異であり、引用・紹介は省略する。

「倫理」という教科を通じて、高校生の時点では、特に情報リテラシーについて学ぶことを確認できた。

第七節　新聞が報じた青少年の情報モラル

筆者は、東京学芸大学の道徳教育の講義で、新聞記事を用いて情報モラルについて考える一環として、小型情報機器の功罪について話をしてきた。実は、どちらかというと「功」の話は少なく、「罪」の話のほうが多い。

その理由は二つある。一つは、新聞は「功」よりも「罪」のほうを報じる傾向にある、ということである。もう一つは、「功」よりも「罪」からのほうが道徳上の教訓を汲み取りやすい、ということである。そういうわけで、以下は、「功」よりも「罪」のほうに比重がかかる記事の紹介になる。

まずは、「功」。スマートフォンの使用にルールを設けたという話である。例えば、二〇一四年三月に愛知県刈谷市で中学生はスマホを夜九時以降は使用しないというルールが周知されたことをめぐる記事（『産経新聞』二〇一四年五月二日（金）第二三面）や、東京都三鷹市が小中学生に小型情報機器を適切に使用させるべく保護者向けに啓発リーフレットを作製した記事（『産経新聞』二〇一五年四月五日（日）第二三面）、都教委による「ＳＮＳ東京ルール」策定に関する記事（『産経新聞』二〇一五年一一月二七日（金）第二七面）などを、筆者は講義で紹介している。これらを紹介する意図は、本稿の第五節でみたような、中学生にはスマホの利用にルールが設けられ、節度のあるスマホの利用をうったえるためである。

次に、「罪」。これは多岐にわたる。例えば、『産経新聞』二〇一四年八月二六日（火）第二四面の「スマホ使用　長いほど成績低く」では、小中学生は、スマホの使用時間が長いほどテストの成績が低いことを報じている。また、『産経新聞』二〇一四年一〇月一二日（日）第二四面の「高1　スマホ依存」では、高一の約九割がスマホを所有し、そのうちの半数が休日に三時間以上も使用していることを報じている。その後、デジタルアーツ社が二〇一六年一月に一〇―一八歳を対象に行なった調査で、スマホを含めた携帯の一日当たりの平均使用時間は、女子高生で五・九時間に上っていることが報じられた（『産経新聞』二〇一六年五月三一日（火）第二四面）。さらに、世界保健機関（ＷＨＯ）が、聴力を守るためには、スマホやオーディオ機器での音楽鑑賞を「一日一時間以内」に控えるよう呼びかけたことも報じられ（『産経新聞』二〇一五年三月一日（日）第三〇面、「スマホで音楽　一日一時間に」）、スマホの使用時間にほぼ比例して就寝する時間が遅くなり、子ども（特に中学生）が寝不足に陥ることも報じられた（『産経新聞』二〇一五年五月二日（土）第二二面、「子供の寝不足　スマホが誘発」）。これらの記事を一枚のプリントに収めて講義で配布して、最近のスマホの使用時間の傾向を伝え、適切な使用時間を守ってスマホに依存することのないように、将来の教え子たちに指導するよう受講生（将来の学校教員たち）へ呼びかけている。

さらに、もう一つ「罪」であるが、歩きスマホの問題がある。電気通信事業者協会（ＴＣＡ）が二〇一五年一月二三日（金）までにまとめた歩きスマホの実態調査（二〇一四年一二月一一—一四日に東京二十三区・名古屋・大阪・福岡・札幌で六百人のスマホ所有者が対象）によると、歩きスマホをしたことのある人は四四・八％に上り、一〇—二〇代は六割が歩きスマホが習慣化していることが判明している（『産経新聞』二〇一五年一月二四日（土）第二四面、「「歩きスマホしたことある」四四％」）。歩きスマホについても、新聞記事を一枚のプリントに収めて講義で配布し、将来の教え子たちへの指導に役立ててほしい旨を受講生へ呼びかけている。

第八節　おわりに

以上、本章では、小学校・中学校の道徳教育における情報モラルの取り扱われ方を中心に、高校「倫理」の教科書における情報倫理の記述や、新聞が報じた青少年の情報モラルについて紹介し、私見を述べた。情報モラルに関しては、道徳の副読本（近い将来、教科書になるが）に取り上げられている事例のみを学習するだけでは、不足であることは明確である。特に小型情報機器の進展は日進月歩である。スマホや携帯の使用に関する児童・生徒への学校独自の実態調査の結果や、マスメディアで報じられるニュース・新聞記事などから得られる情報を、教育現場に適切にフィードバックすることが求められよう。

そして、何よりも、情報機器から離れた日常生活のなかで、子どもたちに、他者への思いやりや礼儀作法を身につけさせることのほうが重要である。そして、親と子も、大人と子供も、大人同士も、子ども同士も、生身の人間同士、お互いの目を見て話をすることが、一番の基本である。こうした素地が身に備わってこそ、情報機器の使用に関しても、必ずやモラルが守られると信じるからである。

第五部　21世紀をどう生きていくのか

第十一章　中庸とは何か―「ほどほどに」生きていく―

第一節　辞書の中の「中庸」

「中庸」ということばについて、『広辞苑』第七版（岩波書店、二〇一八年一月）を引くと、

かたよらず常にかわらないこと。不偏不倚で過不及のないこと。中正の道。（一八九五頁）

と説明されている。ちなみに、『広辞苑』第一版第一刷（岩波書店、一九五五年五月）を引くと、

かたよらず常にかわらぬこと。不偏不倚過不及のないこと。中正の道。（一三九八頁）

と説明されている。第一版から第七版に至るまでの六十年余の間に説明の変わった点は、第二版（一九六九年五月）で「不偏不倚」と「過不及」の間に「で」が置かれ、第三版（一九八三年一二月）まで「常にかわらぬ」だ

ったのが第四版（一九九一年一一月）以降は「常にかわらない」になった、くらいのことである。しかし、そんな微調整よりも、筆者はむしろ、「不偏不倚《ふへんふい》」と「中正の道」がよく理解できない。「不偏」は知っている。『広辞苑』第七版に「かたよらないこと。」（二五八二頁）と記されているとおりである。しかし、「不偏不倚」は、筆者はよく分からないし、「不倚」は『広辞苑』にも項目として載っていない。そして、「中正」は、われわれの日常会話でふつうに使う言葉であろうか。筆者は使わない。『広辞苑』第七版を引くと、「立場が偏らず正しいこと。」（一八九二頁）とあって、ようやく理解できる。

『広辞苑』の「中庸」がこのような説明になってしまっているのは、『広辞苑』の編者として知られる新村出が編者をつとめた『辭苑』（博文館、一九三五年二月）の「中庸」の説明に由来する、と思われる。『辭苑』にはこうある。

　かたよらず常にかはらぬこと。不偏不倚過不及なきこと。中正の道。　（一三八七頁）

『辭苑』が『広辞苑』へと発展した経緯[1]を思うと、『広辞苑』の「中庸」の説明は、『辭苑』の頃から、ほとんど変わっていない、ということになる。

実は、「中庸」についてのこの説明は、朱熹の『中庸章句』に、

　中者、不偏不倚、無過不及之名。庸、平常也。

　中とは、（どちらか一方へ）かたよらずよりかからず、過不足がないことの名称である。庸とは、いつもかわらないことである。

と注記されているのに基づいているようである。すなわち、『広辞苑』の「中庸」の説明は、「中庸」の朱子学的解釈を示したものと言えるのであるが、「中庸」の原義に遡ってみても、朱熹のこの説明は妥当なものである、と言ってよい。現に、春秋時代を生きた孔子は、「中庸」という徳について、

　子曰、「中庸之為徳也、其至矣乎、民鮮久矣。」　（『論語』雍也篇／『中庸』）
　先生がおっしゃった。「中庸という徳は、最高のものである。庶民がそれを実践しなくなってずいぶんと経つなぁ。」
　※「民鮮久矣」を『中庸』は「民鮮能久矣」に作る。

と述べて「中庸」を高く評価した一方で、

　子曰、「過猶不及。」　（『論語』先進篇）
　先生がおっしゃった。「やり過ぎることは、物足りないことと同様によろしくない。」

とも述べていて、孔子はどちらかへの偏り（「過」あるいは「不及」）を評価しなかった。ただ、そうはいうものの、孔子もどうにかして「中庸」に近づこうとしていた。それが次のくだりによく顕れている。

　子曰、「不得中行而與之、必也狂・狷乎。狂者進取、狷者有所不爲也。」　（『論語』子路篇）
　先生がおっしゃった。「中庸の実践者と一緒に行動できないのであれば、（次善の策として）狂者（志の大きい人）か狷《けん》者（臆病者）を選ぶね。狂者は進取の道を進み、狷者は余計な事をしないからである。」

本章では、孔子が最高の徳であると讃えた「中庸」について、特に『中庸』の用例から考察するものである。

第二節　『中庸』の中の「中」「中庸」

朱熹は、『中庸章句』の中で、自らが尊敬する程顥《ていこう》と程頤《ていい》の兄弟（＝二程と略称される）が「中庸」について述べた言葉を次のように引用している。

子程子曰、「不偏之謂中、不易之謂庸。中者天下之正道、庸者天下之定理。」

程先生がおっしゃった。「かたよらないことを中といい、かわらないことを庸という。中とは天下の正しい道筋であり、庸とは天下の不変の原理である。」

先に挙げた朱熹の「中庸」の解釈の一部は、二程に基づくものである。

さて、ここでは、『中庸』における「中」や「中庸」について、どのように説かれているか、文章の登場順にしたがって見ておきたい。

天命之謂性。……。喜怒哀楽之未発、謂之中。発而皆中節、謂之和。中也者、天下之大本也。和也者、天下之達道也。

天が賦与したものを性という。……。喜怒哀楽の感情がまだ表出していない状態を中という。感情が表出しても節度を以て表出することを和という。中とは、天下の大原則である。和とは、天下の最高の道理である。

社会生活において、他者との人間関係では、感情や欲望の出し方を適切にする（あるいは出さないままでいる）ことが必要不可欠である。朱熹は、『中庸章句』のなかで、「未発」をめぐって、次のように注している。

喜・怒・哀・楽、情也。其未発則性也、無所偏倚、故謂之中。発皆中節、情之正也。

喜・怒・哀・楽とは、感情である。感情がまだ表出していない状態が性であり、一方へかたよったりよりかかったりしていないので、中という。感情の表出が節度を以て行なわれるのが、感情の正しいあり方である。

ここで、想起すべきは、朱子学の背骨に当たる「性則理（性はその人を成り立たせている原理である）」の説である。「性」とは、その人の生まれながらの本質を指す。この朱熹の注によると、「未発」は「性」であり「中」である。すなわち、感情が出てきていない「未発」の状態でいることがその人の本質である「性」であり中庸である。中庸が最高の徳とされている以上、「未発」の状態を維持し続けることが求められる。つまるところ、朱子学では、人間関係において感情的にならないことが求められているのである。

一方、欲望についても、「理」との対比で捉えられている。「理」は何に由来する言葉であるのかを古典にもとめると、『礼記』楽記篇に、「天」に由来する「理」という意味の「天理」という語が「人欲」という語と対で用いられている。朱子学では、「性」＝「（天）理」＝「未発」＝「中」の対極に位置するのが「人欲」であり、「天理を存して人欲を滅す」と唱えられ、「天理」を外れた情欲である「人欲」は滅ぼすべきものとされた。「未発」である中庸を保持している人が「君子」であり、次のように記されている。

仲尼曰、「君子中庸、小人反中庸。君子之中庸也、君子而時中。小人之中庸也、小人而無忌憚也。」

孔子はこう言った。「立派な人物は中庸の状態にあるが、つまらない人はそれに反している。立派な人物の中庸というのは、立派な人物として常に中の状態を維持している。つまらない人の（反）中庸というのは、つまらない人として忌み憚ることが無いのだ。」

小人と対比して君子が「中庸」を保持していることを確認したあと、『論語』雍也篇にも載っているように、

子曰、「中庸之為徳也、其至矣乎、民鮮能久矣。」

先生がおっしゃった。「中庸という徳は、最高のものである。庶民がそれを実践しなくなってずいぶんと経つなぁ。」

と述べて「中庸」という徳を高く評価するのである。

次に、「道」について「過」「不及」が言われている。

子曰、「道之不行也、我知之矣。知者過之、愚者不及也。道之不明也、我知之矣。賢者過之、不肖者不及。」

先生がおっしゃった。「道が実行されなくなったことについて、私は理由を知っている。道理をわきまえた人は実行しても度を越してしまい、愚かな者は実行がそこまで及ばないからである。道が明示されなくなったことについて、私は理由を知っている。賢い者は理解が度を越してしまい、愚かな者は理解がそこまで及ばないからである。」

このように、孔子は自らが生きた当時の知者・賢者の「過」と愚者・不肖者の「不及」について述べたあと、「中庸」を保持している君子の代表例として、舜と顔回を挙げている。まず、舜については、

子曰、「舜其大知也與。舜好問而好察邇言。隠悪而揚善。執其両端、用其中於民。其斯以為舜乎。」
先生がおっしゃった。「舜はすぐれた知恵者《アイディアマン》だなぁ。舜は庶民にいろいろと尋ねるのが好きで庶民の身近な言葉を好んだ。（知り得たことのうち）悪い事例を表に出さずに善い事例をアピールした。その善と悪の両端を手に持ち、その中間をとって庶民への統治に適用した。これこそが舜なのだ。」

とあって、「中」とは善と悪の中間であることが示されている。そして、孔子の弟子の中で最も優秀だった顔回については、

子曰、「回之為人也、擇乎中庸、得一善、則拳拳服膺而弗失之矣。」
先生がおっしゃった。「顔回の人となりは、中庸を選択し、一つの善き事を得られたら、両手で捧げ持つようにして常に胸に抱いてそれを忘れないようにしたのだ。」

と記される。実は、この直前に、孔子について「擇中庸而不能期月守也（中庸を選択してもひと月も守ることができない）」と述べられており、孔子との対比で、弟子の顔回がいかに優れているかが表現されている。孔子は「中庸」を実践することの難しさを次のように述べる。

子曰、「天下國家可均也。爵祿可辭也。白刃可蹈也。中庸不可能也。」
先生がおっしゃった。「天下国家は平らかにすることができる。爵位や俸給は辞退することができる。光る刃物は踏みつけ（て身の危険を回避す）ることができる。（しかし）中庸は実践することができないのである。」

孔子が実践できないと述べた「中庸」を実践した舜と顔回が、いかに高く評価されているかが分かるであろう。

このあと、『中庸』では、孔子の弟子である子路が強さについて孔子に尋ね、孔子が回答する中で、

故君子和而不流、強哉矯。中立而不倚、強哉矯。国有道、不変塞焉、強哉矯。国無道、至死不変、強哉矯。

だから君子は他者と調和しながらも他者の考えに流れることはない、とても強いことよ。真ん中に立ってどちらかへ偏ることもない、とても強いことよ。国に道が実現されている平和の時でも、栄達する以前から抱いていた節操を変えることもない、とても強いことよ。国に道が行われていない乱世の時でも、死ぬまで節操を変えない、とても強いことよ。

とあるように、君子が「中立而不倚」であることを述べており、さらに、

君子依乎中庸、遯世不見知而不悔。唯聖者能之。

君子は中庸を拠り所とし、世間から隠遁して人々に知られなくても後悔しない。これはただ聖人だけができることなのだ。

とあるように、君子が「中庸」を拠り所にしていることも述べている。

以上の諸例は、『中庸』の初めの部分に連続して書かれていることであるが、これでおおむね『中庸』における「中」や「中庸」に関する議論は尽きている。このほかは、『中庸』の後半部分に、

故君子尊徳性而道問學、致広大而尽精微、極高明而道中庸、温故而知新、敦厚而崇礼。

だから君子は先天的な性（自らの本質）を捧げ持って後天的な学問に励み、広大な考えを発揮して細かい分析を行い、高遠で明確な理想を掲げて中庸に励み、以前学んだ事を繰り返し学びながら新しい知識を摂取し、自らの重厚な人柄をさらに重厚にして細かい規定で構成される礼を尊重するのだ。

とあって、君子が「中庸」に基づくことを述べ、さらに、聖人の形容として「齊莊中正（謹厳荘重でどこにも偏らないで正しい）」と「中正」という語が使用されている程度である。

ここまで『中庸』における「中」「中庸」について考察してきた。総じて言えば、「中庸」は君子特有の徳であり、その代表者には舜や顔回が挙げられる。孔子はそうではなく、むしろ「中庸」を実践することができずに「中庸」を目標としていた、ということが分かる。

第三節　『老子』の中の「中」

さて、視点をガラリと変えて、本節では、アンチ儒家の代表である『老子』における「中」を見てみよう。実は、『老子』にも、中庸が重要であることが説かれているのである。

ただ、本章で検討する『老子』の中の「中」は、次の一例にすぎない。

多言數窮、不如守中。（『老子』第五章）

おしゃべりが過ぎるとしばしば行き詰まる。中庸を守るに越したことはない。

これは、簡単に言えば、おしゃべりはほどほどにせよ、という趣旨である。

実は、ここで挙げた『老子』第五章の文言は、三国時代の魏の人である王弼《おうひつ》が注を付けた時の『老子』の文言であり、言わば三国時代に伝わっていた『老子』第五章の文言である。しかし、三国時代を遡《さかのぼ》る『老子』が出土し、さらに古い『老子』の文言を確認することができるようになった。出土資料の『老子』は、大きく三種ある。最古のものは、一九九三年に湖北省荊門《けいもん》市郭店《かくてん》村の戦国時代後期の楚墓から出土した竹簡『老子』であり、郭店『老子』と呼ばれる。他の二種は、いずれも前漢時代のものであるが、その一種は、一九七三年に湖南省長沙市の前漢時代の馬王堆漢墓から出土した絹に書かれた『老子』であり、帛書《はくしょ》『老子』と呼ばれる（帛は絹のこと）。もう一種は、盗掘されて海外に流出したものが二〇〇九年に北京大学へ寄贈された竹簡『老子』であり、帛書『老子』よりも時代的に後のものである。すなわち、王弼が見た三国時代の『老子』よりも前の時代の『老子』が現在までに三種見つかったのである。

では、ここで、先に引用した文言について、出土資料の『老子』第五章相当部分では、どのような文言になっているのかを見てみよう。まず、戦国時代後期の郭店『老子』の第五章相当部分には、先に引用した部分の文言はなく、第五章相当部分はその直前で終わっている。すなわち、戦国時代後期の段階では、第五章のこの部分の文言は、実はまだ作られていなかったのかもしれない（ひとまず、この問題は措いておく）。他の二種を見ると、前漢時代、帛書『老子』の甲本・乙本（帛書『老子』には甲本・乙本の二種がある）、そして北京大学竹簡『老子』とも、いずれも次のように記されている。

多聞數窮、不若守於中。
勉強し過ぎるとしばしば行き詰まる。中庸を守るに越したことはない。

先に引用した王弼が見た『老子』第五章の文言との相違は、「言」と「聞」、「不如守中」と「不若守於中」の二か所であるが、後者は表現の違いはあるが同じ意味であり、ここでは前者について検討したい。

「聞」とは何か。まず、厳密に言うならば、同じ「きく」でも「聞」と「聴」の違いは、「聴」が耳に入ってくる情報を意識して「きく」こと（英語で言えば listen）を意味するのに対し、「聞」は耳に入ってくる情報を自然に（無意識に）「きく」こと（英語で言えば hear）を意味する。ただ、ここでは、あまりこの厳密な違いに留意せず、耳に入ってくる情報を「きく」、と理解しておく。では次に、その、耳に入ってくる情報とは何か。このことを検討するに当たり、当時の学問の形態について説明しておかねばならない。当時の学問の一般的な学習形態は、師による「口授《こうじゅ》」と弟子の「誦《しょう》」が基本であった。「口授」とは口頭伝授のこと、「誦」とは師から口頭で教わった文言を記憶して自らのものにしてしまうべく実際に声に出してとなえること、である。弟子は、師の句《く》読《とう》・節回《ふしまわ》し（押韻《おういん》したリズムや間《ま》）とともに「誦」によりテキストを修得した。例えば、筆者が研究対象としている後漢時代においても、「誦」の声（特定のテキストを暗誦している時の声）を「聞」いている事例が確認されている。[2]

以上のことを踏まえて、出土資料の『老子』における「多聞」の意味を検討する。「聞」の対象は、学問と考えてよいであろう。「多聞」は、結局、勉強し過ぎること、でよいのではないか。そうであれば、第二〇章の「絶学無憂」に代表される、学問や知識を身につけることを否定する『老子』の趣旨にも合うと思われる。感覚器官である耳は、日々の生活において完全に塞ぐわけにはいかない。耳に入ってくる情報を完全にシャットアウトすることはできないため、『老子』としては「聞」き過ぎることを戒めたのだろう、と筆者は考えている。

「聞」であれ「言」であれ、度を越すのではなくほどほどに、というのが『老子』の「中」の意味である。この幅の広い「ほどほど」というニュアンスが、「中」という言葉ではないにせよ、『老子』にはよく表現されている。例えば、「最高潮に達してはいけない」という考え方が見られるが、それらについては、次章に譲ることにしたい。

注

（1）新村出編『広辞苑』第一版第一刷（岩波書店、一九五五年五月）の新村出の「後記」（二三五六―二三五九頁）。

（2）この事例については、井ノ口哲也『後漢経学研究序説』（勉誠出版、二〇一五年二月）の第二章「経学の継受」を参照。

第十二章　「足るを知る」こと―『老子』に学ぶ―

第一節　最高潮に達してはいけない

前章で『老子』第五章に見える中庸について検討を行なったが、本節では、『老子』における「足るを知る」という考え方について、いくつかの章をとりあげ、検討する。

まずは、『老子』第九章である。

持而盈之、不如其已。揣而鋭之、不可長保。金玉満堂、莫之能守。富貴而驕、自遺其咎。功遂身退、天之道。

器を手で持ちながらいっぱいに満たすのは、やめるのがいちばんだ。刃物を鍛えて刃を鋭くしても、長持ちさせることはできない。金銀財宝が部屋中にいっぱいあっても、守りぬくことはできない。財産があり地位が高くても態度が驕慢であれば、みずからわざわいを招く。手柄を挙げて第一線から引退する、それが自然の摂理だ。

この章は、あらゆる物事において、いっぱいいっぱいの状態にすることはいけない、と言っている。なぜなら、それは「天之道」すなわち自然の摂理に反するからであるが、この章だけでは理解に限界があるので、次に『老子』第十五章を検討してみよう。第十五章にも、第九章で使用された「盈《えい》」という語が出てくるので、注目しよう。

古之善為士者、微妙玄通、深不可識。夫唯不可識、故強為之容。豫兮、若冬渉川。猶兮、若畏四鄰。儼兮、其若客。渙兮、其若釈。敦兮、其若樸。曠兮、其若谷。混兮、其若独。孰能濁以静之、徐清。孰能安以久動之、徐生。保此道者、不欲盈。夫唯不盈、故能蔽不新成。

むかしのすぐれた教養人は、とらえようがなく、奥深くて何事にも通じ、その奥深さは測り知れない。そもそも測り知れないからこそ、無理にでもその容貌を描いてみよう。ぐずぐずしていることよ、冬に川を渉るかのようだ。慎重なことよ、四方の隣国を畏れるかのようだ。おごそかなことよ、客人であるかのようだ。さらさらとしていることよ、氷がとけて流れるかのようだ。素朴なことよ、あらきであるかのようだ。広々としていることよ、谷であるかのようだ。混沌としていることよ、濁り水であるかのようだ。だれが濁った状態でそれを静かにさせ、ゆっくりと清らかにするであろうか。だれが安らかな状態で長い時間それを動かし、ゆっくりと生み出すのであろうか。この道を保持している者は、満ち足りることを望まない。そもそも満ち足りないからこそ、失敗しても新たに成功しないでいられるのだ。

傍線を引いた「樸《はく》（あらき）」とは、まだ人の手が加わっていない（加工されていない）切り出されたばかりの木材を指す語である。そういう人為の及ばない素朴な状態（「道」）を保持している者は、「盈」を欲しない、というのである。「盈」とは、『老子』第九章で見たとおり、いっぱいいっぱいに満たすこと、である。「盈」を欲しない、というのは、満ち足りない状態をよしとするのである。しかし、これは、「満ち足りない」ので、「足るを知る」境地に達していない、ということであろうか。いや、そうではなく、この文章の作者は「盈」を知ってしまったので、「盈」を欲しないとしているのであり、それで「満ち足りない状態をよしとする」のである。この「満ち足りない状態をよしとする」という基本姿勢が、次の一文の「失敗しても新たに成功しないでいられる」につながるのであるが、このことを私たちの現代日本の社会生活において考えてみよう。

私たちは、ふつう、失敗すると、次の機会には成功するように努力を積み重ね、リベンジを果たそうとするであろう。例えば、最近のテストで三〇点しか取れなかった児童・生徒が、次のテストに向けて一所懸命勉強をし、次のテストで一〇〇点を取ったとすれば、これは努力が実ってリベンジを果たすことができたとして、自分自身も大いに満足するであろうし、周囲の人びとも高く評価してくれるであろう。これが、私たちが暮らす社会での一般的な価値観であろうか。しかし、そうやって成功してしまうと、その時点で満ち足りてしまうのである。これは、満ち足りてはいけないとする『老子』の思想に反している。

すなわち、『老子』によれば、前回のテストが三〇点だったからといって、次回のテストで一〇〇点を取る必要はない、というより、一〇〇点を取らないでよいのである。なぜなら、次回のテストが七〇点や八〇点であれば、「成功しないでいられる」からである。しかし、私たちは満たされない状況が続くと、ふつう、フラストレーションが溜まるのではないだろうか。私はある授業で受講生の一人から、「『老子』の思想は、人間の向上心や欲望を削いでいる、私はこういう考え方はイヤです。」と言われたことがある。この感想は、ふつうのリアクションだと思う。しかし、世の中には、そうでない人もいらっしゃるみたいで、以前、ある政治家が事業仕分けの際に「二番ではいけないのでしょうか」という趣旨のことを発言して話題になったが、この政治家の考え方は『老子』の思想に近いものかもしれない。

第二節　欲望はとどめよ

さて、次の『老子』第十九章・第四十四章・第四十六章は、欲望を削ぐこと・欲望をとどめることを是とする考え方である。

第十九章
絶聖棄智、民利百倍。絶仁棄義、民復孝慈。絶巧棄利、盗賊無有。此三者、以爲文不足、故令有所屬。見素抱樸、少私寡欲。
統治者が聡明さや知恵をすてれば、庶民の利益は百倍にもなる。統治者が思いやりや正しさをすてれば、庶民は孝行や慈愛に立ち返る。統治者が（小手先の）技巧や（眼の前の）利益をすてれば、盗賊はいなくなる。この三つの事は、うわべの心得としては不充分なので、次の言葉につなげておく。外見は絹のように純白で内面はあらきのよう（に素朴）であれ、私利私欲を少なくせよ、と。

第四十四章
名与身孰親、身与貨孰多、得与亡孰病。是故甚愛必大費、多蔵必厚亡。知足不辱、知止不殆、可以長久。
名前と身体はどちらが身近であろうか、身体と財貨はどちらが重要であろうか、獲得と喪失はどちらが苦痛であろうか。そういうわけでひどく物に執着すれば決まって大いに消耗することになり、たくさん蓄えれば決まってごっそり失うことになる。満足することを理解していれば辱めを受けることもなく、欲望をとどめることを理解していれば危険な目に遭うこともなく、長持ちすることになるのだ。

第四十六章
天下有道、卻走馬以糞。天下無道、戎馬生於郊。罪莫大於可欲、咎莫大於欲得、禍莫大於不知足。故知足之足、常足矣。
世の中に道が行われているならば、早馬は引退させられて農耕に使われる。世の中に道が行われていなければ、軍馬が郊外で子を産む。欲望を満たそうとすることほど大きい罪はなく、何かを獲得しようとすることほど大きな過失はなく、満足することを理解しないことほど大きなわざわいはない。だから満足することを理解して満足することは、永遠に満足することだ。

欲望をとどめると、素朴でいられるし、長持ちするのだ。そして、人間の欲望は天井知らずであるので、欲望を満たそうとすると、さらなる欲望が湧き上がり、その欲望も満たそうとするのだ。従って、「足るを知る」ことが重要なのだ。

第三節 「足るを知る」こと

具体的には、次の『老子』第三十三章では、「足るを知る」者は豊かになる、と述べている。

知人者智、自知者明。勝人者有力、自勝者強。知足者富、強行者有志。不失其所者久、死而不亡者寿。
他人を理解する者は知恵があり、自らを理解する者は聡明である。他人に勝つ者は力があり、自らに勝つ者は強い。満足することを理解する者は豊かになり、無理に実行する者は志をもっている。居場所を失わない者は長持ちし、死んでも忘れられない者は（その功績や名声が）永く存在する。

この「足るを知る」ことの究極の理想こそ、第八十章の「小国寡民」ではなかろうか。

小国寡民。使有什佰之器而不用、使民重死而不遠徙。雖有舟輿、無所乗之。雖有甲兵、無所陳之。使人復結縄而用之。甘其食、美其服、安其居、楽其俗。隣国相望、鶏犬之声相聞、民至老死、不相往来。

国土を小さくし住民を少なくする。十人・百人の能力をもつ道具があっても用いないようにさせ、住民には死（刑）を重視させて遠くに移住させないようにする。舟や車があっても、乗ることもなく、甲や武器があっても、（使用するために）ならべることもない。住民には（むかしのように）ふたたび縄を結んで（文字の代わりに）それを使用させる。そこの食べ物をおいしいとし、そこの衣服を立派だとし、そこの住まいに落ち着き、そこの風俗習慣を楽しむ。隣国がお互いに見える距離にあり、鶏や犬の鳴き声がお互いに聞こえても、住民は老いて死ぬまで、お互いに行き来することがない。

よその土地の物産品に心を奪われず、地元の衣・食・住や自分で作った食材・物品を楽しんで満足すること、人口の少ない小さな国で「地産地消」「自給自足」の生活を送ることが幸せに近いことを教えてくれる（これは、二〇一六年四月に来日したウルグアイ共和国元大統領のホセ・ムヒカの、経済の成長・拡大に突き進むことを疑問視する考え方にも通じる所がある）。将来、もし世界規模の食糧危機等の緊急事態が起こった時、私たちは『老子』に学ぶ必要があるのではないか。

現代日本で、加島祥造の『求めない』（小学館、二〇〇七年）など『老子』思想に基づく一連の著作が好評だったのは、必要以上に求めない暮らしを渇望する人々が多いことの現れではないか。こうしたことの背景として、二〇〇〇年代以降顕著になってきた格差社会の拡がり（＝一億総中流意識の完全な終焉）、非正規雇用者や派遣労働者の急増、ワーキングプア化による低年収、収入格差から生じた子どもの貧困、そしてバブル期を経験した世代とは異なって、いまの若者は寡欲なのか将来への不安があるからなのかお金を使わなくなってきたこと、ミニマリストや断捨離が注目を浴びていること、等を考えておかねばならない。「二十四時間戦えますか」というスローガンはすでに過去のものとなり、大量生産・大量消費の時代は終焉を迎えつつある（「もったいない Mottainai」が注目されたり食品ロスをなくす運動が盛んである[1]）。必要なものを必要なだけ生産し無駄な余剰を生み出さない社会になっていくのであれば、モノを生産する企業のあり方も変容を余儀なくされ、働き方にも変化が生じるはずである。これこそ、真の意味での「働き方改革」ではなかろうか。

写真2　龍安寺のつくばい[3]

「足るを知る」は、われわれの身近でも説かれている[2]。二つ例を挙げよう。

一つは、京都市の龍安寺のつくばいの「吾唯知足」である（写真2）。吾れ唯だ足るを知るのみ、である。これ以上の説明は必要あるまい。

二つは、宮崎駿のジブリ映画である。『千と千尋の神隠し』（二〇〇一年）と『崖の上のポニョ』（二〇〇八年）に「足るを知る」思想が顕著である。

『千と千尋の神隠し』では、少なくとも次の二箇所で「足るを知る」もしくは「無欲（必要以上の欲を持たないこと）」をうかがうことができる。

・不思議なトンネルを車で抜けた千尋の家族は、おいしい匂いに誘われ、両親は屋台の食べ物に魅かれて食べてしまい、豚になる。千尋は食べなかった。

・湯屋の客「カオナシ」がばらまく金塊に多くの従業員が群がるが、金塊を目の前で示されても千は要らないと首を振った。

これらは、主人公である千尋（千）の「無欲」を描いている。千尋の両親や湯屋の従業員は「足る」を知らなかったのである。

『崖の上のポニョ』では、素朴であることの大切さが説かれている。ポニョは、外の世界＝人間の世界に興味を持つ魚の女の子であるが、ポニョの父は、外の世界に触れさせたくない、小さいままでいるのがよい、という考え方を有しており、ポニョの妹たちにはそのように教育している（妹たちも姉のポニョのように外へ出たがっているようであるが）。すなわち、「素朴であること」と、素朴さを失った人間の世界との対比がなされているのである。

宮崎駿のこれらの映画には、『老子』に説かれる価値観が、ある意味、現代人への警鐘として、織り込まれているのではあるまいか。

戦後昭和時代の高度経済成長は、私たちの生活水準を確かに押し上げたけれど、やり過ぎて負の面も顕著になった（公害の発生、都市の人口過密と地方の人口過疎の問題、「孝」の精神の崩壊、等）。必要以上に手（人為）を加えない原始的で素朴なものを最も価値のあるものとする『老子』の考え方は、人間の都合を最優先した自然への働きかけを反省し改めるための良い指針となるのではないだろうか。

注

（1）仲村和代・藤田さつき『大量廃棄社会　アパレルとコンビニの不都合な真実』（光文社新書、二〇一九年四月）、新聞記事「「レス」時代の暮らし　持たない幸福」上・下（『産経新聞』二〇二〇年一月五日（日）第一二面・同年一月七日（火）第一二面）、新聞記事「「食品ロス」最少六一二万トン」（『産経新聞』二〇二〇年四月十五日（水）、第二四面）を参照。

（2）『老子』に必ずしも集中した考察ではないけれども、森三樹三郎の講演録「「足るを知る」ということ」（森三樹三郎『生と死の思想』、人文書院、一九九〇年四月）を参照することができた。冒頭で龍安寺のつくばいに言及がある。

（3）Héctor García Tsukubai in Ryoan-ji, 2009, http://www.ageekinjapan.com/tsukubai-in-ryoan-ji/

第十三章　ひたむきに努力すること——北京師範大学の学生たち——

第一節　はじめに

筆者の勤務先である東京学芸大学教育学部人文社会科学系と、中国の北京師範大学外国語言文学学院日文系（以下、外国語言文学学院は外文学院と略記する。日文系は日本語学部のこと）との間では、教員をお互いに一定期間交換する交流事業が行われている。東京学芸大学の教員は北京師範大学で日本語の講義を担当し、北京師範大学の教員は東京学芸大学で中国語（ばあいによっては日本語教育）の講義を担当している。

筆者は、東京学芸大学からの四人目の交換教員として北京師範大学へ赴任し、二〇〇七年九月から二〇〇八年一月までの間、外籍教師という肩書きで、学部と大学院修士課程の併せて週六コマの講義を担当する機会に恵まれた。

実は、筆者には、かつて大学院博士課程に在籍していた一九九八年九月から二〇〇〇年七月にかけて、中国政府奨学金留学生として、北京師範大学哲学系（中国哲学専業）に留学した経験がある。すなわち、筆者は、20世紀末の北京師範大学を知っている。留学終了後も、北京師範大学で指導してくださった先生方との御交誼は途切れることなく続いていたが、東京学芸大学に勤務するようになって、交換教員として北京師範大学で教鞭を執る話が舞い込んだ時、北京師範大学との縁の深さを感じずにはいられなかった。

第二節　ひたむきさの土壌

筆者は、二〇〇八年一月に北京師範大学での仕事をおえて帰国したが、翌月、帰国後の挨拶状に次のようにしたためた。

北京師範大学で出会った学生たちは、みなひたむきに勉強しておりました。あのひたむきさは、今の日本人学生にはちょっと見られないものです。中国人学生のひたむきさを日本人学生にどう伝えるべきか、これが私の当面の教育上の課題だろう、と考えております。

北京師範大学で筆者の教え子となった学生たちの、学問に対するあのひたむきさには、いつも感心させられた。学生たちは、決して優等生を演じているわけではない。学生たちのひたむきさを生み出している土壌は、いったい何なのであろうか。

日文系に入学したばかりの一年生は、「あいうえお」すら知らない学生たちばかりである。これは、一見、当然のことのように思えるが、ある意味、篩《ふるい》にかけられた結果である。すなわち、大学入学前の教育課程で日本語を習得してきた人は、北京師範大学の日文系には入学していないのである。中国の特に東北地方や一部の大都市では、中学校・高等学校で、英語でなく日本語やロシア語を外国語として学習するばあいがある。日本語既習得者たちは、他に受け入れてくれる大学があるので、そこに入学すれば引き続き日本語を専攻することができる。

北京師範大学の日文系に日本語既習得者が入学していないのは、スタートの時点で学習の進度にバラツキを生じさせないためであろう。みな一斉に「あいうえお」から習い始めるのである。

二〇〇七年九月三日朝八時、北京師範大学での初めての講義のため、日文系の主任の先生に案内されて教室に到着した筆者は、日文系の新三年生たちと初めて対面した。筆者は主任の先生に、

「日本語で話しかけて、大丈夫ですか?」

と小声で尋ねたところ、

「大丈夫です。まったく問題ありません。」

という自信に満ちた答えが返ってきた。主任の先生の言葉どおり、新三年生たちは、だれもが既に何も困らないくらいに日本語が上達していた。学生たちは、「あいうえお」も知らない状態から丸二年かけて日本語を学習することに終始し、日本への留学経験もない。筆者は、学生たちの日本語のレヴェルをにわかには信じられなかったが、学生たちがこのレヴェルに達していることには、それ相応の理由があった。筆者の気付いた範囲で、五つの理由を挙げることができる。

第一に、毎日、同班同学《クラスメイト》を意識して日本語を訓練する環境に置かれていることが挙げられる。日文系の学生たちは、日本語や日本に関する講義には、まずだれもが出席する。すなわち、毎日みな同じ時間割で同じ顔ぶれで受講する。また、大学に入学し学生寮に住むと、同室の学生たちとは卒業まで顔をつきあわせることになる。ルームメイトが日文系の同班同学ばかりであるばあい、常にそばにいる同学《トンシュエ》は、カリキュラム上、ほぼ同じ事情を抱えることになり、お互いが励まし合う仲間であるとともに、切磋琢磨のための相手《ライバル》でもある。この状態が卒業まで続くのである。

第二に、中国人学生特有の語学習得方法である。学部生のばあい、学生寮の七人部屋に共用の大きなテーブルがあるものの、学生寮の部屋では勉強しにくい。だれかがテレビをみていたり、複数の学生がおしゃべりを始め

写真3　早朝の朗読風景（2007年10月、筆者撮影）

たら、そこでは勉強に集中できない。静かな環境で集中して勉強したい学生は、学生寮の部屋を出ていくしかない。では、どこへ行くのか。向かう先は図書館や空き教室である。通常、中国の学生たちは、日々、図書館や空き教室で、午後一〇時頃まで勉強しているケースが多い。ただ、デスクワークだけで事足りるのであれば図書館や空き教室での学習でよいのだが、外国語専攻の学生は発音練習や語学テキストの朗読が基本となるため、それは図書館や空き教室でできる話ではない。では、どうするのか。他人の迷惑にならない方法で発音練習や朗読を実行するしかない。具体的には、朝の一限の始業前に、キャンパスの広場などの空き地に立ち、声を張り上げて語学テキストを読み上げていたり、ベンチに腰かけて朗読していたりする光景をよく見かける（写真3）。このほか、日中の空き時間に教室棟の廊下に立ち、窓から顔を出して外に向かい、語学テキストの読み上げや発音練習をしている学生もいる。窓から顔を出し外に向かって声を出しているので、教室棟の内部には声は響かないのである。日本への留学経験のないある修士課程の学生が過去を回顧して話してくれたのだが、その学生は学部生時代の四年間、毎日欠かさず、キャンパスの空き地などで日本語の本を朗読することを決意し、それをやり遂げたそうである。「それをやったから、私のいまがあります。」このことばは、筆者の胸に重く響いた。

第三に、日本の映画・テレビドラマ・アニメを視聴することに熱心であることが挙げられる。筆者が出会った日文系の学生たちの中には、日本のアニメの感想を記すブログを開設している学生、日本の某アイドル歌手に夢中になっている学生、テレビドラマ『野ブタ。をプロデュース』に興味をもち日本語の原作を入手して読んでいる学生などがいた。当時、日文系の学生たちは、インターネット上の外文学院の映像資料室のホームページに登録し、そこから日本のニュースやドラマ・映画をダウンロードして視聴するなどして日本の最新情報を常に仕入れていたのであり、われわれ日本人が看過しほとんど注意していないことさえよく知っていた。それらに関する質問を浴びせられて、筆者が何も答えられなかった時、学生たちから「先生は本当に日本人なの?」という視線を投げかけられたかのように感じて、たじたじとなることがしばしばであった。

第四に、通常、三年生の一二月に受験する日本語能力試験の一級に合格するための猛烈な勉強である。日文系の学生は、これに合格しなければ、これまで日本語ばかりを勉強してきた自らの面子《メンツ》を保つことができなくなるし、その後の就職活動にも不利となる。そういった事情もあって、日文系の学生たちは、猛烈に勉強するのである。三年生前期の一二月に日本語能力試験の一級を受験することは、学生の日本語学習の進度にとって、とてつもなく効果が大きいのである。

第五に、授業以外の空き時間には、日文系のほとんどの学生は、日本人の学友《シュエヨウ》（相互学習の相手）との相互学習に取り組んでいる、ということである。相互学習とは、中国人学生は日本人から日本語を教わり、日本人は中国人学生から中国語を教わる、というやり方の学習方法である。日文系の学生の学友は北京師範大学の日本人留学生が多いが[1]、中には北京で社会人として働いている日本人に中国語を教えている学生もいた。こうした機会は、日本への留学経験のない日文系の学生たちにとって、ネイティヴの日本人と接する貴重な機会となっている。

以上、筆者の気付いた範囲で五つの理由を挙げた。いずれにせよ、「あいうえお」も知らない段階からわずか二年で、日本への留学経験がないにもかかわらず、日本語が流暢に駆使できるレヴェルにあるのは、みごとであるというほかない。一心不乱に勉強に打ち込んでいる賜物以外にないと思う。実は、筆者の赴任前のことであるが、このクラスの日本語が上達した学生の中には、まだ二年生であったにもかかわらず、日本語作文スピーチコンテストで優秀作品・入賞作品にノミネートされた者もいたのである(2)。そのような優秀な学生たちと出会えたおかげで、筆者は、北京師範大学での講義をすべて日本語でおこなうことができたのである（反面、筆者の中国語はまったく進歩しなかったが…）。

筆者の教え子となった日文系のある学生の話を一つ紹介したい。われわれ日本人が、中国人学生の話から学ぶべきことが少なくない、と思われるからである。

北京師範大学に赴任して一ヶ月が過ぎた頃、日本から持ってきた筆者の電子辞書が完全に壊れてしまった。このままでは仕事に支障が出るので、北京で電子辞書を購入することにした。早速、情報を集めようと思い、講義の休み時間中に、

「電子辞書が壊れて仕事にならないので、すぐに買いたいのですが、どこで買うと最も安いでしょうか。」

と三年生に相談した。すると、一人の学生から、

「先生、それは中関村です。実は、明日、私たちのクラスの中で中関村に行く学生がいますので、一緒に行ったらどうでしょうか。」

と言われ、翌朝一〇時にその学生と待ち合わせ、タクシーで中国の秋葉原と言われる中関村へ向かった。

学生からは、

「先生の用事を先にしましょう。」

と言われたが、電子辞書の購入は後回しでよかったので、学生の用事を優先することにした。筆者は、

「中関村に行くのは、何か電化製品を買うためですか。」

と尋ねたが、そうではない、という。やがてタクシーが着いた場所は、語学学習者に非常に人気のある「新東《シンドン》方《ファン》」という語学学校のオフィスビルであった（写真4）。この学生は、大学の講義のない曜日に英語の勉強をす

るため、受講の申し込みに来たのであった。

「日本語だけでなく、英語も勉強したいんだ。」

と筆者が何気なく言ったところ、学生は、

「いやぁ、どうせ時間が空いていますので…、はい…。」

と頭をかきながら控えめに答えた。筆者は、学生のその様子をみて、日文系の学生でも英語を学んでおいて損はないだろうし、この学生は自らの教養を高めるために、空き時間を使って意欲的に英語も学習したいと考えたのだろう、と思うにすぎなかった。

写真４　中関村の新東方ビル（2007 年 10 月、筆者撮影）

　しかし、そうではなかったのだ。後日、同じクラスの別の学生が話してくれたのだが、この学生は、その数週間前に日本の某企業のアルバイト募集（北京市内での業務）に応募し面接を受けた。アルバイトの条件は「日本語ができること」とされていた。ところが、面接の場で、突然、日本語だけでなく、応募条件になかった英語も話すよう要求されたという。無論、その学生がふだん勉強していない英語に堪能であるわけがない。アルバイトに不採用となったその学生は、学生寮の部屋で涙を流して相当悔しがったという。語学学校の英語の講座への受講申し込みは、その悔しい思いをしたことからくるこの学生の苦手《リベ》克服《ンジ》の熱意にほかならなかったのである。

　筆者は、学生の受講申し込み手続きの間、フロアの待機場所の椅子に座って、二〇分くらい待った。無事に手続きを済ませて明るい表情でもどってきた学生によると、その英語の講座はとても人気があるらしく、定員四〇〇名のところ、この学生が申し込んだ時には、すでに三九〇番台での受付であったという。もし筆者の用事を優先していたら、学生はこの講座の受講を申し込めなかったであろう。後日、筆者はこの学生の胸に秘めた思いを知った時、あらためてこの学生が受講を申し込むことができてよかった、と思ったのである。

この学生は、その後、なんと五千倍という超難関の倍率を勝ち抜いて、日本の某有名企業の北京支社に就職することができた。努力は人を裏切らないのだ。

第三節　学生生活に対する管理と監視

中国の大学では、正規入学の学生は、入学から卒業までの間、大学の学生寮に居住することになっている。北京師範大学のばあい、学部生は七人部屋で四年間を過ごす。室内の設備は、壁際に二段ベッドが四つ置かれ、余った一人分のベッドは全員の荷物置き場となっていることが多い。学生各人のベッドのスペースはカーテンで仕切ることができるようになっており、プライバシーを守りたい時は、カーテンで仕切って自らの空間を作ることになる。部屋の中央には全員が使用する共用の大きなテーブルが置かれ、室内にはテレビや固定電話が設置され、インターネットも利用できるようになっている。これが、二〇〇七年秋当時の、学生寮の居室の環境である。

筆者の講義は月曜・火曜・木曜に組まれていたが、講義は代理講師を立てることができなければ休講できないことになっている。講義日程に穴をあけるわけにはいかないので、北京に来る前から招聘されていた上海での国際学術シンポジウムに出席して研究発表を行うために、木曜の夜の列車で北京を発ち、金曜に上海の大学に到着し、土曜と日曜の午前に国際学術シンポジウムに出席して研究発表を行い、日曜の午後の飛行機で北京へもどってきた、ということがあった。また、この滞在期間中に中国各地を旅行しておきたい、と思いはしたものの、遠方への一週間程度の旅行にも行けなかった。すなわち、見方を変えて言えば、教員は代理講師が見つかりさえすれば、いちおう休講は可能であるものの、学生の側からすると休講の機会がないことを意味している。いや、「休講の機会がない」と見るべきでなく、学生に対する毎回の講義が確保されている、と述べるのが正しいのであろう。そして、筆者の講義は、いずれも朝八時開始すなわち一限からであった。日本の大学につとめる専任教員の中には、朝一限の講義を非常勤講師にお任せしたり、自分の講義を二限以降に組んでおられるかたも少なくないであろう。しかし筆者は、外籍教師であるがゆえに一限からの講義を担当することになったわけではない。中国の大学では、専任教員が朝八時からの一限を担当することは特別なことではなく、ふつうのことである。なぜか。それは、学生も教職員も基本的にみな大学のキャンパス内に住んでおり、朝八時に全員がそろうことのできる環境にあるからである。

朝八時開始の授業では、教員も学生も全員がそろっていなければならず、遅刻は絶対に許されない。朝八時をまわると、講義が成立しているかどうかをチェックしに来る職員がいて、教室のドアの細いガラス窓を通して廊下から教室内の様子をうかがうのである。筆者は、特に一限の講義の始まりはことのほか緊張し、いつも七時五五分には教室に到着するようにしていた。

ところが、筆者の講義に休みがちだったある学生が目をつけられてしまい、一限の始業時に、その学生の出席状況がチェックされたことが二度あった。二度とも出欠確認に来られたそのかたは、なんと外文学院の院長であった。日本の大学で、たとえば学部長が一限の始業時に講義の教室に出向いて行って特定の学生の出席状況をチェックした、という話は、一度も聞いたことがない。日本の大学では、講義に出る・出ないは学生自身の自主性の問題とされ、何か特別な事情でもない限り、大学教員が欠席学生について気に留めることはないであろう。ところが、中国の大学では、学生は講義に毎回必ず出席するものだ、との要求がひどく高いのである（もちろん、日本の大学でも、学生は講義に毎回必ず出席するものだ！）。院長が来られた日は両日とも、標的となった学生は、講義の開始時刻を過ぎても現われなかった。そこで、院長は、出席していた学生の一人に指示して、その学生に出席するよう携帯電話で連絡させ、電話を受けたその学生は慌てて教室へやって来たのであった。これも、学内に住んでいるから、至急対応できることではある。(3)

さて、北京師範大学での仕事の中で、筆者が最も大きなプレッシャーを感じたのは、期末試験の時であった。

筆者は、二日間にわたって、自らの講義の期末試験の監督業務を担当した。期末試験の当日、監督者は、開始十五分前に試験会場に到着しておかねばならない。会場に入った筆者の最初の仕事は、これから実施される試験と無関係の学生たちに、教室から出ていってもらいたい、と告げることであった。北京師範大学に限ったことではないが、中国の大学の学部生は、宿舎に自分の勉強机などなく、空き教室や図書館で勉強するのが常であり、試験期間中もそうである。そのため、期末試験を実施する教室が直前まで使用されていないばあい、これから実施される試験と無関係の学生たちも、そこで大勢勉強しているのである。幸い、筆者の呼びかけにみな素直に応じてくれて、筆者の担当する期末試験は、いずれも定刻通りに、全員出席で始めることができた。

試験が開始されてしばらくすると、ある一日は院長が、別のある一日は副院長が見回りに来られ、カバンや衣服を着席した椅子の脇に置くのではなく教壇の上に置くよう学生に指示したり、試験のジャマになる無関係の忘れ物などを除去したりして、不正行為の防止と受験条件の公平性の確保に、かなり神経質に対応しておられた。学院の幹部が試験中に見回りに来るということが、筆者にはかなり印象的であった。

筆者がある試験の監督中にちょっと問題だと思ったのが、空き教室がないかどうか、当該試験と無関係の学生が、しきりに廊下から教室内の様子をのぞきに来ることであった。教室のドアには細いガラスがあり、廊下から教室の中の様子をうかがうことができる。特に、試験終了に近づいた頃は、廊下の騒ぎがひどくなった。試験時間は一〇〇分間であるが、答案をはやく書き終えた学生は、六〇分を過ぎると提出して教室を出ていくことができる。その試験では、六〇分を過ぎてから答案が提出され始め、八〇分を過ぎたあたりで、最後の一名の学生だけが教室に残っていた。筆者は、まだ約二〇分あるので、終了時刻までたっぷり時間をかけて答案を仕上げてくれればいい、そう思っていた。ところが、まだ試験時間中であるにもかかわらず、教室の外が騒がしい。数人の学生たちが、早く入室して自らの勉強の場所を確保したいのであろう、早く試験が終わらないか、中にいるわれわれの様子をじっとうかがっていた。それだけでもかなり目障りなのに、「試験やってるの？」「あと一人なの？」「まだ終わらないの？」といった大きな話し声まで聞こえてくる。筆者は、ドアの細い窓から、廊下の学生たちに目を合わせてにらみつけることで追い払おうとしたのだが、廊下の学生たちは一向に怖じ気づく様子もない。それでも話し声がひどかったので、ドアを開け「うるさいので、どこか別の場所へ行ってほしい。」と告げた。その後しばらくは静かであったが、少し経つと、また細い窓から中の様子をうかがっている。結局、最後の学生は、九〇分を過ぎてから答案を提出することができたのだが、答案提出直後、廊下にいた学生たちが教室のドアを（勝手に！）開け、「試験は終わりましたよね。教室に入っていいですか？」と尋ねてくる始末。筆者は、その所業に心中かなり憤っていたが、「最後の学生が教室を出て行ったらかまいません。」と言い残し、教室を出た。

中国の学生たちに勉強する場所がないのはよく分かっている。しかし、そうだからと言って、上述したような行為は、許されるであろうか。とりわけ期末試験という厳粛な場に対しては、もう少しマナーを身につけてもらいたい。北京師範大学で経験した、とても残念なできごとであった。

第四節　教員である以前に一人の日本人として

筆者は、大学院修士課程一年生対象のある講義のテキストに、大江健三郎の『あいまいな日本の私』（岩波書店、一九九五年一月）を採用し、受講生とともに、日本人の「あいまい」性について考察する機会を得た。この本の書名にもなっている「あいまいな日本の私」は、大江が一九九四年にノーベル文学賞を受賞した際、ストックホルムでおこなった記念講演の日本語訳である。

二〇〇七年一二月一一日の講義では、この大江の記念講演に触発されて成った、余傑『『曖昧』的隣居（「あいまい」の隣人）』（光明日報出版社、二〇〇四年一〇月）と李兆忠『曖昧的日本人（あいまいな日本人）』（金城出版社、二〇〇五年九月）という二冊の中文書を紹介した。このうち、前者の「引子（プロローグ）」には、一般の中国人の日本との関わりについて、日常生活では性能の良い日本の電化製品を好んで使用しているにもかかわらず、日本に対して戦争への恨みと憤りをもっている、ということが記されてあった。このことについて話を進めている時、日本との戦争という話題に反応したのか、ある受講生が、突然、手を挙げて口を開いた。

「先生、あさって一二月一三日は、何の日かご存じですか。あさって一二月一三日は、南京大虐殺七〇周年の日ですよ。」

筆者は、突然のことに言葉を失っていると、その受講生は続けてこう言った。

「周恩来首相は、こう言いました。許すことはできても、忘れることはできない、と。」

戦争を経験していない日本人、とりわけ日本の若者は、中国大陸で中国人からこういう話をされると、最初は面食らって、どう返してよいかわからず、質問した中国人からはなんて無反応なのだろうと思われ、不満を抱かせてしまうかもしれない。留学時の筆者が、まさしくそうであった。筆者を日本人だと知った初対面の中国人から、初対面であるにもかかわらず、開口一番、「あなたは南京大虐殺を知っていますか。」と尋ねられたことが、留学中に何度かあった。

また、留学当時の学友《シュエヨウ》（相互学習の相手─ここでは中国人学生）と、広島・長崎の原爆投下の話をしていた時に、広島に投下された原爆で二十万人以上が亡くなっていると筆者が話したところ、急にペンを強く握り直した学友が顔を真っ赤にし、拡げていた筆者のノートいっぱいに「南京三十万！」と書いたことがあった。

さらに、二〇〇六年一〇月、筆者が中国のある地方都市での国際学術シンポジウムへの出席を終えて帰路についた時、空港へ向かう帰りのタクシーの中で、四人の乗客のうち筆者ただ一人が日本人だと知った運転手から、「私の祖父は、日本軍に殺されました。」という話を空港に着くまで延々と聞かされたことがあった。

そして、この修士課程一年生対象の講義の数日前、学部生の講義の中でも、ある学生から、

「先生、大変失礼な質問をしますが、先生は、靖国神社へ行ったことがありますか。」

という質問を受けた。

「ありますよ。」

と答えた筆者に、

「それでは、先生は、靖国神社をどういう所だと考えていますか。」

と聞かれたことがあった。

以上の中国大陸における筆者自身のいくつかの経験からは、中国大陸で生きる中国人は、日本という外国からやって来た日本人と直に接すると、条件反射的に先の戦争に関する情報を想起し、そのことを目の前の日本人に言わずにおれないのかもしれない、と言わざるを得ないのである。(4) このことは、反日教育、具体的には、中国人の幼児期からの家庭教育や近現代史に比重を置いた学校での歴史教育、そして日本軍（日本人）が必ずと言っていいくらい悪玉とされる抗日戦争をテーマとするテレビドラマや映画等、マスメディアの影響に由来する可能性が大きいと思われる。

そもそも、中国大陸で日本人が中国人から先の戦争の事を言われ、面食らったり答えに窮してしまうのは、日本人の受けてきた教育にも問題があるのであろう。中学校や高校の日本史・世界史の授業では、南京大虐殺について、ほとんど触れ（る時間的余裕が）ないし、教科書や資料集でも説明に紙幅を費やしてはいない。日本の中

には、その真偽を問う人もいる。また、筆者も含めて、平和ボケ社会の中でぬくぬくと育ってきた日本の「戦争を知らない子どもたち」は、ふだんの日常生活の中で、先の戦争について、いったい、どれくらい真剣に考える機会をもつであろうか。自分は当事者でない戦後生まれの者だからといって、われわれ日本の「戦争を知らない子どもたち」は、知らない（＝経験していない）ことを根拠にして、先の戦争に本当に無関係でいられるであろうか。これからの日本人にグローバルな視点や経験が必要であることが頻りに説かれる中、日本人が国際社会という場に置かれた時、こうした問いに窮することなく堂々と答えられるようになっておくべきではないのか。

このように考えた時、筆者は、北京師範大学の教壇で中国人学生を目の前にし、教員である以前に一人の日本人として、いったい、学生たちからどう見られているのだろうか、とあらためて考えさせられたのであり、正直に言えば、ある一時期、北京師範大学の教壇に立つのが、ものすごくこわくなったのだった。

ただ、その一方で、救われた気持ちがしたのは、日文系の学生たちが日本や日本人についてよく理解してくれている、ということであった。学生たちに、日本語を学習することの意義を問うた際に、ある学生は次のように答えてくれた。

高校生の時、歴史の授業で中日戦争について勉強して以来、日本に対して腹がたち、日本を憎む気持ちをいだき、日本と関係のあるものは何もかも嫌いになっていきました。しかし、大学の日文系に選ばれて入学し(5)、日本語を学び、日本の文化について知識を得、日本のドラマやアニメを観、日本人と交流するようになって、日本に対する私の見方はどんどん変わっていきました。日本人は最初の想像とは違ってマナーがよく、中国人と友好的に付き合える人々であり、日本について盲目的に反対することは正しくないと分かりました。周囲の人は、私が日本語を勉強していることを知った時、私を睨み付けることがあります。彼らは以前の私と同じように、日本を盲目的に憎んでいるのです。私は彼らの考えを直したいです。今は中日交流の架け橋になるために、日本語を学んでいます。

筆者は、この答えに接した時、思わず胸が熱くなった。こういう考えの中国人が増えていってくれるといいなぁ、そうなると中国人と日本人はもっともっと仲良くなれるのに、そう思わずにはいられなかったのである。反面、教育というものの大切さを痛感したのであった。どのような教育を行うかによって、反日にもなれば、親日にもなるのである。

筆者は、この時、ネイティヴの教員として中国の大学の日文系で教えることの意味をようやく悟ったのである。教壇に立つのがこわいなどと思ってなんていられない、一人の日本人教員として中国人学生の前に是が非でも立ち続けなければいけないんだ、と。

第五節　おわりに

二〇〇八年一月二〇日、帰国の日。午前五時四五分、日文系の二人の教員と二人の学部生が宿舎まで筆者を見送りに来てくれた。一人の学部生から、「先生、これは私たちの気持ちです。どうぞ受け取ってください。」と一通の手紙とマグカップとを手渡された。手紙は筆者の講義を受けた三年生たちが寄せ書きしてくれたもの、マグカップは期末試験のあとに三年生全員と撮影した写真を焼き付けてあるものであった。これらは、今でも筆者の宝物である。

教え子たちとの交流は、筆者の帰国によって途切れたわけではなかった。その後、教え子たちの多くの者は日本の大学への留学を果たし、日本での再会が実現した例も多いからである。そんな一人の学生の例であるが、帰国後の三月に、日本のある大学に留学している教え子と再会することができた。その教え子は、北京師範大学で筆者の講義を一か月だけ聴いて二〇〇七年一〇月から留学した学生である。この教え子は、大学の講義に出席するだけでなく、お茶のサークルに入って茶道を学んだり、休日には自ら進んで『徒然草』や『枕草子』の読解に励んでいると知り、異なる環境に置かれても、周りに流されることなく、しっかりと自分を保ち続け、ひたむきに努力していることに、筆者はあらためて胸を打たれたのである。この教え子は、北京師範大学を卒業した後、日本の大学院に進学し、すでに博士の学位を取得して、現在、日本文学研究の道を歩いている。

本章の「第二節　ひたむきさの土壌」の冒頭で述べたとおり、北京師範大学の仕事をおえて帰国すると、筆者は、二〇〇八年正月の年賀状を出せなかったことのお詫びをかねて、帰国の挨拶状を出した。その挨拶状を読んでくださったあるかたから、その翌年二〇〇九年の年賀状で、次のようなコメントを頂戴した。

貴兄の中国での大学の見聞は貴重です。貴学の学生に対して、切実なその見聞をどのように伝えておられるか、その方法と成果を是非お教えください。

このコメントをいただいた時点から、かなり時間がかかってしまったが、筆者は、どうしても、筆者自身の中国での教育経験を記し留めておきたかった。それは、日本人学生に読んでもらいたいから、というよりも、筆者が出会った中国人学生たち（教え子たち）が、日本では決して出会うことができないタイプのすばらしい学生たちだったから、という理由に尽きている。そして、それは、道徳や倫理を語る以上に、今の日本人学生が見習って身につけようとしても困難であるかのような資質を中国人学生がもっている、という点に顕著である、と思えてならないのである。

注

（1）北京師範大学の日本人留学生について、少し述べておく。筆者が北京師範大学で教鞭をとっていた二〇〇七年当時、（ごく短期の語学学習でやって来る者たちをのぞき）北京師範大学の留学生は約一九〇〇名であった。そのうち、韓国人留学生が最多の六割を占めていた。なぜ、こんなに韓国人留学生が多いのか、様々な理由を耳にしているが、ここでは言及しない。次に多いのが日本人留学生であり、約二〇〇名であった。ちなみに、筆者が留学していた頃（一九九八—二〇〇〇年）、北京師範大学の留学生は約六〇〇名で、半数の三〇〇名が日本人留学生であった。その頃と比較すると、日本人留学生の数は減ってはいるものの、それでも二〇〇人はいるのである。すなわち、この十年の間に、韓国人留学生が激増し、日本人留学生があまり目立たなくなってしまったのである。

（2）広島大学北京研究センター編『中日友好の架け橋—二〇〇六日本語作文スピーチコンテストから—』（白帝社、二〇〇七年一〇月）。

（3）北京師範大学で教鞭を執って三か月が過ぎた頃、筆者がとてつもなく驚いたことがあった。一二月のある日、学内のある掲示板に、不名誉な実名入りの通知文書が複数枚貼り出された。それは、一部の学生たちへの処分を知らせる通知文書であった。処分は、講義を無断欠席した頻度に応じて「警告処分」、「厳重警告処分」、「記過処分」の三段階があった。このうち「記過処分」とは、無断欠席という過失《あやまち》を記録に残すという処分である。不名誉な事実が記録に残されると、その学生の将来にとって決定的に不利になるほか、この不名誉な事実は、一生涯消えるものでない。実名入りの処分通知文書を掲示板に貼り出すことは、他の学生に対する一罰百懲《みせしめ》の意味もあろう。この事例からも、中国の大学では、講義には必ず出席するものだ、との要求がひどく高い、ということがうかがえる。筆者の一限の講義にわざわざ院長がやって来て一人の学生の出席状況を調べたのは、職務上の義務や風紀の粛正という観点からそうしているという以上に、当該学生に心を入れ替えるよう反省を促し、当該学生の将来に傷がつかないようにするための、学院としての配慮であった、と理解できる。

（4）「中国大陸で生きる中国人」という限定的な書き方をしたのには、理由がある。例えば、日本に生活基盤を置いて日本で生きる中国人が、日本で暮らす日本人と日常的に接していて、「条件反射的に先の戦争に関する情報を想起し、そのことを目の前の日本人に言わずにおれない」ということは、ほとんどあり得ないからである。本文中に列挙したような、筆者が中国大陸にいる時に、中国人から先の戦争にまつわる話をされる経験は、二〇〇七年一二月以降、しばらくなかった。筆者は、オリンピックや万博といった国際的な大イヴェントを成功させ、中国人の所得が上がっていく中で、中国人の日本人に対する意識も変わってきたのだろう、と考えていた。しかし、必ずしもそうではないようである。二〇一五年一二月下旬、北京でのある宴席で、酒が入ったためであろうか、隣席のかなり年配の男性から、先の戦争のことを話され、南京大虐殺の犠牲者の人数について中日間で食い違っているが、あなたはどう考えているのか、と筆者に問いかけがあった。南京大虐殺については、中国の若い人から尋ねられることはなくなったが、筆者よりも年上のかたからは、いまだに質問を頂戴する、ということを身にしみて理解した瞬間であった。

（5）　この学生のみならず、教え子たちの中には、日文系に「選ばれて入学した」と言っている人たちがいた。筆者が「選ばれて」の意味を尋ねたところ、大学入学全国統一試験である高考《ガオカオ》の結果、自分で志願した第一希望の専攻へ進むことができなかった人が、他専攻へ（の入学資格者に）回され、そこに入学したことを意味する、とのことである。すなわち、自分で志願して日文系に入学したわけではないので「選ばれて入学した」という言い方をしているのである。

初出一覧

第一章　巫祝の子　孔子
「巫祝の子　孔子」（杉木恒彦・髙井啓介編『霊と交流する人びと―媒介者の宗教史―』上巻、リトン、二〇一七年）

第二章　「儒教」か「儒学」か
「「儒教」か「儒学」か、「国教」か「官学」か」（『中国哲学研究』第二十八号、東京大学中国哲学研究会、二〇一五年）

第三章　五倫と三綱
「「三綱」成立考」（『東京学芸大学紀要　人文社会科学系Ⅱ』第五十七集、東京学芸大学、二〇〇六年）
「〝三綱〟的成立与流伝」（北京師範大学研究生学刊『学思』第十三期、二〇〇六年）

第四章　朱子学の伝播と影響
「朱子学と教育勅語」（『紀要　哲学』第五十七号、中央大学文学部、二〇一五年）

第五章　教育勅語に残った朱子学
「朱子学と教育勅語」（前掲）

第六章　井上哲次郎の江戸儒学三部作
「井上哲次郎の江戸儒学三部作について」（『東京学芸大学紀要　人文社会科学系Ⅱ』第六十集、東京学芸大学、二〇〇九年）
第七章　三つの『日本儒学史』
「三つの『日本儒学史』―近代日本儒学に関する一考察―」（『中国文史論叢』第五号、中国文史研究会、二〇〇九年）
第八章　高度経済成長と望郷歌―「孝」考―　…………書き下ろし
第九章　会う約束を守るということ―「尾生の信」考―　…………書き下ろし
第十章　小型情報機器の功罪
「道徳教育における「情報モラル」について―小型情報機器の功罪―」（『成城大学共通教育論集』第九号、成城大学共通教育研究センター、二〇一七年）
第十一章　中庸とは何か―「ほどほどに」生きていく―　…………書き下ろし
第十二章　「足るを知る」ということ―『老子』に学ぶ―　…………書き下ろし
第十三章　ひたむきに努力すること―北京師範大学の学生たち―
「北京師範大学の学生たち」（『中国文史論叢』第十三号、中国文史研究会、二〇一七年）

あとがき

数年前の話ですが、私が非常勤講師として出講した某大学での懇親会に出席した折に、その大学の教員で、四十年前に東京学芸大学で学生時代を過ごされたという方がマイクを握り全出席者に向けて、「当時の学芸大では一人の先生が専門外の講義をいくつも担当しておられた」旨のお話をされました。私はその話を聞いた瞬間、「あ～、昔からそうだったのか…」と、思わず長嘆息せざるを得ませんでした。

中国思想を専門とする私は、本務校の東京学芸大学では、研究組織として哲学・倫理学分野に所属し、教育組織として社会科教室（哲学分野）に所属しています。そのため、中国思想の講義以外に、小・中学校の社会科や高等学校の「倫理」に関する講義に加え、教職課程に在籍する学部四年生が最終学期に必ず受講する教職実践演習も担当しています。以前は人権教育や道徳教育の講義も担当していました。「学芸大では一人の先生が専門外の講義をいくつも担当」する情況は、今日でも変わっていないのです。

実は、私が東京学芸大学に着任する直前に、新年度から担当する講義名を知らされた際、その中に一つだけ、何をどう教えてよいか、皆目見当がつかないものがありました。それは、「道徳教育の研究（副題 人生と道徳）」という講義でした。それまで、漢字だらけの一次資料と向き合ってきた日々の中で、私には道徳教育との接点など全くありませんでした。シラバスの執筆に悩んでいた頃、前任の先生との引き継ぎの機会があり、私はおそるおそる、次のように尋ねました。「「道徳教育の研究」は、いったい何を教えればよいのでしょうか」。すると、その先生からは、意外な答えが返ってきました。「何でもよいのです。私はテキストを作って自分の専門を教えました」——何でもよい⁉　実は、この「何でもよい」というのが、一番困りました。ともかく、四月の開講日までに講義ノートを作って準備しておかねばなりません。「『何でもよい』のだから、自分の専門に関連させて準備を進めよう」と思いを定める以外になく、私は、『論語』と『老子』から「道」と「徳」の用例を抜き出し、それらが用いられているそれぞれの文脈で、「道」や「徳」がどのような意味を帯びているのか、孔子や老子は何を主張したかったのか、そしてこうして分かったことを今日の学校現場へ還元させるにはどうすればよいのか（学校現場で役立ちそうな知識は何か）、この三点に絞って二〇〇四年度前期の「道徳教育の研究」を何とか終えたのです。

ところが、後期に入って受け取った授業評価アンケートの結果を見て、私は打ちひしがれました。私の「道徳教育の研究」に対する悲痛や苦痛をうったえる受講生の声があまりにも多かったからです。振り返れば、当時の私の講義は、黒板に『論語』や『老子』の原文を書いてはそれらの文意を逐一説明することの繰り返しでした。当時の私は、間違いなく精一杯その講義に力を尽くしたのですが、現在の私は、当時の私のその講義を受けたいとは全く思いませんし、当時の受講生の悲痛や苦痛の声も今ならよく理解できます。この最悪の状況を改善するには、いったいどうしたらよいのか、私はかなり悩みました。ともかく道徳教育に関する概説書や専門書を読んでみようと思い、書店の店頭や通販サイトで見つけては片っ端から買い集め、それらを読み始めました。

道徳教育に関する概説書や専門書に目を通してみて、はからずも私には一つの大きな収穫がありました。従来の道徳教育の概説書や専門書における弱点もしくは盲点の一つとして、日本の道徳教育について述べる際に、東アジアに共通して根付いたものの考え方から説くことがない、ということが判ったのです。具体的に言えば、これらの概説書や専門書には、東アジアを席巻した朱子学に着眼することが欠落していたのです。なぜでしょうか。

それは、中国思想の専門家もしくは中国思想からの影響をよく理解した日本思想の専門家が、道徳教育の概説書や専門書の執筆陣にいなかったからです（一言で申せば、執筆陣の中に、漢学に通じた道徳教育の専門家がいなかった、というほうが正確かもしれません）。「ぼくは、ここに切り込んでいくしかない」と思いました。そして、その後、道徳教育と中国思想との関わりをさぐりつつ「道徳教育の研究」の講義を続けていった結果、日本の道徳教育（史）は、中国思想からの影響をしっかり把握しなければ正確に理解することはできない、との結論に達しました。本書は、東京学芸大学着任初年度のあの授業評価アンケートの結果を見てどん底に突き落とされた気がした私が、ようやく提出し得た一つの答案にほかなりません。

とはいうものの、「初出一覧」でお示ししたように、本書上梓の機会に文章化しておきたかったことを書き下ろした章もあります。その中でも、第八章で昭和の流行歌を研究対象とすることに、私にはかなりのためらいがありました。なぜなら、私自身の人生の一部と時代が重なること以外に、テレビやラジオで視聴したりコンサートに行って楽しんだり自分でも口ずさんだりして親しんできた流行歌を客観的に突き放して研究対象とすることができるであろうか、という思いが払拭できないでいたからです。それでも、何とか執筆を進めることができたのは、作詞家の阿久悠の詞を研究対象とした論考を収載している伊藤由希子『女たちの精神史　明治から昭和の時代』（春秋社、二〇一八年八月）との出合いがあったからでした。この本を読んで、「流行歌を研究対象にしてもいいんだ」という安堵の思いが体中に拡がったことを今でも鮮明に憶えています。著者の伊藤さんとは、たまたま二〇一九年にお目にかかる機会があり、私を励ましてくださったり、御著書に関するお話をうかがうこともできました。この出合いに感謝しております。

本書の出版は、二〇一五年に発表した私の論文「朱子学と教育勅語」に対する先輩・知友たちからの反響が思いのほか大きかったので、以前『入門　中国思想史』（二〇一二年四月刊）でお世話になった勁草書房編集部の永田悠一さんに、「『朱子学と教育勅語』という本を出せないでしょうか」と打診したのが、きっかけでした。永田さんは出版に賛成してくださったのですが、「「教育勅語」はともかく、「朱子学」は一般に馴染みのない言葉です」と返され、書名の変更をもとめられました。「朱子学」という言葉は私の日常生活でふつうに使用する言葉なので、永田さんの御返事に驚き戸惑いました。ただ、ちょうど永田さんの御返事をいただいた頃、十数名の学生が受講した私の講義で、「家族や友人との日常会話の中で、「儒教」という言葉を一年間で何回くらい使いますか」と尋ねたところ、全員から「一度も使いません」という回答を得たのです。この学生たちからの回答も、毎日「儒教」という言葉を使用する私にはとても衝撃的だったのですが、この現実をふまえると、「朱子学」という言葉についても、推して知るべし、と納得せざるを得ません。こうして、『道徳教育と中国思想』と書名を定めたのです。

本書は、私の三冊目の単著となりますが、実は出版計画が立ちあがってからも、なかなか書き上げることができませんでした。その主たる原因は私自身の遅筆にほかなりませんが、常に複数の仕事を抱えて多忙であったことに加え、二〇二〇年一月以降の新型コロナウィルス蔓延に伴う遠隔授業の準備と課題の添削にことのほか手間暇がかかり、私自身の体調も不安定な時期があり、結果的に原稿を書く時間を奪われてしまったのです。それでも、永田さんは、機会あるごとに私の原稿を待っていることを幾度も伝えてくださいました。本書ができあがったのは、間違いなく永田さんのおかげです。永田さんには、心から感謝を申し上げます。

最後に、妻と二人の子が、私の研究活動の原動力であり、日常生活の支えとなっていることに対して、心からの「ありがとう」の気持ちを三人に送りたい、と思います。

二〇二一年七月二三日　知命の歳を迎えて

井ノ口 哲也

人名索引

（伝説上の存在を含む）
生卒年は，調べて判明したもののみ，記しています。

あ 行

か 行

さ　行

た　行

な　行

は　行

ま　行

や　行

ら 行

わ 行

書名索引

紀要・学術雑誌や論文集は省いています。

あ　行

か　行

さ 行

た　行

な　行

は　行

ま　行

や　行

ら　行

わ　行

著者略歴

1971年　兵庫県神戸市生まれ。
1994年　山口大学人文学部人文学科（中国哲学専攻）卒業。
2003年　東京大学大学院人文社会系研究科博士課程単位取得
満期退学。
2006年　博士（文学）（東京大学）。
現　在　東京学芸大学教育学部教授。

著　書

『入門　中国思想史』（勁草書房，2012 年）
『後漢経学研究序説』（勉誠出版，2015 年）
『教養の中国史』（共編著，ミネルヴァ書房，2018 年）

道徳教育と中国思想

2022年 1 月20日　第 1 版第 1 刷発行

著　者　井ノ口《いのくち》　哲也《てつや》

発行者　井　村　寿　人

発行所　株式会社　勁《けい》　草《そう》　書　房

112-0005　東京都文京区水道 2-1-1　振替　00150-2-175253
（編集）電話　03-3815-5277／FAX　03-3814-6968
（営業）電話　03-3814-6861／FAX　03-3814-6854
平文社・中永製本

ISBN978-4-326-29932-4　Printed in Japan
JASRAC 出 2109308-101